知っておきたい

How To Build TAMIYA's 1/72 ZERO FIGHTER

タミヤ 1/72 零戦のつくりかた

森 慎二 著

大日本絵画

TAMIYA 1/72
Warbirds collection No.79
Mitsubishi A6M5 ZERO FIGHTER (ZEKE)

TAMIYA 1/72
Warbirds collection No.80
Mitsubishi A6M2b ZERO FIGHTER (ZEKE)

初心者～中級者ならとくに知っておきたい
零戦／レシプロ飛行機模型製作の基本を解説

「かっこよくて精密な零戦がほしい」。零戦のプラモデルを手に取る理由はこれに尽きるのではないでしょうか。パッケージを開けて、ランナーを眺め、パーツを切り出して組み立てる。接着剤と格闘したり、塗装に悩んだりして、最後にすべてのパーツを組み上げる。満足感とともに「次はどの型を作るか？　それとも同じ型をもっとかっこよく精密に仕上げるか？」と思う……。本書は、そんな零戦に心惹かれる貴方にお贈りする「零戦製作法の教科書」です。

零戦のプラモデルと言っても各社からさまざまなスケールのキットが発売されていますが、そんななかから本書がフィーチャーするのは、タミヤ製 1/72 ウォーバードコレクションシリーズの零戦４型式。この組みやすく再現度の高いキットは、初心者の入門用としても、中級者が各型を並べてコレクションするにも、そしてもちろん上級者が作り込むことにも対応できる、小さいながら懐が深い傑作プラモデルです。本書ではとくに初心者～中級者の飛行機モデラーに的を絞り、基本的な組み立て法から塗装まで、いまさらなかなか人には聞けない、でもかっこよく作るなら知ってきたい情報をぎゅっと濃縮しました。

■目次

三菱 零式艦上戦闘機二一型
タミヤ 1/72 インジェクションプラスチックキット
'12年発売　税込1512円
製作・文／**森 慎二**

MITSUBISHI A6M2b ZERO FIGHTER(ZEKE)
TAMIYA 1/72 Injection-plastic kit
WAR BIRD COLLECTION No.80
Modeled and described by Shinji MORI.

タミヤ 1/72

零式艦上戦闘機二一型

第五航空戦隊二番艦 瑞鶴搭載機
第二次攻撃隊制空隊 佐藤正夫大尉

手のひら大に凝縮されたこの零戦、より麗しく製作するには……？

艦上戦闘機

散る桜 残る桜も 散る桜

太平洋に儚く散った、零戦よ永遠に——。

三菱零式艦

タミヤ ウォーバードコレクションで 1/72零戦4型をコンプリートする!

タミヤが零式艦上戦闘機のプラモデルのフラッグシップモデルとして1／32五二型を発売したのが'01年。実機さながらの精密なエンジン／コクピットを胴体内に収める構造、主脚の引き込み機構の再現、マルチマテリアルな付属パーツなどなど、これでもかとばかりにこだわりのディテールとギミックが盛り込まれた決定版キットの登場である。

そしてその翌年には、1／48の五二型／五二型甲が発売される。この1／48は、コクピットの高い再現度など1／32の良いところを受け継ぎつつも単なるスケールダウンに留まらない魅力的なキットとなった。主翼のディテールやスピナー、木製増槽などの違いを作り分けたパーツを付属することで、五二型／五二型甲を作り分けられ、フラップは開閉状態を選択できる。そして、1／32では同梱だったディテールアップパーツ類が純正別売りパーツとしてラインナップされ、「キットの組みやすさを活かしてストレートに製作する」「別売りパーツを使ってディテールアップしつつ作り込む」といった、モデラーの選択肢の幅を一気に広げてくれた。

そして'12年、満を持すようにして発売されたのが本書でフィーチャーする1／72だ。はじめに発売されたのは五二型。その後バリエーションが続き、現在は二一型、二二型、三二型の4型式がラインナップされている。

このタミヤ ウォーバードコレクション 1／72零式艦上戦闘機バリエーションは、高い再現度と取材に基づいた流麗なラインの再現を1／32から受け継ぎつつも、1／48のときと同様に、スケールなりの「最適化」がなされている。まずは組みやすさ。合いの良さは言うまでもなく、ほぼランナー2枚に収められた少ないパーツで見事に零戦を再現できるように工夫されている。そしてディテール。極限まで細くシャープに成型されたスジ彫りは、見る者にその大きさを錯覚させるほどだ。作りやすく、精密で、しかもバリエーションを並べて楽しめる……零戦、そしてプラモデルを知り尽くしたタミヤならではのノウハウがいかんなく盛り込まれた1／72零戦、貴方もぜひ作って並べてみてほしい。■

◀本書に掲載されている写真を見ると大きな模型に見えるかもしれないが、実際は手のひらにすっぽり収まる大きさ。「小スケール＝再現度はあまりよくない」という図式を完全に覆すクオリティーのキットとなっている。もちろん単にモールドがこまかいというだけでなく、各型の差異もきちんと再現されている。組みやすく、ハイディテールで形状再現もばっちり、しかもバリエーション展開により零戦の系譜を立体で体感できる、「1/72だから初心者におすすめ」などというひと言では済ませられない実力と魅力を兼ね備えたキットとなっている

「無敵の戦闘機 ゼロ・ファイター」。零式艦上戦闘機は、支那事変にて実戦投入されたあと太平洋戦争開戦時には空母に搭載され、真珠湾にて華々しい戦果を上げる。

零戦は、機体の軽量化を突き詰めることにより、高度6000mに到達するまでの所要時間が約7分、同時に翼面荷重を抑えることによって他国機に勝る旋回性能を実現した。当時としてはその航続距離と運動性能には目を見張るものがあり、空戦性能に特化した零戦は太平洋戦争緒戦で無敵の活躍を見せることとなる。

しかし無敵神話は長くは続かなかった。非力なエンジンを補うために列強他国の戦闘機の６０％ほどという驚異的な軽量化が成された零戦は、運動性能に勝る代わりに防御力や急降下性能を犠牲にしていた。

アリューシャン侵攻作戦で零戦を鹵獲した米軍はそれを入念に解析。同時にミッドウェー海戦では米軍戦闘機のドッグファイトを禁じるとともに、新型の高出力エンジンを搭載したF4UコルセアやF6Fヘルキャットを投入し、空中における形勢は逆転してしまった。いっぽうの零戦は、さらなる空戦性能の向上を追い求め、三二型、二二型、五二型へと変貌を遂げていくこととなる。

新型エンジン搭載と翼端の切り詰めにより速度／上昇力／上昇限度／急降下性能／ロール性能を向上させた三二型、そこで失われた航続力を回復すべく開発された二二型、それに加えて機銃を強化した二二型甲、排気管を推力式単排気管に変更すると同時に主翼を短縮することで最高速度／急降下性能／ロール性能をさらに向上させた五二型。もともとピーキーな設計思想の戦闘機であった零戦はさらにその性能を研ぎ澄ましていったが、時すでに遅し。戦況は絶望的な状況となっており、多くの零戦が南洋に散っていくこととなる。

二一型

第一航空戦隊一番艦 赤城搭載機
第二次攻撃隊制空隊 進藤三郎大尉

TION ZERO FIGHTER VARIANTS

五二型

第652航空隊所属機 第2航空戦隊旗艦
隼鷹搭載機
マリアナ沖 昭和19年6月19日

二二型

第251海軍航空隊所属機 ソロモン戦域
昭和18年5月

三二型

台南航空隊所属　ニューギニア島
ブナ基地 昭和17年

1/72プラモデルだからこその
バリエーションを揃える愉しみ。
並べて立体で体感する零戦の系譜

TAMIYA 1/72 WAR BIRD COLLEC

太平洋戦争緒戦が華となりし"海鷲"
一航戦赤城搭載、進藤三郎大尉搭乗機

帝国海軍機動部隊の主戦力だった零戦は、空母赤城、加賀、蒼龍、飛龍、瑞鶴、翔鶴らの艦に搭載され
遙かハワイの真珠湾にて、その後の海戦の意義までをも変える航空攻撃を決行した
太平洋戦争緒戦、艦上戦闘機としてもっとも輝きを放っていたころの零戦がこの二一型
無敵のゼロ・ファイターを作るなら、まずは二一型をおいてほかにないだろう

三菱零式艦上戦闘機 二一型

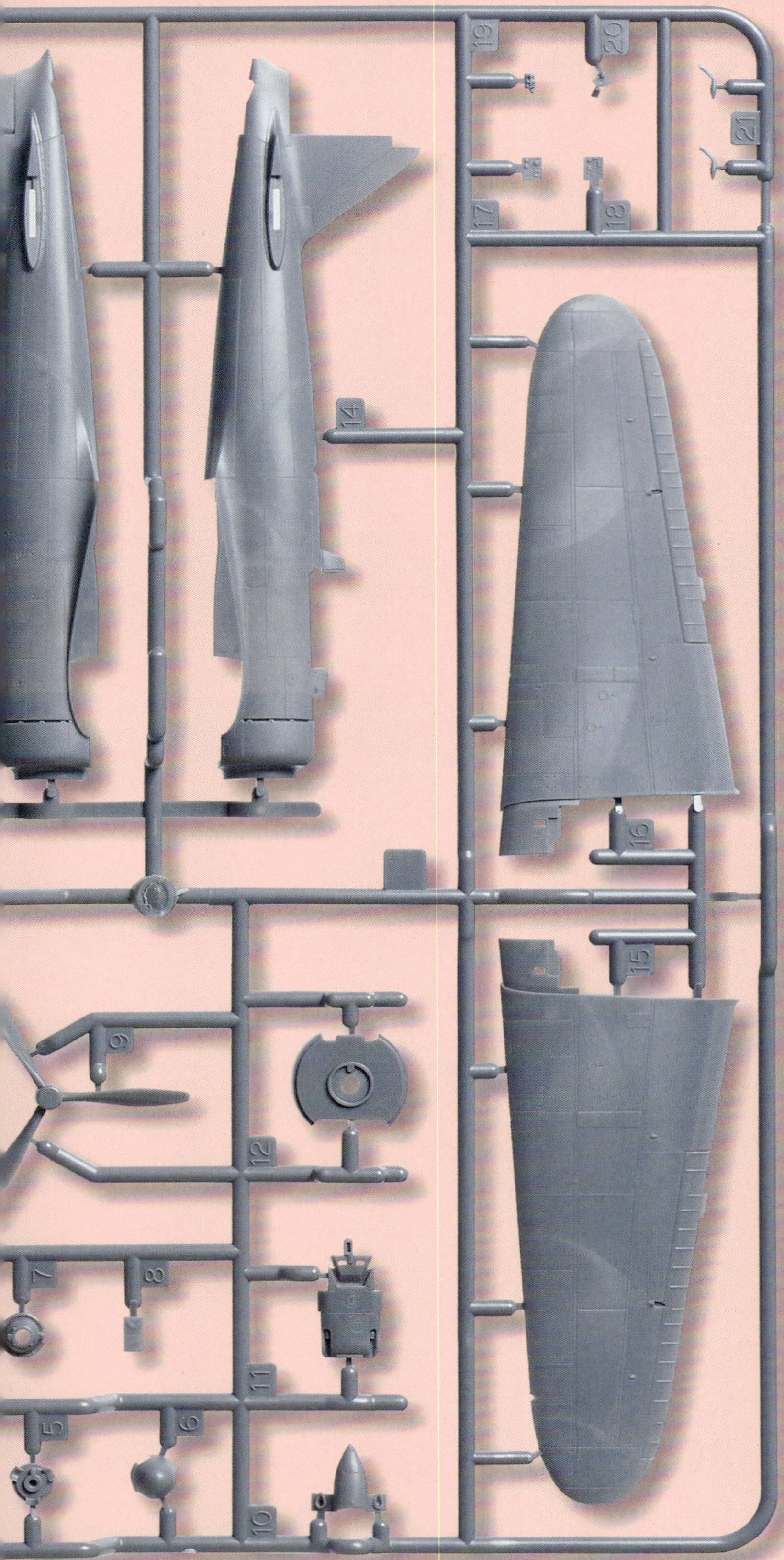

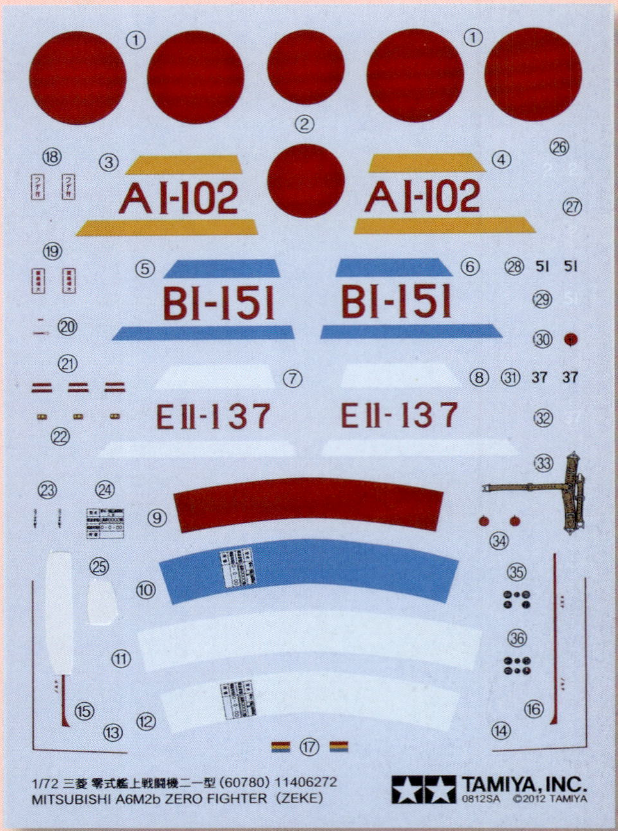

●タミヤ 1/72　ウォーバードコレクションシリーズ No.80
三菱 零式艦上戦闘機 二一型
インジェクションプラスチックキット　2012年発売 税込1512円

コレクションサイズの決定版にして サイズを超えた再現度が魅力の1/72零戦

ここに掲載しているのは、タミヤ 1/72 零式艦上戦闘機のバリエーションとして、五二型に続いて発売された二一型のパーツ。2枠のランナーとスライド金型採用のカウリングパーツ、クリアーパーツで零戦の特徴を見事に再現していることにまず驚かされる。

たったの2枠のランナーだが、パーツ構成は非常に練られている。金型の差し替えなどで、4つの型式を再現できるように設計されており、実機で共通の箇所は共通に、実機で異なる箇所はそれぞれに製作することができる。

また、パーツ数は少なく抑えつつも再現度の高さは同社の1/32、1/48譲り。さらに言うと、スケールが小さいぶん大スケールより濃縮した高密度のディテールを楽しむことができる。

LLECTION ZERO FIGHTER(ZEKE)

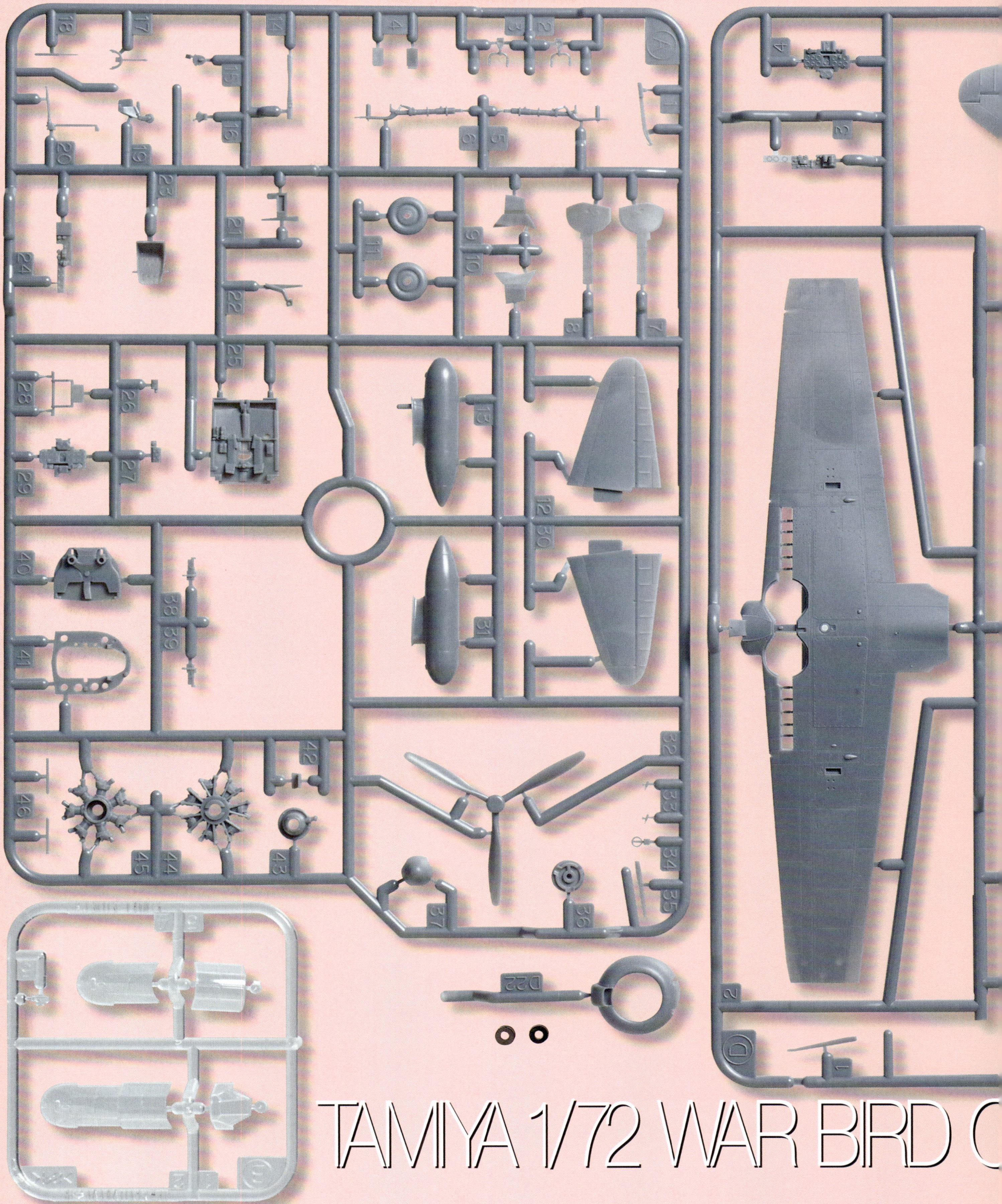

TAMIYA 1/72 WAR BIRD C

タミヤ製1/72
零式艦上戦闘機 二一型
濃縮されたディテールを
まずはパーツでチェック

同社製1/32、1/48譲りの高いディテール再現と組みやすさを両立したタミヤの1/72零戦。まずはキットの中身をよく見てみましょう。

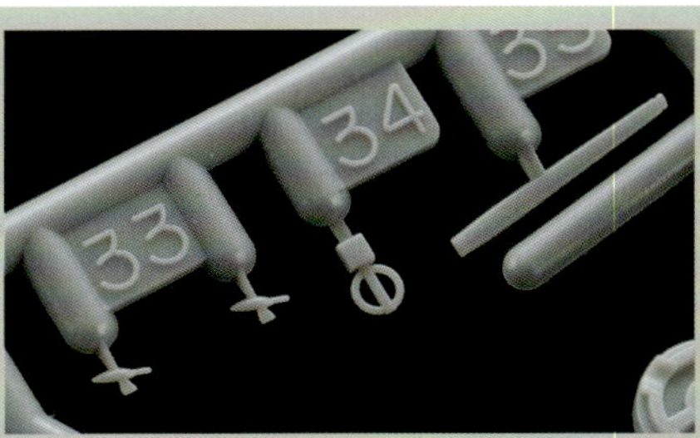

こんなところも別パーツで

▲アンテナ／アンテナ支柱はもちろんだが、主翼エルロンのヒンジ部も別パーツで再現。数㎜程度の大きさのパーツだがちゃんと流線型のカバー形状も再現されている

▼コクピット内のレバーや通信機類は別パーツで再現。計器／スイッチ類も細かくモールドされている

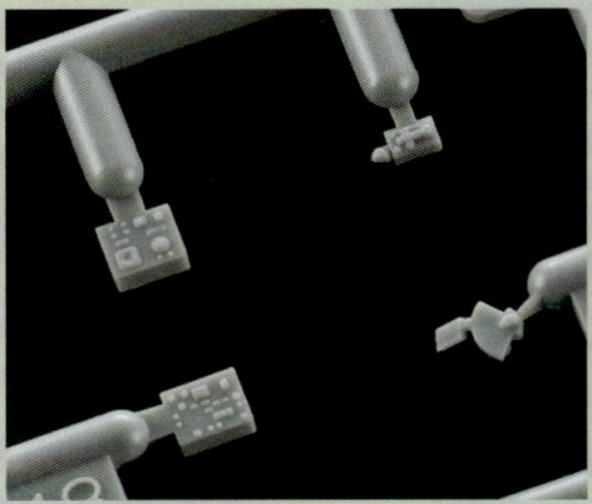

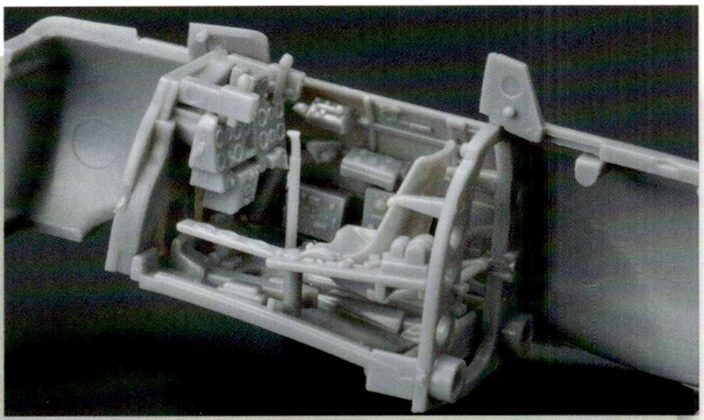

1/32､1/48譲りの高い再現度のコクピット

▲ここの写真だけを見ているとにわかには1/72とは信じられないほどの再現度となっているコクピット。4本のアームで支えられたシート周りの構造やコンソール周りも実機同様の構成となっており、胴体左右パーツ接着後に、コクピット全体を下側から後ハメすることができるようになっている

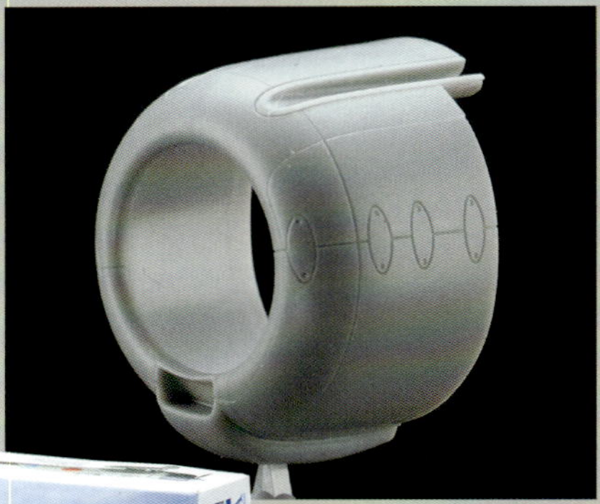

カウリングはスライド金型で一体成型パーツながらこまかくディテールを再現

▶同社製1/48キット譲りのポイントとして、カウリングがスライド金型採用による一体成型になっているところが挙げられる。接着／組み立ての工作要らずで零戦の特徴的なカウリング形状を再現でき、全体に非常に繊細なスジ彫りが施されている。もちろん各型の形状の違いもしっかりと再現される

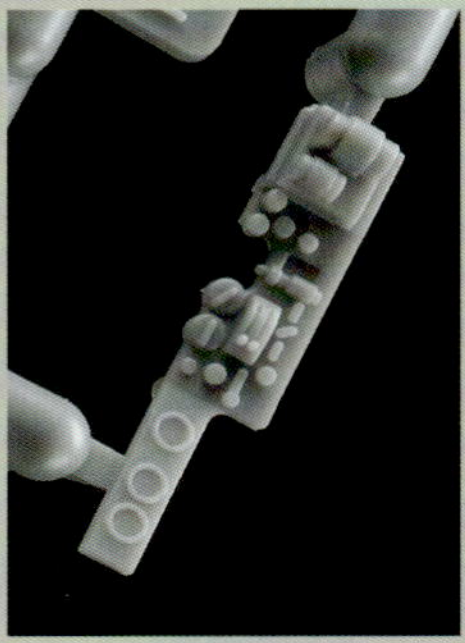

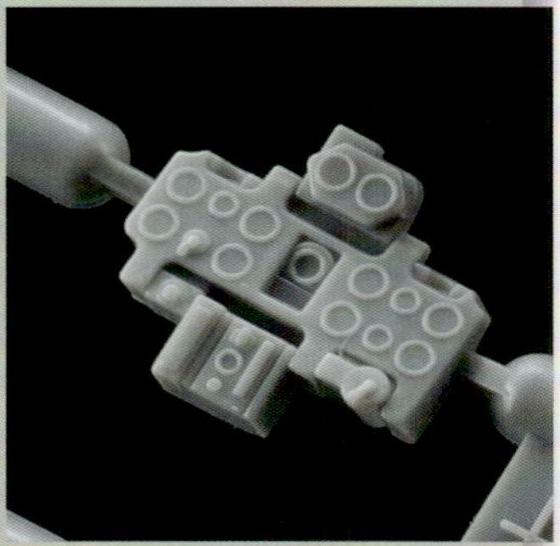

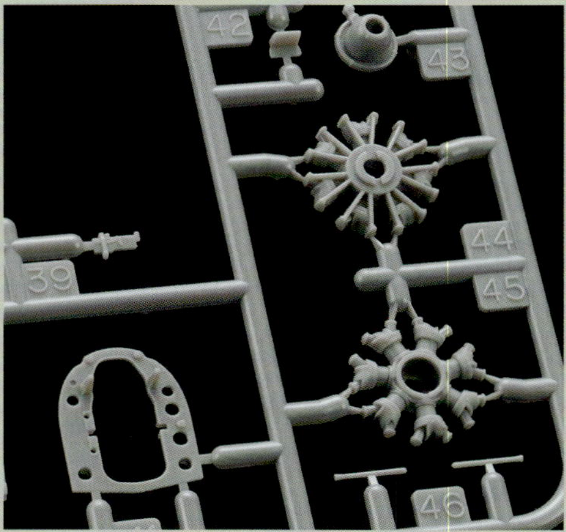

完成後はほとんど見えないところも手抜きなし！ なのです

◀エンジンは3パーツで形状を見事に再現。もちろん五二型とのエンジン形状の差異もきちんと再現されている。シート後方にある隔壁は、肉抜きの穴がパーツの状態ですでに開口されている。軽量化がその優れた機体性能を生み出す要であった零戦だけに、こういうところがきちんと再現されているのはうれしい

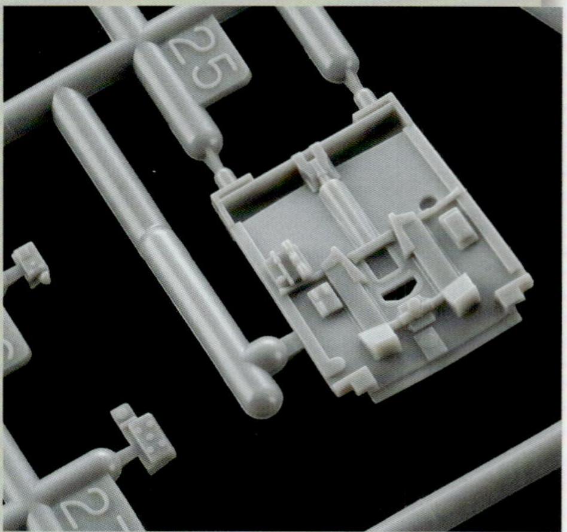

1/72なのにこんなところまで再現されてます

▶床にある増槽の投下を確認する窓も再現。さすがにクリアーパーツは付属しないが、パーツが開口されている。床／後側隔壁／コンソールの各パーツはしっかりとしたダボにより確実に組み上げることができる

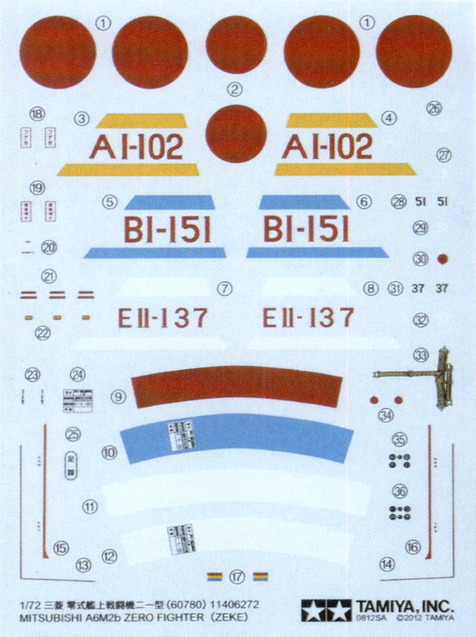

マーキングは3機ぶん入ってます

▲二一型の水転写式デカールには3機ぶんのマーキングが入っており、真珠湾攻撃時の有名な機体のなかから製作するマーキングを選べるようになっている（機体マーキングに合わせて、主翼下面のバランサーパーツの有無を選択できるようになっている）。また、デカールにはコクピット内コンソールの計器やシートベルトなども入っている

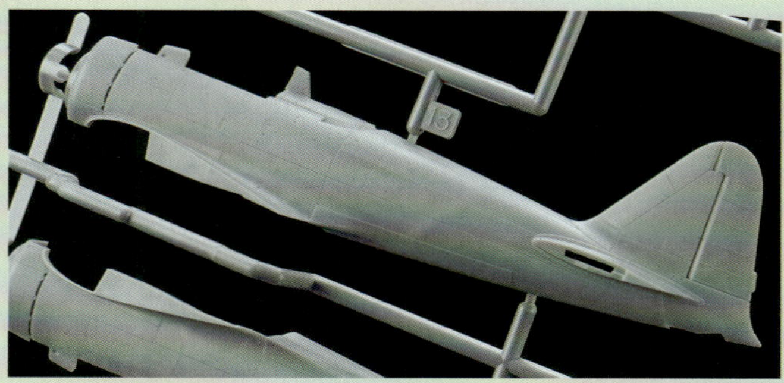

▲もちろん胴体と翼との合いも抜群。きちんと工作すればまったく隙間なく本体を組み上げられる

「アンダーゲート」で流麗な胴体をより美しく見せる

◀無駄をそぎ落とした流麗なボディラインも魅力である零戦。本キットでは、その流麗なラインをゲート整形作業で崩してしまわないための配慮として、胴体パーツのゲートがいわゆる「アンダーゲート」になっている。接着面にゲートがあるため胴体外面にヤスリをあてなくてすむので、ボディラインや繊細なスジ彫りを損なうことなく組むことができる。とくに小スケールではうれしい配慮だ

組みやすさへのこだわり

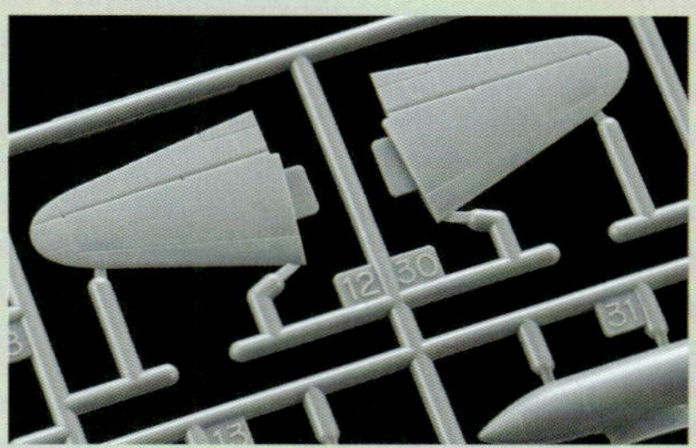

▲尾翼は、取り付けダボの形状が左右で変えてあり、左右を間違えて組めないように工夫されている。こういうところはさすがタミヤの本領発揮。こういった配慮の積み重ねが卓越した組みやすさを生み出しているのだ

キャノピーは2種付属

▼キャノピーと照準器はクリアーパーツが付属。キャノピーは開状態と閉状態が選択できる（本書の作例のように開状態のパーツを使い閉じた状態とすることもできる）

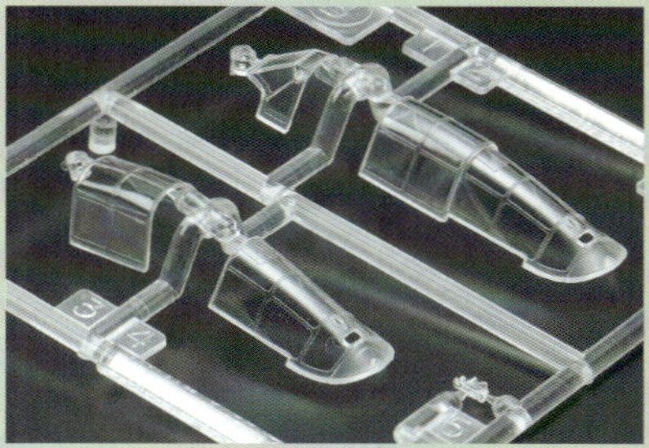

繊細すぎるほどのスジ彫り／モールドが目に心地よい！

▶このアップ写真だけを見れば、1/32のプラモデルと言われて信じる方もいるのではないだろうか……というくらい、とにかく細くて繊細なスジ彫りがすばらしいのが、タミヤ1/72 零戦バリエーションの最大の特長のひとつ。写真の主翼下面はパネルライン、リベット、バルジが集中して見どころとなっているが、スジ彫りやリベットには太さや深さに微妙な変化が付けられており、模型としての情報量とリアリティーを増している。パーツ実物を見れば、そのディテールのこまかさと表情の豊かさにきっと驚かれるはずだ。このモールドを活かして製作することさえできれば、スケール感溢れる非常に精密な零戦を手に入れられる

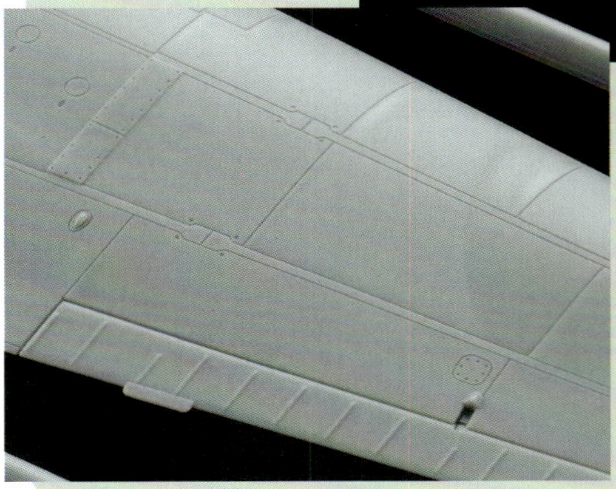

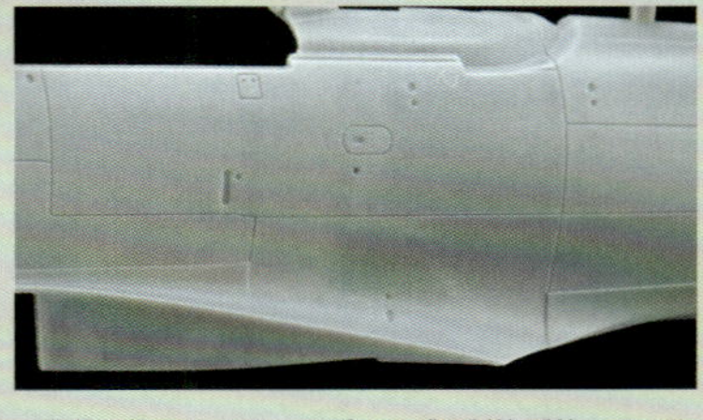

▲胴体は抑えめのモールディングで対比が効いている

◀主翼上面のモールド。繊細かつシャープなスジ彫りと角が落とされた動翼エルロンが見事な対比を見せ、素材感の違いまで感じさせる。動翼稼働用ヒンジのバルジや標識灯も繊細に再現されている

主脚収納庫カバーは取り付け方が秀逸

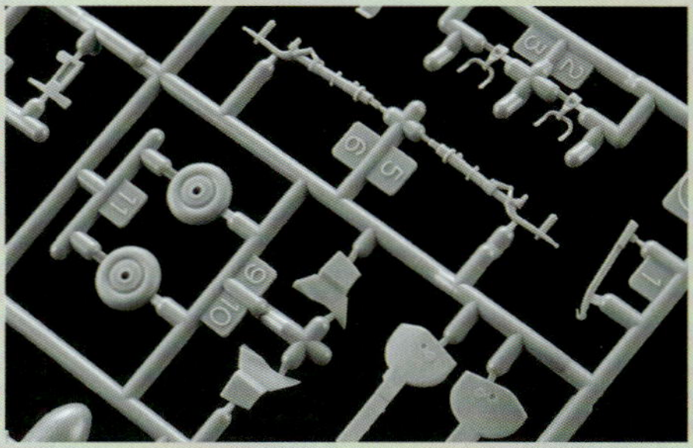

▲主脚周りも再現度が高いが、特筆すべきは主脚カバーの取り付け方。接着部が大きめにとってありつつディテールを損なわないようになっており、簡単かつ確実に組める

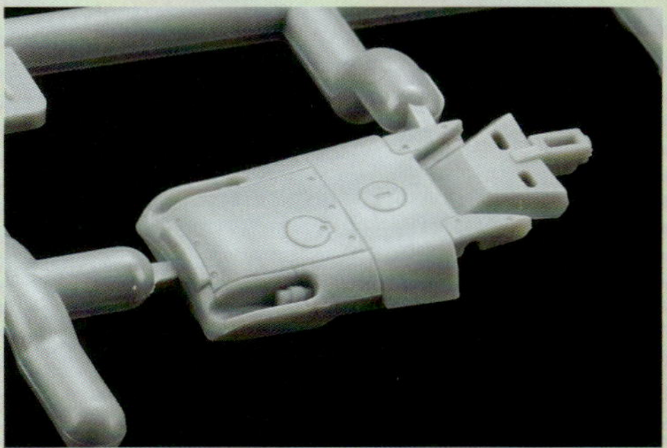

零戦の“難所”機首上面の合いに驚く!!

▲零戦のプラモデルは機体形状の都合上、機首の機銃口周辺が別パーツ化されることが多いが、ここに隙間ができるとあとの修整が大変なことになる。しかしこのキットのこの部分はまさにバチピタ!! 貴方も実際に組んでみてこの恐るべきパーツ精度に驚こう！

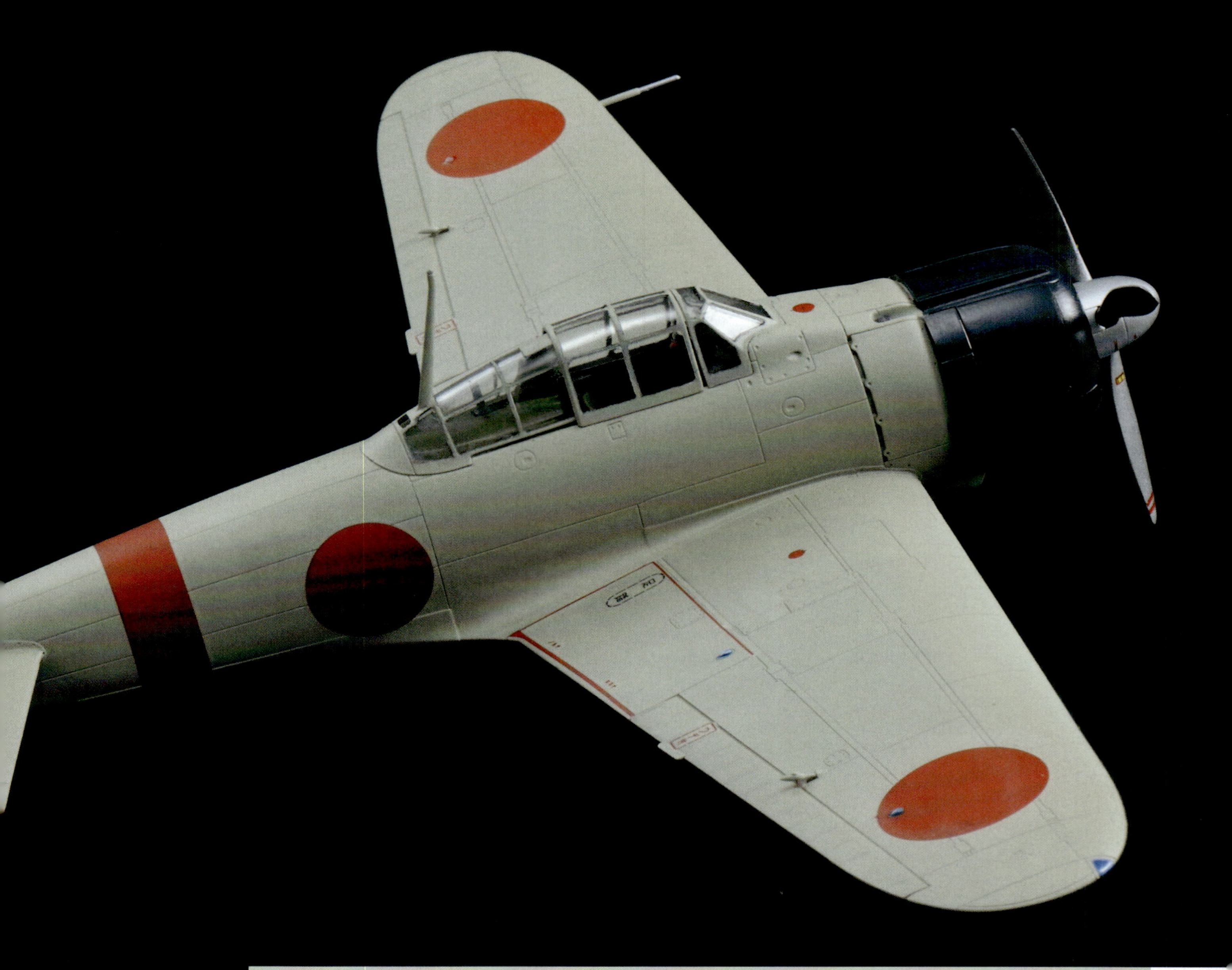

帝国海軍機動部隊の枢要
航空母艦赤城搭載機

第一航空戦隊一番艦 赤城搭載機
第二次攻撃隊制空隊 進藤三郎大尉

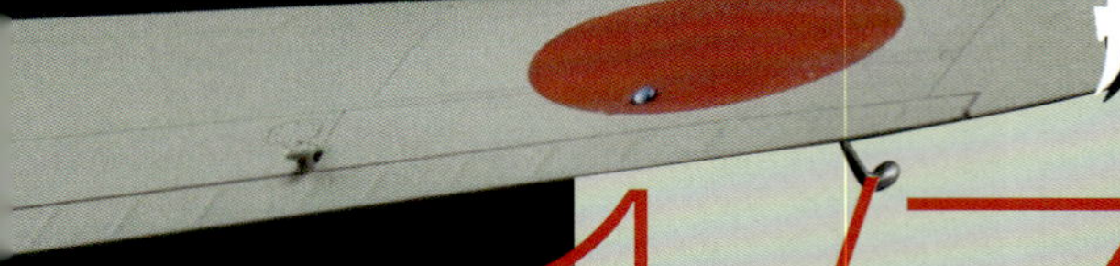

1/72

「ニタカヤマノボレ」。1941年12月、現地時間7日夜半、帝国海軍の第１航空艦隊 赤城 加賀、第2航空艦隊 蒼龍 飛龍、第５航空艦隊 瑞鶴 翔鶴、計６隻の空母から零戦二一型43機をはじめとする計183機の第１次攻撃部隊が発艦、その後零戦35機を含む第二次攻撃隊も真珠湾を目指し飛び立っていった……。零戦が艦上戦闘機としてもっとも輝いていたころの二一型を、真珠湾攻撃の際に第二次攻撃隊第一制空隊隊長として赤城より飛び立った進藤三郎大尉の搭乗機体として製作した。

三菱 零式艦上戦闘機二一型
タミヤ 1/72
インジェクションプラスチックキット
'12年発売　税込1512円
製作・文／**けんたろう**

MITSUBISHI A6M2
ZERO FIGHTER(ZEKE)
TAMIYA 1/72 Injection-plastic kit
WAR BIRD COLLECTION No.80
Modeled and described by
KENTARO.

零式 艦上戦闘機 二一型

●完成見本作例はキットをストレートに製作したもの。カウリングは二一型の特徴である機銃孔のところが溝になっている形状を再現。カウルフラップは別パーツで閉まった状態となる。コクピット内は塗り分けて付属デカールを貼っているだけだが、非常に高い再現度だ。キャノピーは開状態のパーツを選択して製作しているが接着していないので閉めることも可能だ

●特殊なジュラルミン素材を用いることによりギリギリまで軽量化し、高い空戦性能と航続力を実現した零戦。そんな零戦のなかでも、もっとも空力的に洗練された麗しいフォルムを持つのがこの二一型だ。カウリングから尾部まで流れるようなラインで結ばれた胴体、そして、折りたたみ機構を採用した艦載機でありながら長く美しいラインの主翼……二一型は、零戦を零戦たらしめた「空力性能」を生み出す無駄のない流線形の集合体。零戦の航空機としての美しさはこの流麗なる二一型にもっとも現れている

零式 艦上戦闘機 二一型

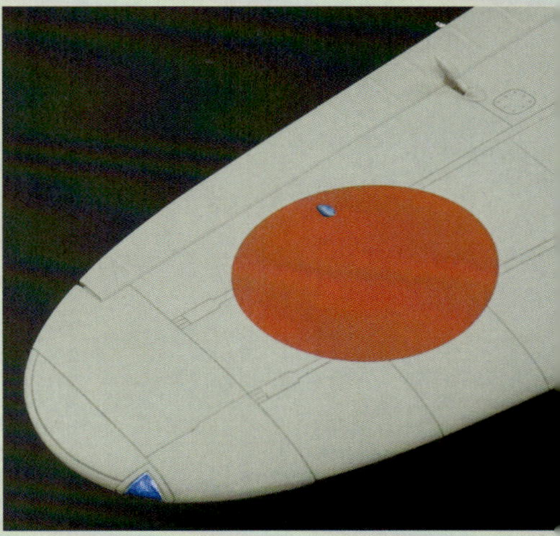

AI-102

付属マーキングパターンA
第一航空戦隊一番艦 空母赤城飛行機隊 第二次攻撃隊第一制空隊 進藤三郎大尉機

零戦二一型は昭和16（1941）年初頭から第1航空戦隊に供給されはじめたが、本文中にもあるように下川事故（昭和16年4月17日発生）の影響で初期生産の機体が還納されたり飛行制限がなされ、新造機や改修機が入り乱れる状況となった。

昭和16年12月8日のハワイ作戦真珠湾攻撃において、第二次攻撃隊の第三集団長として空母赤城戦闘機隊のみならず全制空隊を率いた進藤三郎大尉の乗機となるのが左に掲げるマーキングパターンAの二一型。機体の仕様としては操縦席後方にクルシー式無線帰投装置のループアンテナを搭載し、補助翼に突出型マスバランスを取り付けたタイプといえ、これが緒戦時の南雲機動部隊の6空母に搭載された零戦のオーソドックスな姿といえるだろう。

機体全体は「やや飴色がかりたる灰色」などと言われ、その色に付いては議論も起きた"灰緑色"で塗装されており、カウリングはツヤ消しの黒。この黒は三菱の場合、青みの強い黒と言うことになっており、日差しの強いところではどんどん灰色に褪色した。胴体、主翼の日の丸にはいずれも白フチはつかない。赤城をはじめ、この当時の空母機は部隊記号（区分字と言った）から連なる機番号を赤で記入するようになっており、第一航空戦隊所属機は胴体に赤帯を巻く。

長機標識も通常は同じ赤で記入されるのだが、赤城機だけは黄色で記入されていたのがほかと異なる点である。

なお、海軍兵学校第60期出身の進藤大尉は、零戦の初空戦となった昭和15年9月13日の重慶攻撃で指揮官を勤めたことでも有名。

付属マーキングパターンB
第二航空戦隊一番艦 空母蒼龍飛行機隊 第二次攻撃隊第三制空隊 飯田房太大尉機

飯田房太大尉は海軍兵学校第62期出身で、ハワイ作戦当時は空母蒼龍戦闘機隊分隊長の職にあり、第二次攻撃隊第三制空隊を率いた。

この当時の蒼龍に搭載された零戦二一型は、マーキングパターンAの機体と同様、下川事故の影響を受けて雑多な事情の機体が混ざりあう状況であったが、操縦席後方にクルシー式無線帰投装置のループアンテナを搭載し、補助翼に突出型マスバランスを取り付けた仕様であったというのは間違いのないところである。

機体全体は灰緑色で塗装され、カウリングはツヤ消しの黒。胴体、主翼の日の丸にはいずれも白フチはつかない。

蒼龍、飛龍からなる第二航空戦隊も機番号は赤で記入するようになっているが、胴体の戦隊標識は明るい青となっており、一番艦蒼龍搭載機は1本、二番艦飛龍は2本となっている。垂直尾翼に記入する長機標識も青で、分隊長機は機番号を挟んで上下に1本ずつの計2本、小隊長機は機番号の上に1本記入する。この青はだいぶ褪色するようで、セレベス島ケンダリーに一時進出した第二航空戦隊機を撮影した写真ではだいぶ明るく写っているものも見受けられる。

飯田大尉は中国大陸で戦った12空や14空での勤務経験を持ち、昭和15年11月15日に蒼龍分隊長に補された。ハワイ作戦では事前の申し合わせどおりカネオヘ海軍飛行場の地上銃撃を実施。対空砲火に被弾して機体から燃料を吹くや、以後の指揮を藤田怡与蔵中尉に委ね、飛行場へ自爆して果てた。その戦死は全軍に布告され、二階級特進して海軍中佐に任ぜられた。

付属マーキングパターンC
第五航空戦隊二番艦 瑞鶴搭載機 第二次攻撃隊制空隊 佐藤正夫大尉

新編成のため第一、第二航空戦隊から一段低く見られた第五航空戦隊ではあったが昭和16年夏に翔鶴、瑞鶴があいつで竣工すると慌ただしく人員や機材の受け入れをはじめた。

五航戦の零戦二一型の仕様もマーキングパターンA 、ならびにBと同様、操縦席後方にクルシー式無線帰投装置のループアンテナを搭載している。ただし補助翼の突出型マスバランスはなかった可能性もある。機体全体も灰緑色で、カウリングはツヤ消しの黒。胴体、主翼の日の丸には白フチはつかない。第五航空戦隊も機番号は赤で記入するようになっているが、胴体の戦隊標識は白である。

ただ、ややこしいのは、五航戦においてはハワイ作戦から珊瑚海海戦後に損傷修理を終えた翔鶴が戦列復帰するまでのあいだは、一番艦（旗艦）が瑞鶴で、翔鶴が二番艦であったことだ。このため、瑞鶴の搭載機は一番艦なのに2本、翔鶴の搭載機は二番艦なのに1本、白帯を戦隊標識として胴体に記入しているので注意されたい。

垂直尾翼に記入する長機標識も白で、分隊長機は機番号を挟んで上下に1本ずつの計2本、小隊長機は機番号の上に1本記入する。

佐藤正夫大尉は海軍兵学校第63期出身で、ハワイ作戦当時は空母瑞鶴戦闘機隊分隊長だったが、作戦後にいったん大村空へ転勤。昭和17年5月に空母加賀分隊長となりミッドウェー海戦に参加している。同年6月20日には瑞鳳飛行隊長となり、南太平洋海戦に参加したのちはラバウルの航空基地へ進出し、引き続き作戦に従事していたが、11月11日の敵艦隊攻撃で未帰還となった。

艦上戦闘機型として大量生産された最初の零戦の型式が二一型だ。真珠湾攻撃や比島攻略作戦など緒戦期の快進撃は熟練搭乗員たちと本機の航続力によるものといって過言ではない。中島では昭和19年までライセンス生産を続けた、バランスの取れたタイプでもある。

実機を知ると模型がおもしろくなる! その1

零戦二一型

空母機動部隊の栄光とともにあり、大戦後期まで敢闘した主力タイプ

昭和15（１９４０）年7月に最初に登場した零戦一一型を、艦上機としての装備を持たない陸上基地用の先行量産型とすると、ついで同年12月に兵器採用された二一型は艦上戦闘機型の真打ちといえる型式だ。

一一型との違いは、着艦フックや主翼端の折りたたみ機構、クルシー無線帰投装置などの装備が追加されていることで、三菱製造第67号機（67は通算番号で機体銘記には防諜上「４６７」と記載。以下全て通算番号で表記）からが二一型となる。

つづいて三菱製造第１２７号機から補助翼に「バランスタブ」を装備した機体となった。バランスタブとは、高速時（とくに急降下時）に補助翼が両手で操作せねばならないくらいに重くなる零戦の欠点を補おうと海軍航空本部で研究されていた機構で、機体とタブをワイヤーで繋ぎ、風圧で操作を補助するもの。

ところが、空母「赤城」に配属された三菱製造第１３５号機（昭和15年2月製造）が「翼にシワがよる」との理由で還納され、この同一機で横須賀海軍航空隊の下川万兵衛大尉がテスト飛行を実施したところ空中分解（下川大尉は殉職）。その原因がバランスタブによるものと推定されたため、補助翼は一一型と同じ形のものに戻され、対策のため三菱製造第３２６号機までの機体には補助翼内部に錘りを追加したほか、「突出平衡重錘（突出型マスバランス）」が追加されることになった。真珠湾攻撃に参加した二一型の多くはこの突出型マスバランス装備機である。

こまかな変更点だが、三菱製造第２２７号機（昭和16年5月製造）からは右主翼前縁付け根にある操縦席への空気取り入れ口が楕円形から長方形に変わり、取り入れ口に開閉機構が備わったことも外見的な特徴のひとつだ。

そのすぐあとの三菱製造第２３７号機（昭和16年6月製造）から主翼の20㎜機銃の銃口に消炎器（ブラストチューブ）が付いたことも特筆される。一一型や初期の二一型に主翼の機銃口が四角いものがあるのは、20㎜機銃を発射した際に「焦げる」との理由で機銃口を構成する点検ハッチを外していたからで、これにより機銃口は丸いまま使用することができるようになった。

さらに三菱製造第３２７号機（昭和16年9月製造）からは補助翼マスバランスを製造時から増量して完成、これにより突出型マスバランスは廃止されている。

昭和16年12月の真珠湾攻撃、並びに南方進攻作戦当時の二一型はこのあたりまでの製造機といえ、突出型マスバランス搭載機が多かったはずだ。

最後に大きな改修があったのは三菱製造第４２７号機（昭和16年11月製造）で、以降の機体は主翼の外板の厚さを増して製造されている。三菱製二一型の最終生産機は昭和17年6月に完成した第８０６号機で、後半のおよそ３８０機分がこの仕様だ。

いっぽう、中島飛行機での二一型のライセンス生産機は昭和16年11月ごろから完成しはじめたので、真珠湾攻撃には参加しておらず（参加していたとしてもごく少数）、また、前記したような三菱での改修をすべて反映したタイプが最初から生産された。

当初の製造機は三菱製と外見上の違いはないが、昭和17年6月に三菱での生産が終了し三二型に切り替わったので、以降に完成した二一型はすべて中島製ということになる。昭和17年末頃から完成した機体には胴体日の丸に白フチを付けて完成するものも見られるようになり、「中島製の二一型には日の丸に白フチがある」といわれるゆえんともなっているが、前記した理由から、白フチがないからといって三菱製とは断言できない。

昭和18年２～３月頃の製造機からは上面濃緑色の迷彩塗装が中島の工場で施工されるようになり、同年夏ごろに完成した機体からはアンテナ支柱の前端が短くなってやはり中島製二一型を特徴づける要素となった。また、プロペラスピナーの先端が長くとんがった形状になったのも後期の中島製二一型のアクセントのひとつとなっている。

中島飛行機での二一型のライセンス製造は昭和19年5月まで続けられ、通算第２８２１号機をもって終了した。

すでに昭和18年12月から中島飛行機でも五二型の製造がはじまっており、同社では半年もの間、二一型と五二型を並行生産していたことになる。■

●付属マーキングA

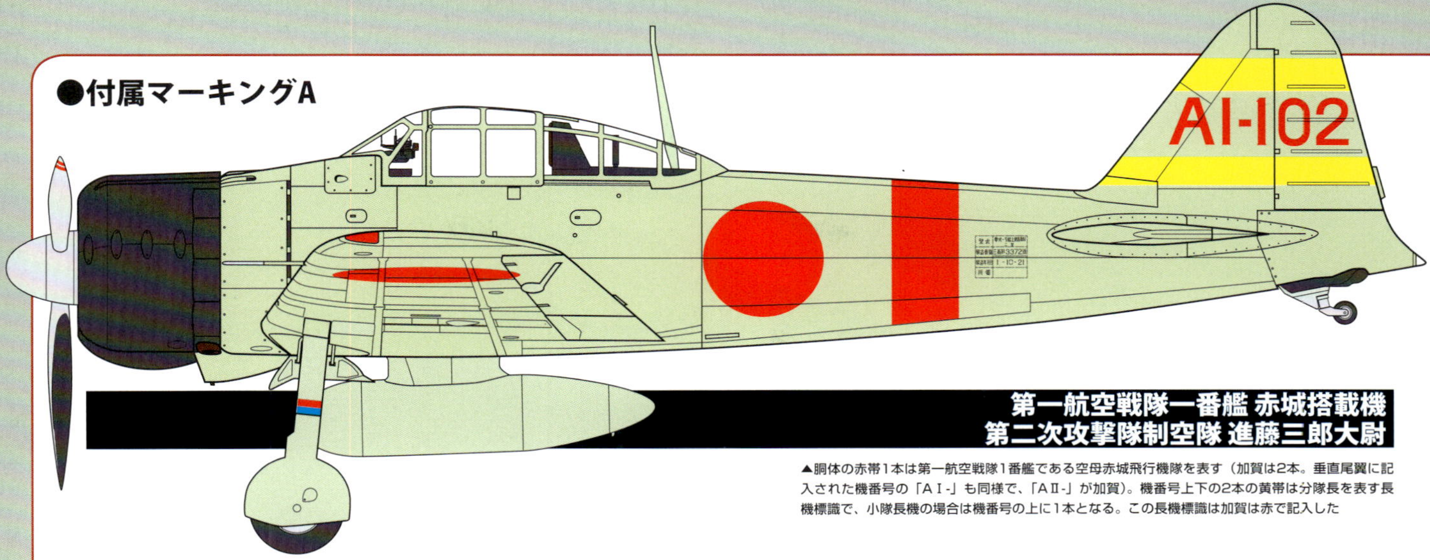

第一航空戦隊一番艦 赤城搭載機
第二次攻撃隊制空隊 進藤三郎大尉

▲胴体の赤帯1本は第一航空戦隊1番艦である空母赤城飛行機隊を表す（加賀は2本。垂直尾翼に記入された機番号の「AＩ-」も同様で、「AⅡ-」が加賀）。機番号上下の2本の黄帯は分隊長を表す長機標識で、小隊長機の場合は機番号の上に1本となる。この長機標識は加賀は赤で記入した

●付属マーキングB

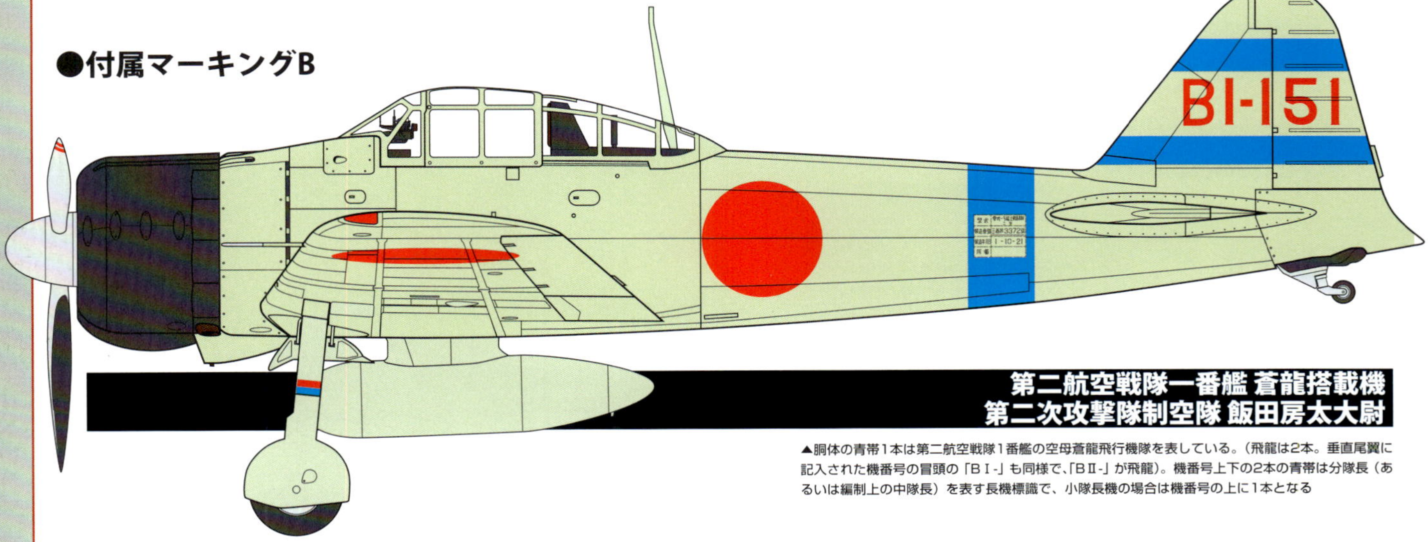

第二航空戦隊一番艦 蒼龍搭載機
第二次攻撃隊制空隊 飯田房太大尉

▲胴体の青帯1本は第二航空戦隊1番艦の空母蒼龍飛行機隊を表している。（飛龍は2本。垂直尾翼に記入された機番号の冒頭の「BＩ-」も同様で、「BⅡ-」が飛龍）。機番号上下の2本の青帯は分隊長（あるいは編制上の中隊長）を表す長機標識で、小隊長機の場合は機番号の上に1本となる

●付属マーキングC

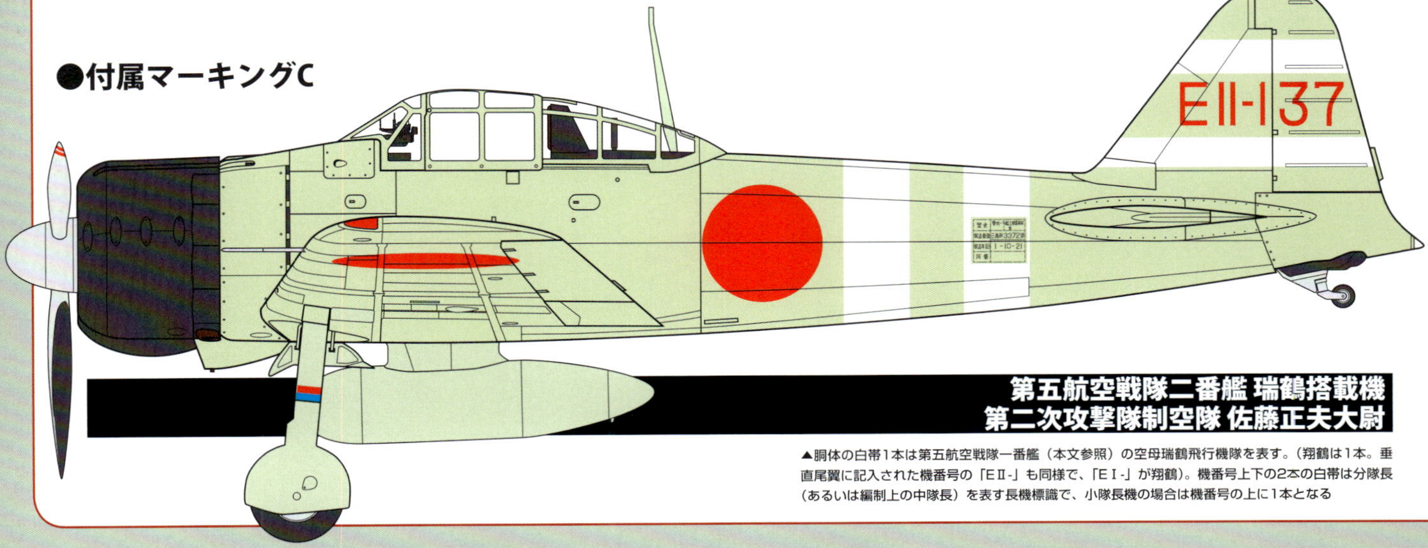

第五航空戦隊二番艦 瑞鶴搭載機
第二次攻撃隊制空隊 佐藤正夫大尉

▲胴体の白帯1本は第五航空戦隊一番艦（本文参照）の空母瑞鶴飛行機隊を表す。（翔鶴は1本。垂直尾翼に記入された機番号の「EⅡ-」も同様で、「EＩ-」が翔鶴）。機番号上下の2本の白帯は分隊長（あるいは編制上の中隊長）を表す長機標識で、小隊長機の場合は機番号の上に1本となる

十二試艦上戦闘機（A6M1）零戦一一型（A6M2a）

九六式艦上戦闘機で大成功を納めた日本海軍が次期艦上戦闘機として三菱と中島に競作を命じたのが十二試艦上戦闘機だ（中島は早々に試作を辞退）。設計主務者は九六艦戦と同じ堀越二郎技師。全金属製低翼単葉方式は九六艦戦と同じで引き込み式主脚となった点が大きく異なっている。空中分解事故など苦い経験を経たのち、昭和15（1940）年7月に兵器採用されたのが零式一号艦上戦闘機一型（のちの一一型）で、これは取り急ぎ中国大陸の陸上基地で使用することを前提にしたタイプ。引続き空母艦上での運用を目指して試作が続けられたのが零式一号艦上戦闘機二型（同年12月兵器採用。のちの二一型）だ。

栄一二型／栄二一型エンジン

十二試艦戦試作第1号機、第2号機に三菱の「瑞星」が搭載されたあと、試作第3号機からは中島の「栄一二型」が搭載され、機体の記号もA6M2と変わった。この「栄一二型」は複列星形14気筒エンジンで、高度4200mにおいて950馬力という出力。これを搭載したのが零戦一一型と二一型だ。続いて登場した零戦三二型が搭載したのは「栄二一型」で、これは概要は同じながら二速過給器を有し、高度6000mで1100馬力の出力というもの。以降に登場した二二型、五二型、六二型という、量産された零戦も基本的に同じスペックのものを搭載していた。つまり、オーソドックスな零戦のエンジンは二種ということだ

▶二一型の特徴が主翼端折りたたみ機構。これは空母での運用（格納庫への収容やエレベーターでの昇降）を考えてのものだ。生産工程簡略化のため三二型でいったん廃止されたが、二二型で復活した

機体の改良を担う三菱、生産数を稼ぐ中島

零戦は開発元の三菱で、一一型、二一型、三二型、五二型、六二型と、機体の改良を重ねて終戦にいたるわけだが、ライセンス生産を担当した中島では昭和16年秋から昭和19年中頃まで長らく二一型を生産し続けている。これは生産転換時に工場が混乱して完成機数が減少することを懸念したためといわれ、結局三二型や二二型を作ることなく、五二型の生産をはじめることとなった（当初は二一型と五二型は並行生産されていた）

◆主要な零戦の変遷について

零式艦上戦闘機、零戦という固有名詞は日本人が知るプロペラ飛行機の名前としてはもっとも有名なものだろう。その総生産数は1万機を超え、多数のバリエーションが開発されているが、、ここでは量産された代表的な型式を整理してみよう。

零戦のトップバッターは一一型。昭和15年（1940年）7月に兵器採用され、増加試作機と先行生産機は早くも8月には中国大陸に進出して、文字通り中国空軍機を圧倒する働きを見せた。当初の呼称は「零式一号艦上戦闘機一型」という表記である。

ついで登場したのが二一型。基本構造は一一型と同様で、艦上機としての着艦フックを装備し、左右の主翼端を50㎝のところで折り畳めるようにしたタイプだ。当初は「零式一号艦上戦闘機二型」と呼称されていた。

日本海軍は二一型を主力として昭和16年（1941年）12月8日の日米開戦を迎えるが、その頃、三菱で開発されていたのが、当初「零式二号艦上戦闘機」と呼称されていた三二型である。これは、試作当時の計画にそって2速過給器を装備した「栄」二一型発動機を搭載し、速度&高空性能の向上を図った型で、工程簡略化のため主翼折り畳み部分でカットし、角形に整形したのが外観上の大きな特徴だ。量産機は昭和17年（1942年）6月からロールアウトし、新編の基地航空隊やミッドウェー海戦後、再建を急ぐ空母飛行機隊へと供給された。零戦は型式を表す二ケタの数字の十の位が機体の仕様を、一の位が発動機の仕様を表し、三二型は機体とエンジン両方に変更があったことを意味している。

この三二型が登場した直後の8月7日、日本海軍が飛行場を建設していたソロモン群島ガダルカナル島へ突如として米軍の上陸を見た。当時、ガダルカナルにいちばん近い飛行場はニューブリテン島のラバウルで、ちょうど三二型を装備する台南航空隊と第2航空隊が展開していたが、航続力の関係で往復することはできず、これが大きな問題となった。

そこで急遽開発されたのが二二型と呼ばれるタイプ。搭載エンジンは三二型と同じまま、

零之系譜

わかるまでちょっとややこしい？ 知っておきたい零戦進化の系譜

三二型のほうが二二型より先立ったり、三二型と五二型はあるのに四二型はなかったり、甲乙丙などのサブタイプもあって、よく知らないとややこしく見える零戦の系譜。でも、どのような理由でどこが変わっていったかを知れば、模型を並べて見るときにもっとおもしろくなるのは間違いなし！　そんな零の系譜をわかりやすくまとめてみました。

四二型は……？

エンジンはそのまま、主翼を短縮して丸くした機体は「四二型では！」と突っ込みたくなるが、じつは三菱で五二型の開発がなされていた時、二一型の20㎜機銃をベルト給弾式にした四一型を中島で生産しようという動きがあった。ベルト給弾にすると強度上、主翼の構造を大幅に変える必要があったため「四」となるのだが、結局中島でも五二型が生産されることとなり、四が欠となった。

零戦五二型甲／乙／丙（A6M5a/5b/5c）

五二型の20㎜機銃をベルト給弾の二号固定機銃四型に換装したものが五二型甲だが、本来は五二型ははじめからこのベルト給弾になるはずで、主翼の改修と弾倉の開発が間に合わず、三菱製造第4651号機から導入された。五二型乙は胴体の7.7㎜機銃のうち、右側のみを「三式13粍固定機銃（口径13.2㎜）」に換装して火力を高めたもの。カウリングの機銃孔も右側だけ大きくなっている。昭和19年12月に兵器採用されたのが五二型丙で、主翼に三式13粍固定機銃を2挺増備し、胴体左側の7.7粍固定機銃を廃止したもの。この五二型丙で注目したいのは、主翼に作り付けの小型爆弾架を、主翼内にロケット弾架用の配線や座金を追加されて生産されたことである。なお、海軍の公式文書では「五二甲型」「五二乙型」「五二丙型」と表記するようになっているが、現在では「五二型甲」などと、型のあとに甲、乙、丙を付けるのが一般的となっている。

零戦五二型（A6M5）

零戦五三型（A6M6）
零戦六三型（A6M7）
零戦五四型／六四型（A6M8）

五二型丙のエンジンを水メタノール噴射式の「栄三一型」に換装したのが五三型、その尾部を補強したものが六三型だが、いずれも生産されず、代わりに生産されたのが六二型である。これはエンジンを、「栄三一型」から水メタノール装置をなくした「栄三一型甲」（「栄二一型」と同じスペック）にしたタイプなので十の位の数字だけが代わっているのである。最後に試作された五四型／六四型はエンジンを「金星」に換装したものであったが、これも量産に移されることなく終戦を迎えている。

零戦二二型甲（A6M3a）

左右主翼内にもうひとつ燃料タンクを増備し、主翼端を二一型と同じに戻した姿は見る人に「零戦中で最も美しい機体」との印象を抱かせるものだった。しかし、航続力は延伸したとはいえ、重量が増大してエンジン出力が同じままなら当然速度は遅くなる。敵機がますます高速重武装となっていく状況を見るにつけ、迅速な性能向上が必要となった。

◆強い零戦の真打ち「五二型」の登場

ここで登場するのが五二型である。主翼端を再び50㎝カットしたのは三二型と同様だが、これを丸型に整形、フラップの左右幅を1・795ｍまで増積（三二型は1・595ｍ）するなどの改造を施し、急降下制限速度は360ノットにまで向上をみた。

エンジンは三二型と同様で（途中から栄三一甲型に変更されているがこれは栄三一型からメタノール噴射装置を撤去したもので、性能上は二一型と同一）、マフラーを推力式単排気管に変更し、排気を機軸後方へ吹き出すロケット効果によって水平最大速度は305ノット（560㎞／h）となった。

上図をご覧いただければおわかりいただけるように、五二型は順番的には二二型から改良されたタイプだが、用兵的には二一型から速度と高空性能を改善した三二型の正当進化形という位置付けであることがわかる。

以後、主翼の20㎜機銃をベルト給弾式にした五二型甲、機首右側の固定機銃を13㎜機銃にした五二型乙、さらに主翼に13㎜機銃2挺を増備した五二型丙が登場。やがてその胴体尾部構造を強化した六二型の登場により終戦を迎えることとなる。

なお、零戦の製造は三菱重工と中島飛行機の両方で行なわれたが、中島での生産は二一型から一気に五二型へと飛び、三二型や二二型は製造されていない。これは生産転換により完成機数が低下することを避けたためといわれ、実際、昭和19年5月まで二一型が作り続けられた。並行して五二型の生産が中島ではじまったのは昭和18年秋頃のようで、以後そのマスプロ能力を発揮して昭和19年中ごろまでに続々と製造されていった。■

三菱零式艦上戦闘機 三二型

さらなる空戦能力を追い求め 異形の翼を纏った改修型

三菱 零式艦上戦闘機三二型
タミヤ 1/72 インジェクションプラスチックキット
'13年発売　税込1512円
製作・文／**けんたろう**

MITSUBISHI A6M3 ZERO FIGHTER(HAMP)
TAMIYA 1/72 Injection-plastic kit
WAR BIRD COLLECTION No.84
Modeled and described by KENTARO.

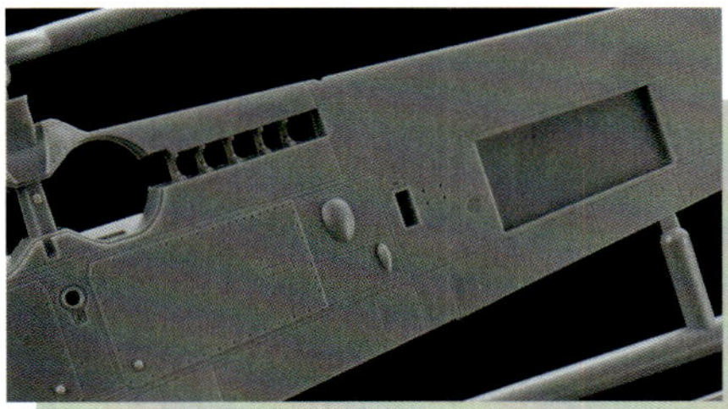

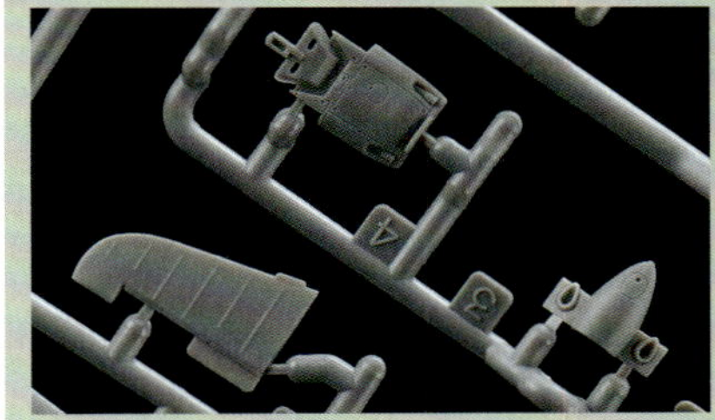

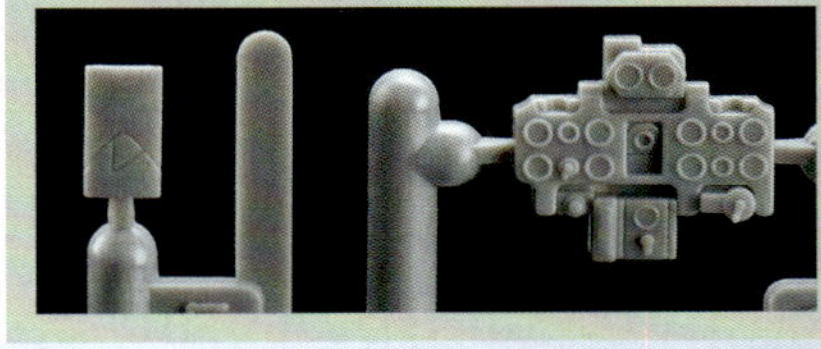

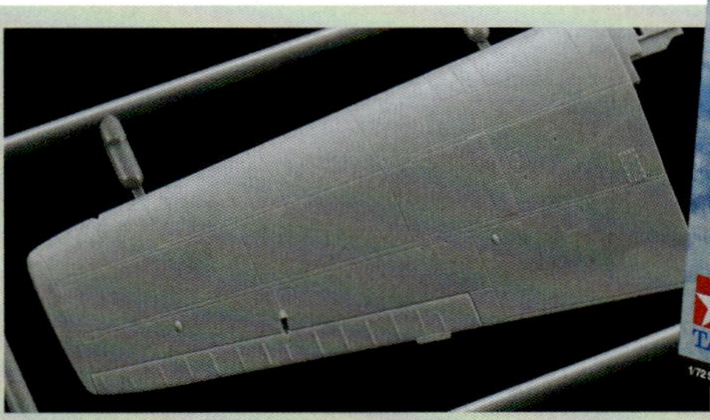

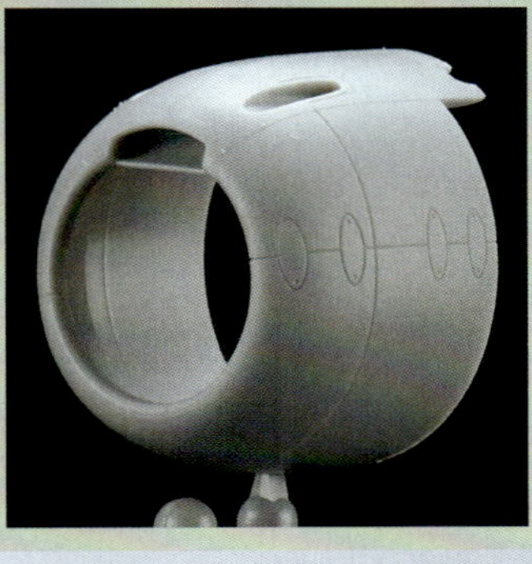

MITSUBISHI A6M3 ZERO FIGHTER MODEL32(HAMP)

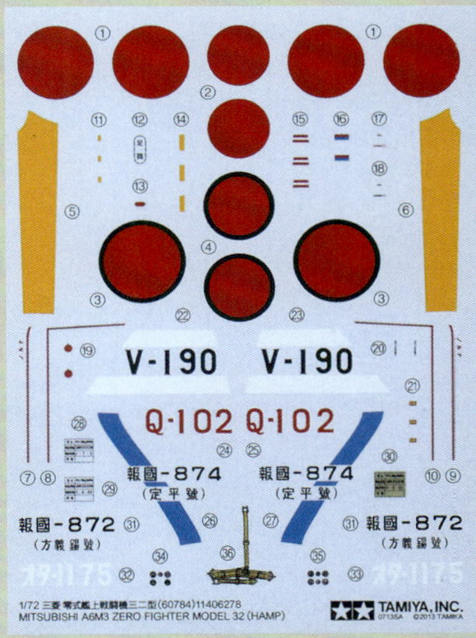

◀機体のマーキングは3種が入っている。各機で異なる日の丸形状や形式／機番標記はそれぞれが再現できるよう別に用意されている。上側が暗緑色の大分海軍航空隊所属機用の黄帯も付属する

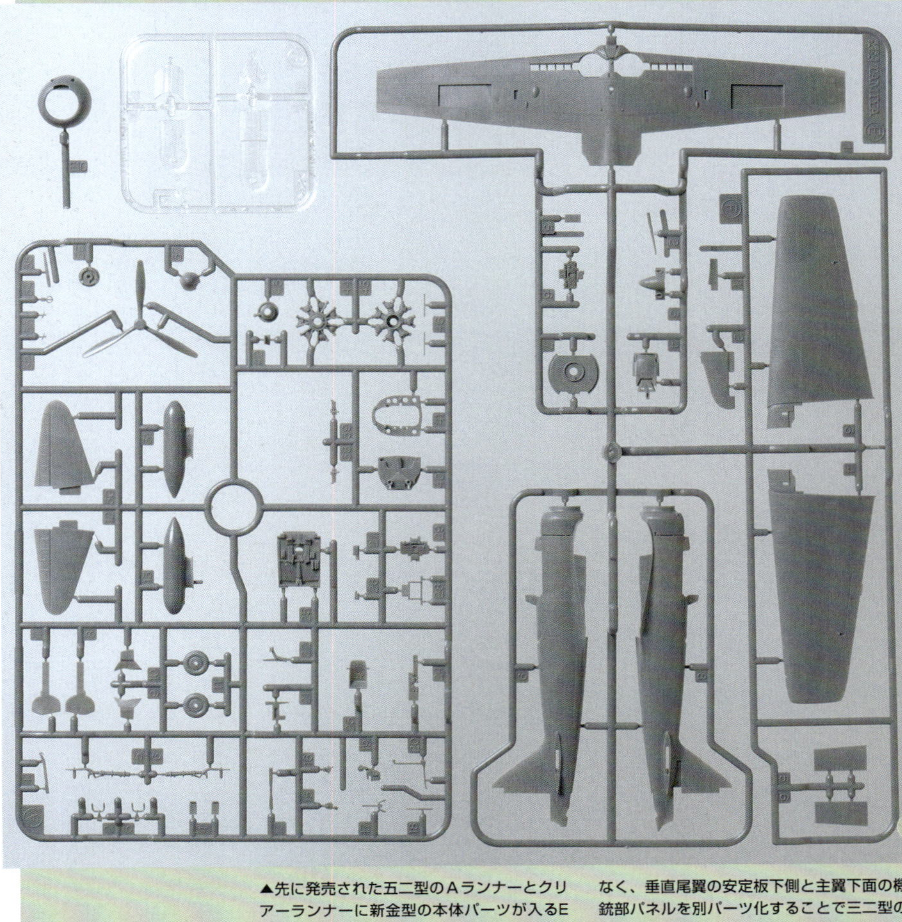

▲先に発売された五二型のAランナーとクリアーランナーに新金型の本体パーツが入るEランナーとカウリングパーツを合わせた構成の三二型。単に主翼パーツの先端がまっすぐに切り落とされた形状に変わっているだけでなく、垂直尾翼の安定板下側と主翼下面の機銃部パネルを別パーツ化することで三二型の形状を再現。また、エンジン換装によりさらに流麗なデザインとなった三二型のカウリング形状の特徴もちゃんと再現している

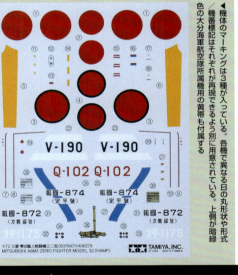

零式 艦上戦闘機 二一型

●完成見本作例はキットをストレートに製作したもの。キャノピーは開状態のパーツを選択して製作している。コクピットは五二型のAランナーのパーツに二一型と同形状の計器板パーツを組み合わせるようになっている
●ここではニューギニア島配属の台南海軍航空隊所属機として製作。切り詰めた主翼と胴体に入った斜めの青ラインにより、見る者に精悍な印象を与える。流麗で整った曲線が美しい二一型とは好対照的だ

新型エンジンと短翼により性能を上げるも342機で生産を終えた異形の“零”

1/72

台南航空隊所属　ニューギニア島
ブナ基地 昭和17年

出力向上型である栄 二一型エンジンを搭載することで速度性能／高々度性能の向上を、主翼端を短縮することでロール性能の改善を図った三二型。運動性能は向上したが、その半面航続距離が短くなり、わずか342機で生産終了となった型式だ。ほかの零戦各型と異なる角形に断ち切られた主翼形状から米軍には零戦とは別の後継機体と認識され、"ZEKE (ジーク) "と呼ばれた他の零戦各型に対し、三二型だけは"HAMP (ハンプ) "という別の通称が与えられた。

報國-874

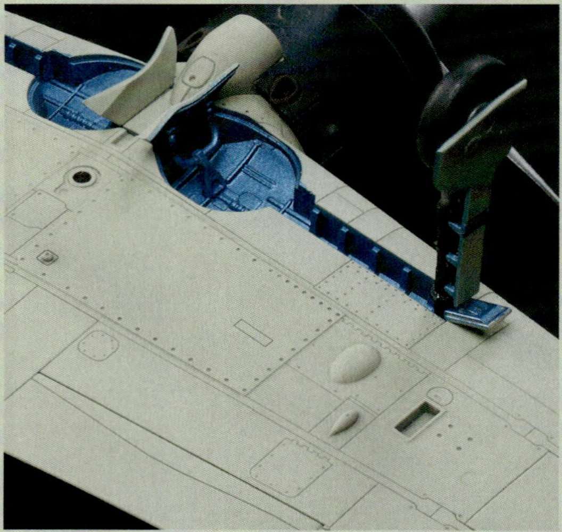

報國-874
(定平號)

V-190
報國-874

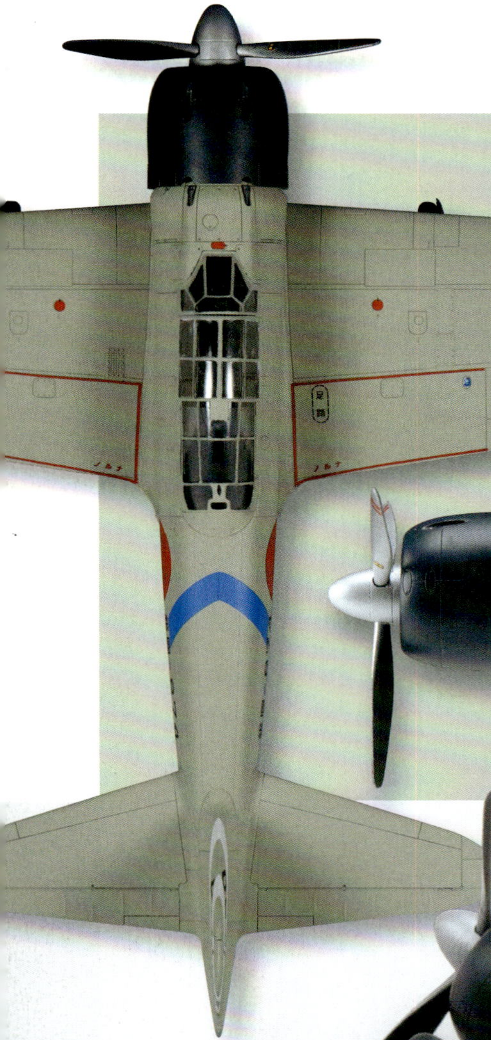

●艦載時に折りたたまれる翼端部分をなくしたため、二一型と比べると翼長が左右合わせて1mも短くなっている。この角張った翼に二一型譲りの胴体、そして新型エンジン搭載により形状が変更されたカウリングというアンバランスな取り合わせの妙が改修型である三二型の魅力。キットでは共通箇所と新規設計箇所を匠に取り混ぜることにより、こうした実機の特徴を見事に再現しているので、ぜひ二一型と並べて楽しんでほしい。基本色は二一型の完成見本例と同じくMr.カラーの灰緑色を使用。そのほかの部分もマーキング以外は二一型と同じ製作法／塗料で仕上げた

零式艦上戦闘機 三二型

付属マーキングパターンA
台南海軍航空隊所属機 ニューギニア島 ブナ基地 昭和17年

エース坂井三郎や西澤廣義らを輩出したことで知られる台南海軍航空隊、略称台南空は昭和16年10月1日に新編成され、零戦二一型をもってフィリピン攻略や蘭印攻略作戦に参加したあと、ニューブリテン島ラバウルに進出する。その後はニューギニアのラエへ前進してポートモレスビー攻撃などを実施していたが、昭和17年7月には隊員たちは交代でラバウルに戻り、新鋭の三二型（二号零戦）の操縦、並びに整備の講習を実施した。ただし、直後にはじまったガダルカナル航空戦へは航続力の関係でこの三二型は参加できず、もっぱらラバウルの防空やニューギニア方面で使用されることとなる。

本機もそのひとつで、同年8月以降に台南空が進出したブナ基地で使用されたもの。基本塗装は灰緑色にカウリングのつや消し黒塗装という初期の零戦のオーソドックスなスタイル。機番号〔V-190〕のうち、「V」が台南空を表す部隊記号（区分字）で、昭和17年4月以降、ラバウルに進出して以降は図のように黒で記入するようになった（それまでは白字に赤フチを付けていた）。また、胴体の斜め帯は台南空を表す標識で、赤、青、黄（最近の説ではこれに黒が加わる）で中隊を表したという。なお、中隊長機を表す尾翼の2本の帯は青で記入されるのが慣例であったが、本機は白で記入している点が特筆される。

本機は三二型の製造第32号機（試作機からの通算）で、団体や個人の醵金で製作された報國號の1機である。

前線基地ブナを取り巻く環境は厳しく、8月末には台南空もここから撤退。その際に残置された本機がオーストラリア軍に鹵獲された。

付属マーキングパターンB
第二航空隊所属 角田和男飛曹長機 ニューギニア島 ブナ基地 昭和17年8月

第二航空隊、略称二空は昭和17年5月31日に艦戦／艦爆の混成部隊として編成された特設航空隊である。それまでにも哨戒や訓練を任務とする艦爆装備の基地航空隊（31空、33空、35空など）はあったが、太平洋戦争において、攻撃を主眼とする艦爆装備の基地航空隊としては二空が初めて編成されたものだ。その編成目的はフィージー、サモアを抑え、米豪切断を図るFS作戦に従事するためであり、新鋭の零戦三二型を装備して、8月6日にラバウルへ運命的な進出を果たしている。その直後にはじまったガダルカナル航空戦に、航続距離の短い三二型が参加できなかったことは本文中にある通りだ。

二空の装備機も、マーキングパターンAの台南空の機体と基本塗装は同様で、機体全体は灰緑色、カウリングをつや消し黒で塗装、報國號のマーキングが入るというものだった。

機番号〔Q-102〕のうち、「Q」が二空を表す部隊記号で、赤で記入されていたようだ（台南空のように黒とする説もある）。二空の機体はやはり胴体に部隊標識としてクサビ形の帯を記入したいるケースが見られるのだが、本機にはそれがないのに注意。

本機は三二型の製造第30号機（試作機からの通算）で、報國號の番号も〔V-190〕とは2番違いとなっている。

日本陸海軍がブナを放棄したあとに本機も〔V-190〕とともにオーストラリア軍に鹵獲されており、製造番号などはその際の記録で判明している。なお、写真を見た角田和男氏が名乗り出たことにより本機の搭乗者が角田氏であることが判明した。

付属マーキングパターンC
大分海軍航空隊所属機 大分基地 昭和19年

下記本文中にもあるように当初はラバウルからガダルカナルへの往復ができなかった三二型であったが、昭和17年9月以降、ブーゲンビル島のブカやブインに飛行場ができあがるとここへ進出してガダルカナル航空戦に参加できるようになった。昭和18年前半まで第一線でがんばった三二型は次第に後方へ退き、五二型の登場した同年8月以降は練習航空隊の訓練機として使われるようになる。

マーキングパターンCの機体は、昭和19年に入り、大分海軍航空隊で使用された訓練用戦闘機のなかの1機。大分空は古くからある練習航空隊で、戦闘機の実用機教程を担当しており、本機も飛行学生や飛行練習生の訓練機として使われている。

三二型が生産されていた当時は三菱の工場では灰緑色一色の塗装で仕上げられており、図で見るような濃緑色の上面塗装は部隊側、あるいは航空廠でのオーバーホールの際に施された。二二型の後期になると下面の塗色も「J3」あるいは「下面灰色」と呼ばれる灰色となるが、本機の場合は灰緑色のままだろう。

尾翼に記入された機番号のうち「オタ-」は大分空を表す部隊記号で（大分空より歴史の古い大村空は「オ-」を使用。大井空は「オヰ-」）、通常は100番台を用いる機番数字も、1000のくらいを付け足していることがおもしろい。

昭和18年初め頃から陸海軍機の主翼の前縁には黄橙色の敵味方識別帯が記入されるようになるが、本機のケースではその前後幅がかなり大きめに取られているのにも注意されたい。

実機を知ると模型がおもしろくなる! その2
零戦三二型
速度＆高空性能向上型なるも出現時期に泣いた、不運の真打ち

零戦の数あるバリエーションのなかでもひときわ異彩を放っているのが「二号零戦」こと三二型だ。本来は二速過給器の栄二一型への換装による速度、高空性能向上型として歓迎されるべきタイプだったが、戦場に出現した時期が悪く、評価が下がってしまった。

十二試艦上戦闘機の試作も最終段階に入った昭和14年ごろ、二速過給器を装備して高高度（といってもこのころは6000m程度）での性能を改善、馬力も1100馬力となった中島「栄二一型」の実用化の見込みが立つ状況となっていた。

そこで日本海軍は昭和15年に入りこのエンジンを搭載する速度／高空性能向上型零戦の開発を三菱に要求。同年7月になって最初の型式を「零式一号艦上戦闘機一型」として兵器採用し、引き続き艦上機型を「零式一号艦上戦闘機二型」として試作を進めるいっぽうで、「假称零式二号艦上戦闘機（假は仮の旧字。以下、二号零戦と略）」が開発されることとなり、翌16年1月には早くも試作1号機が海軍で領収飛行を実施され、11月までに試作2号機、3号機も領収された。

二一型から大きく変更された点は、エンジン換装によりカウリングのデザインが流麗なものになったこと。これはエンジン前端の最終減速器ケースの大きさが変わり、エンジン後部に二速過給器が付くなどして全長が変わったことと、吸気形式が昇流式から降流式になったことに起因しており、合わせてエンジンと機体を繋ぐ防火壁が後方へ移動している（これにより胴体燃料タンクが145ℓから60ℓに縮小されたことがのちの航続力問題に大きく影響した）。

また試作当初から懸念されていた主翼の20㎜機銃の携行弾数が少ないという点は、それまでの60発弾倉から100発弾倉にすることでひとまず改善されることとなった。これにより、主翼下面のクリアバルジが大きくなっているのも外観上の特徴だ（二号零戦試作4号機からと言われるが極初期の生産機には間に合わなかったという説もある）。

ところが、二号零戦の試作が進むなか、「主翼の折りたたみ機構を廃止して工程簡略化を図り、生産数を伸ばせ！」との命令が海軍航空本部から三菱側になされた。その頃、あいにくと三菱では設計主務の堀越技師が体調不良で、この改修には九六陸攻や一式陸攻の設計主務者として知られる本庄季郎技師がピンチヒッターとして当たることとなる。

指示を受けた本庄技師は、「零戦の主翼には先端から付け根までで計算された〝捻りさげ〟が付けてあると堀越君が言っていた。それを途中で切ったらまずいのでは……」と内心ぎくりとしたというが、命令は命令だ。こうして製作されたのが、今日我々がよく知る二号零戦／三二型の角張った主翼形状だ。つまり、二号零戦の主翼切断は試作当初にはなかった項目だった。ただ、このあたりには下川事故によりバランスタブが廃止され、そのために従前に戻った補助翼の重さを改善する狙いもあったともいわれている。

こうして昭和17年4月ごろから生産がはじまった二号零戦は6月ごろから順次完成して前線へと供給され、7月下旬にはラバウルに進出していた台南空が取り扱いの講習をはじめたほか、8月6日には二号零戦と九九艦爆の混成の第二航空隊がラバウルに進出した。

ところがその翌日の8月7日未明、ソロモン諸島では、米海軍空母機動部隊の艦上機がフロリダ島ツラギとガダルカナル島へ空襲を実施すると同時に、米海兵隊1個師団が上陸。これを端緒とするガダルカナルの戦いがはじまることとなった。

このとき、ガダルカナル島を赴援することのできる日本側航空基地はラバウルしかなく、片道およそ1040㎞の距離を二号零戦が往復できないことが大問題となってしまった。

本来ならば上昇力や急降下制限速度が向上し（二一型629㎞／h→666㎞／h）、より強くなった機体として評価されるべきだった二号零戦はその登場したタイミングがまったく悪かったということになる。

このため、三菱製造第89号機からは主翼のタンクを片側210ℓから217ℓへ、さらに第191号機からは220ℓへ増積するなど航続力延伸の努力がなされたが、結局抜本的な改善が必要ということになり、主翼内にもうひとつタンクを増設した二二型が開発されるのである。

なお、「假称零式二号艦上戦闘機」が兵器に採用され「零式艦上戦闘機三二型」と呼称するように定められたのは昭和18年1月29日のこと。すでに343号機（昭和17年12月完成）をもってその生産は終了し、344号機以降は二二型に切り替わっていた。■

●付属マーキングA

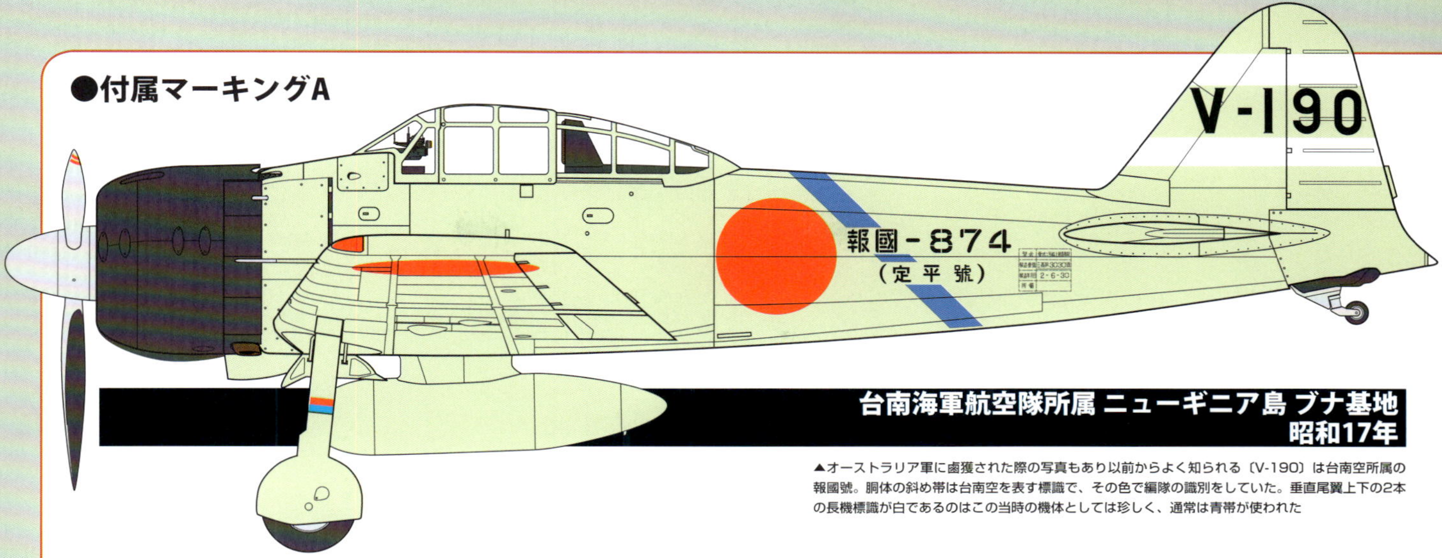

台南海軍航空隊所属 ニューギニア島 ブナ基地
昭和17年

▲オーストラリア軍に鹵獲された際の写真もあり以前からよく知られる〔V-190〕は台南空所属の報國號。胴体の斜め帯は台南空を表す標識で、その色で編隊の識別をしていた。垂直尾翼上下の2本の長機標識が白であるのはこの当時の機体としては珍しく、通常は青帯が使われた

●付属マーキングB

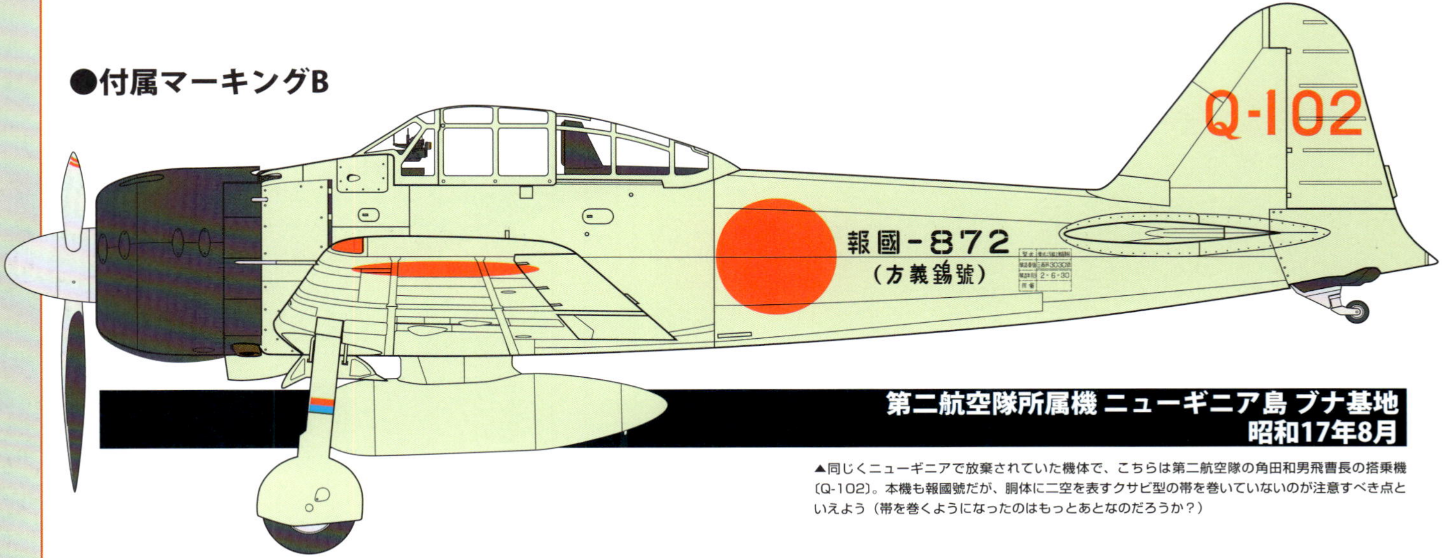

第二航空隊所属機 ニューギニア島 ブナ基地
昭和17年8月

▲同じくニューギニアで放棄されていた機体で、こちらは第二航空隊の角田和男飛曹長の搭乗機〔Q-102〕。本機も報國號だが、胴体に二空を表すクサビ型の帯を巻いていないのが注意すべき点といえよう（帯を巻くようになったのはもっとあとなのだろうか？）

●付属マーキングC

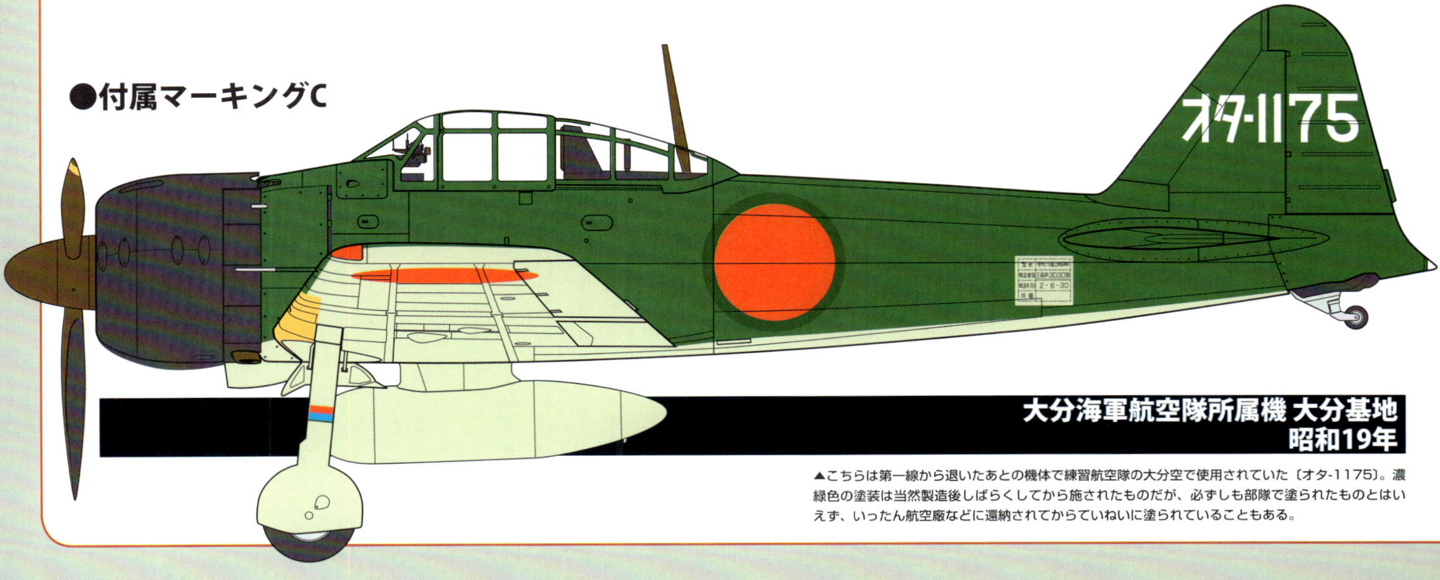

大分海軍航空隊所属機 大分基地
昭和19年

▲こちらは第一線から退いたあとの機体で練習航空隊の大分空で使用されていた〔オタ-1175〕。濃緑色の塗装は当然製造後しばらくしてから施されたものだが、必ずしも部隊で塗られたものとはいえず、いったん航空廠などに還納されてからていねいに塗られていることもある。

三菱 零式艦上戦闘機二二型／二二型甲
タミヤ 1/72 インジェクションプラスチックキット
'13年発売　税込1512円
製作・文／**けんたろう**

MITSUBISHI A6M3/3a ZERO FIGHTER(ZEKE)
TAMIYA 1/72 Injection-plastic kit
WAR BIRD COLLECTION No.85
Modeled and described by KENTARO.

三菱零式艦上戦闘機 二二型

三二型で失われてしまった航続能力を取り戻すべく作られた改修型

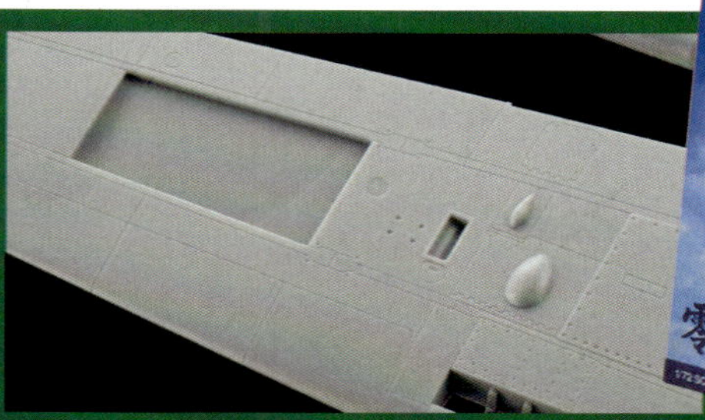

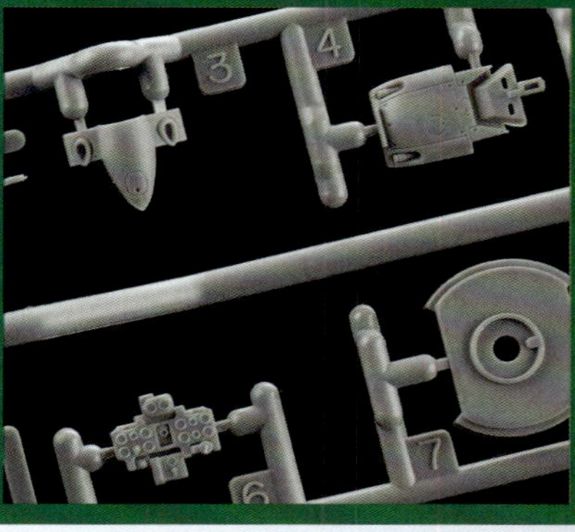

MITSUBISHI A6M3/3a ZERO FIGHTER MODEL22(ZEKE)

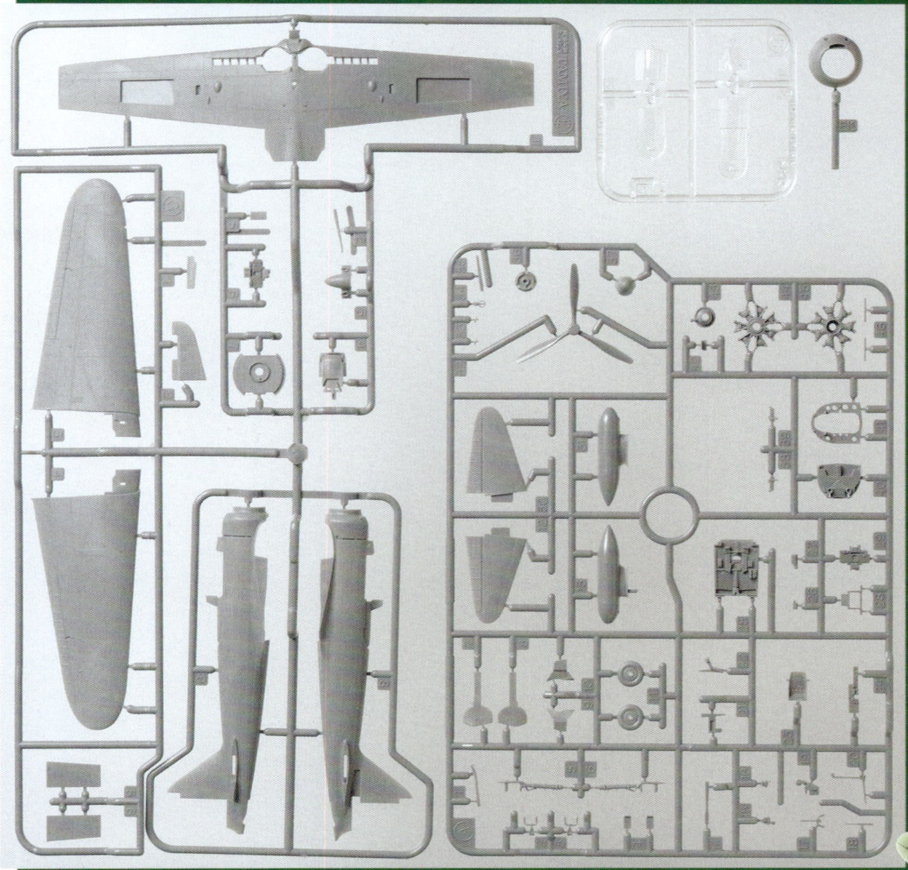

●一見二一型のものと同じパーツに見える主翼だが、下面は三二型と共通のパーツを使い上面を新規設計とすることで二二型の特徴を再現。二二型と二二型甲の作り分けは、最初に発売された五二型以降共通のAランナーに入っている機銃パーツを取り付けるか取り付けないかで選択するようになっている。実機の構成をパズルのようにランナーに散りばめた、タミヤ1/72零戦バリエーションのパーツ構成の妙がもっとも感じられるのがこの二二型だ

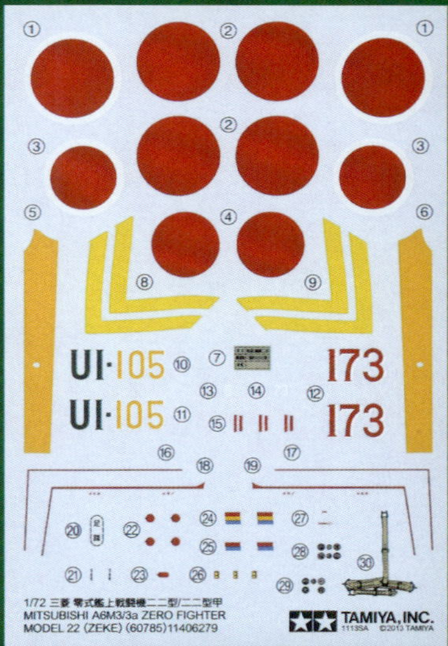

▲二一型、三二型、五二型にはそれぞれ3種のマーキングが入っているが、二二型のデカールに入っているマーキングは2種。ちょっと損をしたような気になるかもしれないが、その代わり二二型と二二型甲を作り分けられるようになっているのが本キットの特徴となっている

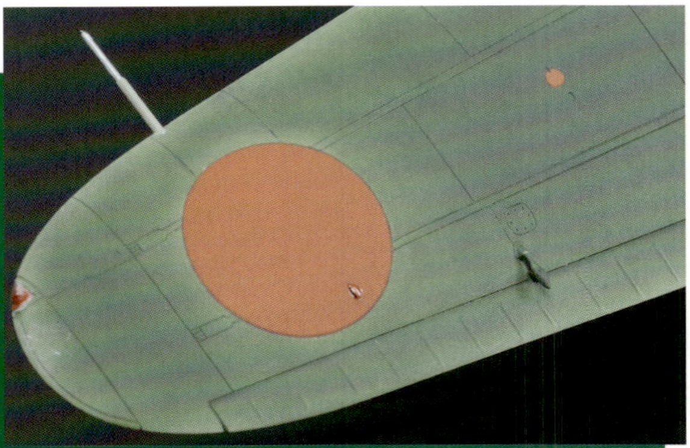

零式艦上戦闘機 二二型／二二型甲

●完成見本作例はキットをストレートに製作したもの。キャノピーは開状態のパーツを選択して製作している。コクピットは二一型に準じた構成で、外装パネルラインが一部変更されているものの、実機どおり二一型の胴体に三二型のエンジン／カウリングを取り付けたような構成になっている。

●ここでは第251海軍航空隊所属の二二型として製作している。この機の特徴は、二一型と同様の灰緑色塗装の上に暗緑色を手描きで描いたと思われる迷彩塗装。有名な飛行中の実機写真を見ると、ハケで手描きのようにも見えるが、1/72模型ということで、エアブラシを使ったフリーハンドの細吹き塗装にて汚くなりすぎないように迷彩を施している

三二型から急遽“逆”改修された「折衷案」

1/72

第251海軍航空隊所属機 ソロモン戦域
昭和18年5月

速度性能や高々度性能などの運動性能は上がったものの航続力を犠牲にした三二型だったが、その失われた航続性能を回復する為に急遽改修されたのがこの二二型だ。改修と言っても、基本的に三二型の主翼を二一型のものに戻した機体であり、言い換えれば二一型のエンジンを栄 二一型に換装したもの。二二型はガダルカナル攻防戦に特化したピンチヒッターであり、五二型の生産開始まで、武装変更型の二二型甲も合わせて560機が生産された。

●二一型の胴体に三二型と同じカウリングを組み合わせた三二型は、二一型の運動性能と三二型の速度性能を併せ持つ均整のとれた機体であり、「もっとも美しい零戦」と称されることもある。主翼内の20㎜機銃を長銃身タイプの九九式二号20㎜固定機銃三型に変更した二二型甲の性能は、その後の五二型へと受け継がれていくこととなる

零式 艦上戦闘機 二二型/二二型甲

105

05

主翼を二一型と同様な形に戻し、折り畳み装置を復活、三二型の流麗なカウリングを踏襲した二二型は、零戦のなかでも最も美しい型式といわれる。それはガダルカナル攻防戦に馳せ参ずることができるよう進化した、「長距離作戦請負人」としての厳しさを内に秘めた姿だった。

付属マーキングパターンA
第582海軍航空隊 進藤三郎少佐機 ブーゲンビル島ブイン 昭和18年6月

第582海軍航空隊は三二型のところでも紹介した第2航空隊（なお、第2航空隊＝2空は特設航空隊なので、部隊名に“海軍”と付かないことに注意されたい）が昭和17年11月に改称した部隊。8月にラバウルへ進出して以降、ニューギニアに、ガダルカナルにと闘い続けていたが、本機の場合は、ちょうど582空が昭和18年6月にブインに進出していたときの写真が残されている。

基本塗装は従来の灰緑色の上面へ濃緑色迷彩したものだが、この〔173〕は三菱で塗装作業が施されたようで、他の機体に比べて風防の窓枠部分もきれいに塗装されている点が目をひく。また、敵味方識別帯は、のちに見られるものよりかなり前後方向の幅を広く取って塗られているところもおもしろい。

胴体に巻いた黄色のクサビ形帯が582空の標識で、2本巻いている機体は中隊長などの搭乗機を表し、この〔173〕は582空戦闘機隊長（飛行隊長）の進藤三郎少佐の搭乗機とされる。小隊長クラスの機は機番号の下に白線1本を付けていた。

582空は2空以来の艦戦、艦爆混成航空隊であったが、戦闘機隊は昭和18年8月1付けで第204海軍航空隊に編入され、以後は艦爆と艦攻のみの部隊になった。

なお、キットの説明書ではこちらが「パターンA」として先に掲載されているが、本機は主翼の20㎜機銃が長銃身の二号銃になった二二型甲（この呼称に付いては下記本文参照）なので、出現時期としてはマーキングパターンBの機体のあとになる。

付属マーキングパターンB
第251海軍航空隊所属機 ソロモン戦域 昭和18年5月

第251海軍航空隊は、栄えある台南海軍航空隊が昭和17年11月に解称した部隊で、その直後の12月に内地へ帰還して戦力再建にかかり、新鋭の零戦二二型を装備することになった。内地にいる時にはこれらの機体は灰緑色塗装であったが、昭和18年5月にラバウルへ進出すると同時に濃緑色の上面迷彩が施されている。

マーキングパターンBの〔105〕は、当時日映のカメラマンであった吉田一氏が一式陸攻に同乗して撮影した空撮写真により有名な機体である。台南空以来（4空以来と言うべきか）のエース、西澤廣義上飛曹の搭乗機とも伝えられるものだ。もともと〔U1-105〕だった機番号のうち、部隊記号の部分を濃緑色で塗りつぶしてあるようだ。

キットのマーキングパターンAの582空の機体に比べると上側の濃緑色で描き足された迷彩塗装が乱雑なことから、慌ただしく作業されたようすがうかがえる。アクリルガラスに付着するのを嫌って、風防の窓枠にはほとんど濃緑色が塗られていないところも興味深い。また、本機の敵味方識別帯も前後幅が広くなっている。

後部風防内のクルシー無線用ループアンテナはなく、アンテナ支柱を風防から飛び出る位置で切断するのは台南空以来の手法（外すとすきま風が強くなったり、風切り音がひどくなるからという）。

251空は台南空以来の隊員を基幹に新人を加えて編成されていたが、それも櫛の歯が欠けるようにひとり、ふたりと未帰還となり、昭和18年9月1日付けで艦戦隊は削除されて隊員たちは201空と204空へ編入、以降は夜間戦闘機のみの部隊となった。

実機を知ると模型がおもしろくなる! その3

零戦二二型/二二型甲

もっとも流麗にしてもっとも脚が長くもっとも苦しい時期に闘ったピンチヒッター

昭和17年8月7日、突如として南太平洋のソロモン諸島でわき起こったガダルカナル島をめぐる戦い。それは、日本陸海軍の当初の甘い判断を裏切り、連合国の一大反攻の端緒となるものだった。

このとき、ちょうど鳴り物入りで日本海軍が投入した新鋭機が「仮称零式二号艦上戦闘機（＝三二型）」だ。これが、当時の最寄り基地であるラバウルからガダルカナルまで往復できないことが問題となったことは三二型のところで述べたとおりだが、この問題を解決するために急遽開発されることとなったのが、のちに二二型となる「仮称零式二号艦上戦闘機改」だった。

搭載エンジン、ほか各部は三二型のまま、問題となっている航続力を延伸するため、昭和17年9月に主翼内へ45ℓの増加タンク（両翼計90ℓ）を搭載した機体が製作された。この90ℓという数字は零戦の巡航速度で1時間の航続時間を増す量であり、さらにこの増加タンクに加え翼幅を二一型と同様の12mに戻した機体が製作されている。

これらの実験機でのテストを踏まえた結果、同年12月製作の通算第344号機からがいわゆる二二型仕様で製作された「仮称零式二号艦上戦闘機」である。その翌月の昭和18年1月29日にはこれを「零式艦上戦闘機二二型」の名で兵器採用する通達がなされている。海軍機の量産は兵器採用（＝制式化）と必ずしも一致せず、三二型のように仮称のまま多量生産されたりしているので注意が必要だ。また、型式名もそれまで一号、二号とされていたものが二一型、三二型などと二ケタの数字で表記されるように変わった（一番早いのは昭和16年4月に兵器採用された一式陸上攻撃機で、当初から〝一一型〟と表記）。

ここでついでに二ケタで表されるようになった海軍機の型式名の見方について述べておこう。この数字は10の位が機体の仕様を、1の位がエンジンの仕様を表している。零戦の場合を見ていくと一番最初に兵器採用されたの機体が一一型（旧称／零式一号艦戦一型）で、機体に艦上機としての装備を追加したものが二一型（旧称／零式一号艦戦二型）。エンジンを栄二一型に換装し、主翼を短縮、補助翼をリブひとつ分減少した機体が三二型（旧称／零式二号艦戦）という具合だ。

つまり二二型とは、「エンジンが三二型と同じ」まま、「機体の仕様を二一型に戻した」という意味である（厳密にいうと、二一型と二二型の主翼は外見だけが同じで、20㎜機銃は100発弾倉に、翼内には合計90ℓの増加タンクも入っているし、また補助翼にはバランスタブが復活しているしで、まったく別物になってしまったのだが……）。

この事情がわかれば、「一一型、二一型、三二型ときて、その次がなぜ二二型なの？」という疑問はきっと氷解したことだろう。ただし、このように型式が〝戻る〟のは零戦に特有のケースとも言える。

さて、ガダルカナル戦へのピンチヒッターとして急きょ開発された二二型は251空（旧台南空）をはじめ582空（旧2空）、204空（旧6空）など、ソロモン諸島を包括する南東方面の激戦場に展開する基地航空隊に真っ先に供給されることとなった（のち201空なども装備）。

三二型で洗練されたエンジンカウリングとなった零戦だったが、二一型以来の美しい翼端形に戻った二二型は、「零戦のなかでももっとも流麗なタイプ」として人気を得ている。では、その実力のほどはどうだったのか？

まず、水平最大速度は三二型の544㎞／hから541㎞／hになったと記録されているが、これは実質的にほぼ変化なしといってよい。問題の航続力は記述のとおり巡航速度で1時間増えるように計算してタンクを増設しているので、単純計算で333㎞伸びている（およそ3360㎞）。

いっぽう、急降下制限速度が再び二一型と同様の629㎞／hに引き下げられてしまったのが大きなマイナスポイントで、とくに一撃離脱戦法をとるようになった連合国軍戦闘機に対しては、敵機の一撃をかわしたとしても追いつけない状況となってしまった。

しかも、二二型が戦場に出現した昭和18年初頭には、ソロモン諸島の西端に位置するブーゲンビル島にブインやブカといった前進飛行場ができ、三二型でも充分にガダルカナルへの往復飛行ができるようになっていた。

●付属マーキングA

第582海軍航空隊 進藤三郎少佐搭乗機
ブーゲンビル島／ブイン 昭和18年6月

▲銃身の長い2号銃を搭載し、上面の濃緑色迷彩を施した本機は582空飛行隊長進藤三郎少佐の搭乗機と言われるもの。胴体のクサビ形帯は同空を表す標識で必ず1本は巻き、2本目で長機を表している。主翼前縁の敵味方識別帯が幅広いのがこの時期の二二型の特徴

●付属マーキングB

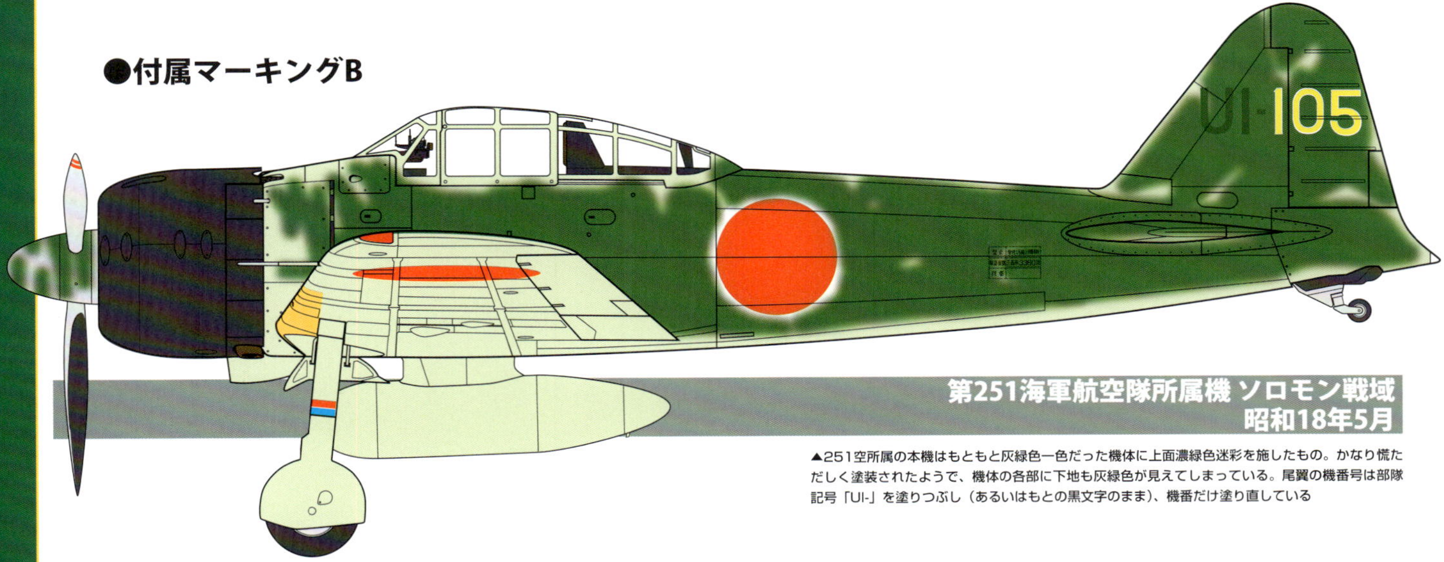

第251海軍航空隊所属機 ソロモン戦域
昭和18年5月

▲251空所属の本機はもともと灰緑色一色だった機体に上面濃緑色迷彩を施したもの。かなり慌ただしく塗装されたようで、機体の各部に下地も灰緑色が見えてしまっている。尾翼の機番号は部隊記号「UI-」を塗りつぶし（あるいはもとの黒文字のまま）、機番だけ塗り直している

ただ、この当時の零戦にはソロモン諸島の島々へ増援の地上部隊を輸送する船団の上空直衛という大事な任務が加わっており、二二型の長い航続力は重宝されたという（しかし、巡航速力での航続10時間という飛行時間の長さは、搭乗員たちにとってはたまったものではなかったのでは？）。

二二型にも途中でこまかな変更がなされているのでここで代表的なものを見てみよう。

製造第４５４号機（昭和18年1月製造）から実施されたのが、風防後部に搭載されていたアンテナ支柱の防振対策だ。これは三二型の登場時には無線機を搭載していなかったこともありあまり問題にならなかったことだが、空中無線の利用がある程度できるようになったこの時期にアンテナ支柱が振動することが問題となったためであった（馬力の向上した栄二一型の搭載によるものだった）。

製造第５６１号機（昭和18年3月製造）からは主翼の前桁を補強、縁材も厚いものにされ、主翼の20㎜機銃を長銃身の「九九式二〇粍二号固定機銃二型（通称／九九式二号銃）」にしたタイプが製作されている。これが今日「二二型甲」と呼ばれる型式だが、この当時は兵装の違いによる分類はなく、そう呼称されるようになるのは昭和19年10月になってからのことである。

よく知られる零戦の上面濃緑色迷彩が工場で塗装されるようになるのもこの昭和18年3月以降の完成機からだ。

製造第８５４号機からはアンテナ支柱の上端が短いものになり、主翼から突き出た20㎜機銃の銃身とともに二二型後期生産機のアクセントとなったばかりか、のちの五二型へ繋がる外観上の共通点にもなった。

こうして生産中も小変更がくり返された二二型は、昭和18年8月に完成した製造第３９０３号機を最後に生産を終了、引き続き激闘が繰り広げられている南東方面の戦場では真っ先に五二型に置き換えられていった。

その後、後方に下がった二二型は戦闘機搭乗員を養成する練習航空隊で使用されたほか、機動基地航空部隊として新編成された第１航空艦隊麾下の各隊で五二型の補助機材としても使用された。■

三菱零式艦上戦闘機 五二型

「最強」の座を取り戻すべく
速力と火力を強化した零の最終形

三菱 零式艦上戦闘機五二型
タミヤ 1/72 インジェクションプラスチックキット
'12年発売　税込1512円
製作・文／**けんたろう**
MITSUBISHI A6M5 ZERO FIGHTER(ZEKE)
TAMIYA 1/72 Injection-plastic kit
WAR BIRD COLLECTION No.79
Modeled and described by KENTARO.

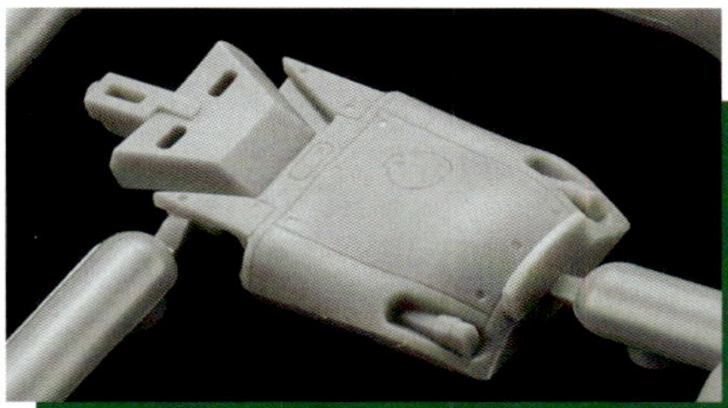

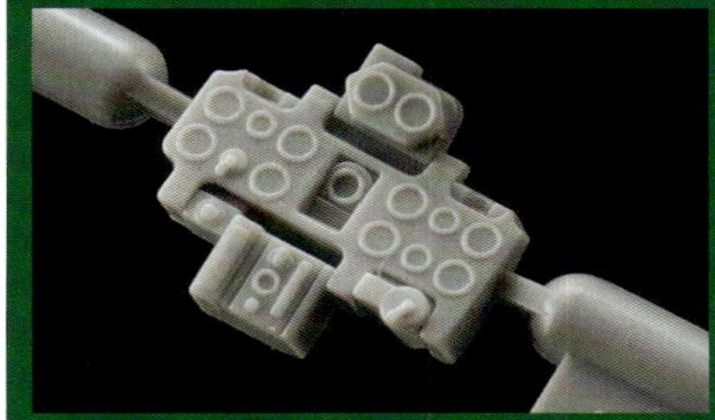

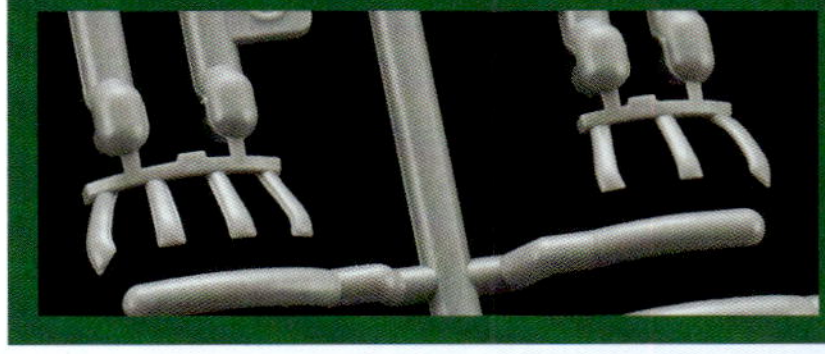

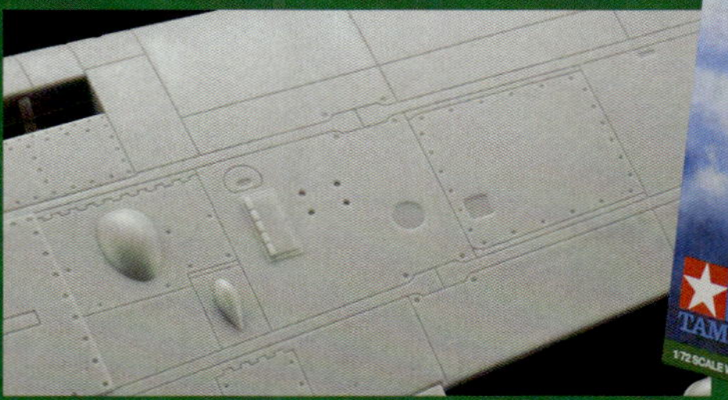

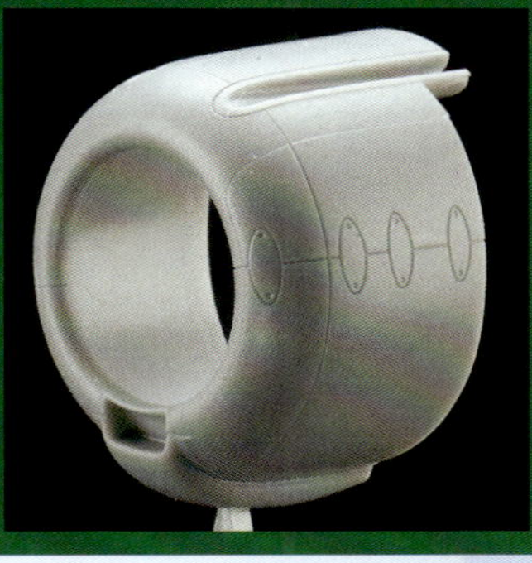

MITSUBISHI A6M5 ZERO FIGHTER MODEL52(ZEKE)

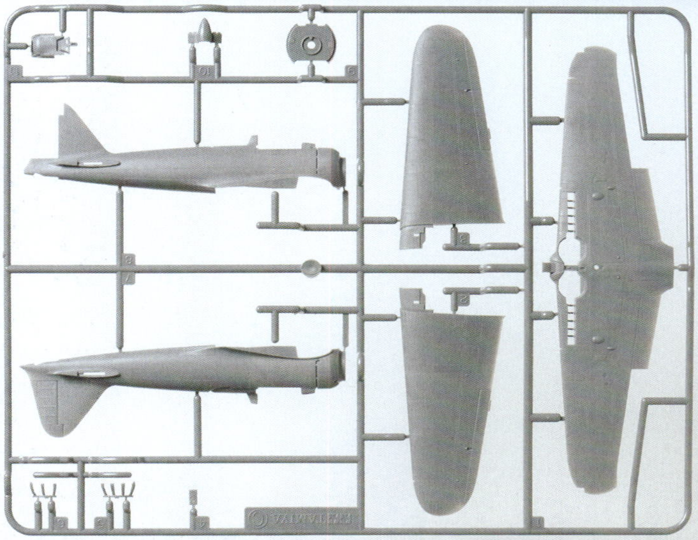

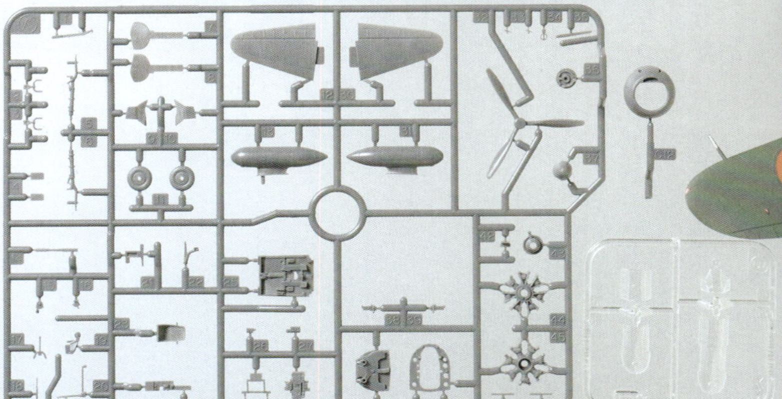

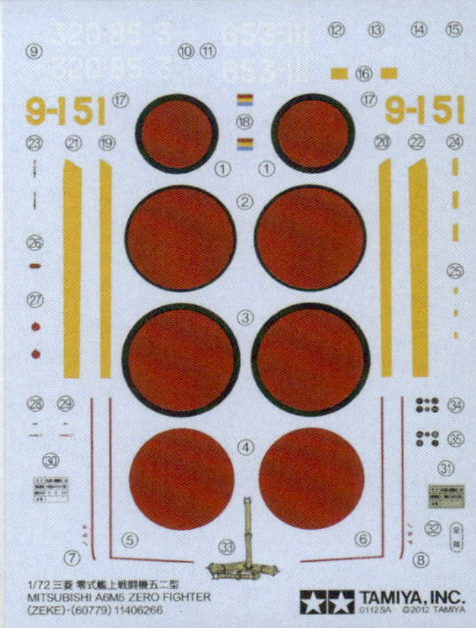

●マーキングは3種から選択で、主翼前縁の黄帯は太さの違う２種が入っている。

●実機では最後の形式となった五二型だが、'12年以降リリースされたタミヤのウォーバードコレクションシリーズ1/72零戦バリエーションのなかでは、いちばんはじめに発売されたのがこの五二型のキットだった。しかし、後に発売されたバリエーション型のパーツを見るに、このはじめの五二型を開発する時点で、すでに他の各型のパーツ構成まで見越していたように思われる……それくらい練られたパーツ構成となっている。Cランナーには、五二型の特徴を巧みに捉えた胴体／主翼パーツがあり、Aランナーには、ほかの各型で共通に使われるパーツが合理的に配置されているが、クリアーパーツとカウリングパーツを除いたランナー枠はたったこのふたつだけ。箱を開けたときの「パーツ少なっ！」という驚きと、完成したときの再現度の高さへの驚きが2段階に待っている、そんなシリーズ屈指の傑作キットなのである

2000HP級戦闘機に対抗すべく「より強い零」を目指した最終形

第652海軍航空隊所属機 第2航空戦隊旗艦
隼鷹搭載機
マリアナ沖 昭和19年6月19日

1/72

『ゼロ戦』と言うと緑の五二型をイメージする方も多いかもしれないが、緒戦を華々しく飾った零戦がその後立たされた苦境をもっともよく表しているのがこの五二型。強化された武装と切り詰めた主翼、単排気管がマッシブな印象を与えるが、新型エンジンへの換装はならず、やがては特別攻撃機として散っていく運命となる。

零式
艦上戦闘機
五二型

●完成見本作例はキットをストレートに製作したもの。キャノピーは開状態のパーツを選択して製作している。コクピットのコンソールは他型とはことなる五二型の形状を再現
●特徴である単排気管は根元で繋がった左右2パーツ構成で、組み立てやすさと形状再現を両立。増槽は装着した状態と外した状態を選択できる

●本キットでは、細身で流麗なラインが特徴の二一型とはうって変わり、マッシブで強そうなフォルムへと変身した零戦の最終形、五二型の特徴を巧みに立体化。単排気管化された太身のカウリング、三二型と同じ翼長ながら翼端を丸く整えられた主翼形状、強化された武装類などの目に付く差異の再現はもちろんのこと、パネルラインにいたるまで1/72でできうる限り五二型の形状をトレースしている

零式 艦上戦闘機 五二型

3
320-85

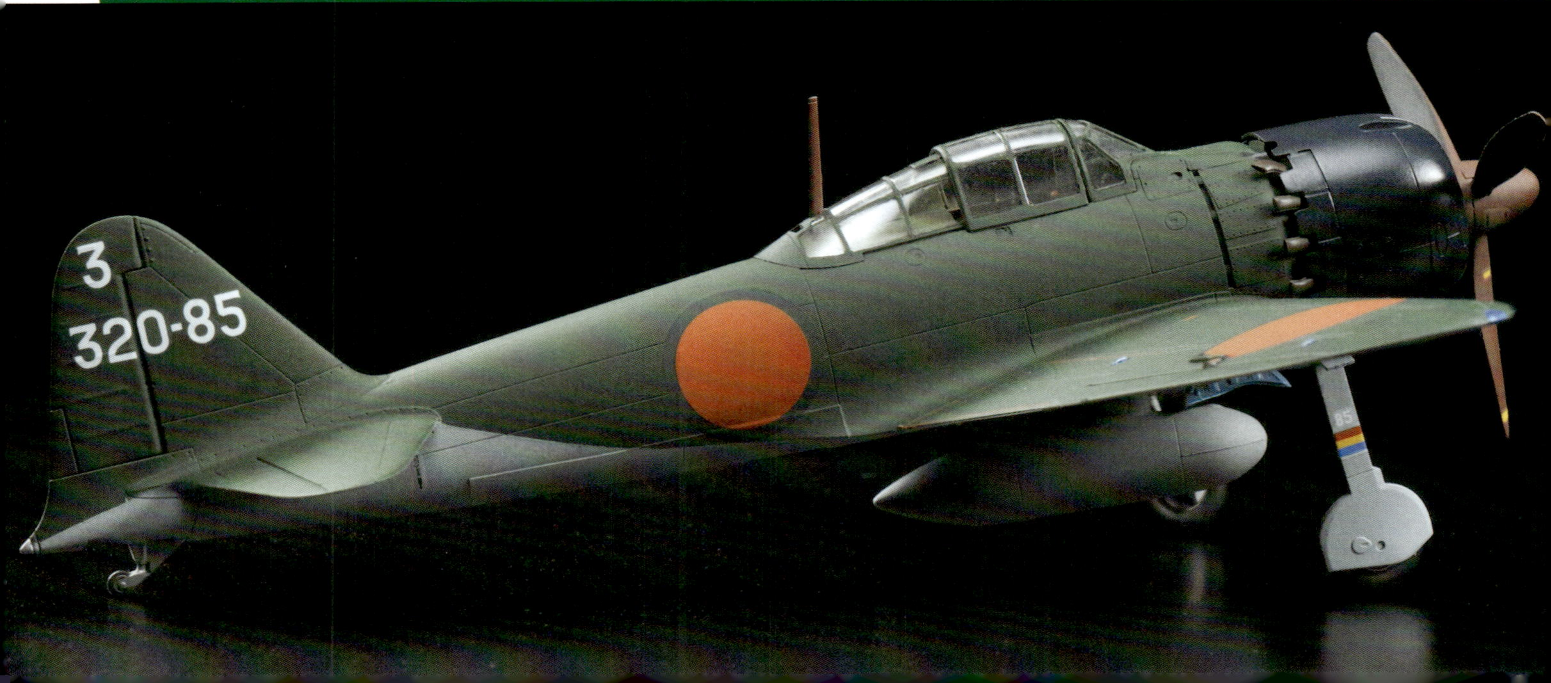
3
320-85

付属マーキングパターンA
第652海軍航空隊所属機 第2航空戦隊旗艦 隼鷹搭載機 マリアナ沖 昭和19年6月19日

南太平洋海戦以来、1年半ぶりとなった空母艦隊決戦、マリアナ沖海戦当時の空母搭載機は、従来の「空母」に付属していた飛行機隊という形から「艦隊航空隊」という別個の存在となり、普段は陸上基地で訓練し、艦隊決戦の際に、割り当てられた空母に搭載する形になっていた。このうち652空は第2航空戦隊の空母に搭載される航空隊である（601空が1航戦、653空が3航戦に搭載）。

マーキングパターンAの機体は、このうち空母隼鷹に搭載された艦戦隊の使用機で、胴体の迷彩塗装の塗り分けが水平尾翼の前縁と後縁に向かって緩やかなカーブを描くのが特徴の中島製五二型。このころになると主翼前縁の敵味方識別帯も細いものになり、より洗練されたイメージを受ける。目立つ日の丸の白フチは濃緑色で塗りつぶされていた。

尾翼に描かれた機番号〔320-3-85〕のはじめの3ケタの数字のうち、最初の「3」は第3艦隊を、次の「2」は2航戦を表し、最後の一ケタが所属の艦を表すようになっているというのが以前は定説だったが、近年発表された写真に写っている隼鷹艦上の本機は3ケタめが「0」となっていて興味深い（旗艦隼鷹所属を表すなら「1」のはず）。さらに方向舵上端に記入された「3」も艦番号を表すのではないようで、この法則を解明するにはさらなる別機体の写真の発見が待たれるところだ。

なお、空母搭載機であるので、操縦席後方のクルシー式無線帰投装置用のループアンテナの装備は忘れないでおきたい。

マリアナ沖海戦ののち、652空は解隊されることとなり、隊員たちは601空と653空に編入されてその再建に携わることとなった。

付属マーキングパターンB
第653海軍航空隊所属機 大分基地 昭和19年

マリアナ沖海戦で惨敗した空母機動部隊は、母艦の被害が軽微だった第3航空戦隊と、その搭載航空隊である653空を優先して戦力の再建に取りかかることとなった。3航戦の空母は千歳、千代田、瑞鳳の3隻で、のちに1航戦から瑞鶴が編入されて旗艦となり、4隻体制となっている（新1航戦は雲龍、天城、葛城、信濃になる予定だった）。

マーキングパターンBの機体は大分航空基地に展開して訓練を実施していた653空の零戦五二型（戦闘第165飛行隊所属か？）で、やはり胴体の塗り分けに特徴のある中島製の機体。プロペラは茶色に塗装されているのに、スピナーがシルバーのままなのは破損などにより交換したためか。模型製作の際にはよいアクセントとなること請け合いだ。

尾翼に描かれた機番号は〔653-111〕。マーキングパターンAで紹介したようなマリアナ沖海戦時の手法とは異なっており、部隊名そのものを区分字とする表記になっているのがわかるが、方向舵の上部に記入された黄色い四角が何を表すかは不明だ。

本機もやはり空母機だから、操縦席後方のクルシー式無線帰投装置用のループアンテナが付いているのに注意。

艦隊航空隊としての再建に邁進していた653空は3航戦の空母を使用した着艦訓練も行ない、次期艦隊決戦に備えていたが、昭和19年10月10日の沖縄空襲に端を発する台湾沖航空戦に主兵力が参加。南九州、台湾、フィリピンと陸伝いに転戦したため、捷一号作戦時に瑞鶴以下4空母に乗り込んだのはその残留隊員たちと再建途上の601空からの少数の増援のみ、計108機という陣容だった。

付属マーキングパターンC
ラバウル航空隊所属機 ニューブリテン島 ラバウル 昭和18年～19年

キットの説明書で本機がラバウル航空隊所属機として紹介されているのは、従来、部隊記号「9-」がどの部隊をさすものかわからなかったからだった。しかし、じつは昭和17年9月の進出以来、継続して南東方面にあって戦った204空（旧6空）の機体だということが近年になって判明した。なお、この当時のラバウルにおける零戦の活躍のようすは「日本ニュース」で戦時中に国民に披露されており、その映像はいまもNHKのアーカイブなどで見ることができる。

マーキングパターンCの機体はそのうちの1機で、上面濃緑色と下面灰色の胴体の塗り分けが直線的になっているのが特徴の三菱製五二型（三菱のこの塗り分けは二二型の後期生産機から最終量産型の六二型まで変わらない）。このように三菱製と中島製で塗装パターンを変えたのは、細部の仕様が異なる両メーカーの機体をひと目で見分けて、整備上の都合を付けやすくするためだった。

本機は三菱製の初期生産機であるが、プロペラやスピナーが茶色で塗られていることから、当時のラバウルでの激戦の様子がうかがえる（正式にメーカーで茶色に塗られるようになるのはもう少しあとになってから）。胴体や主翼の日の丸の白フチが濃緑色で塗りつぶされているのも目立たないようにするためだ。

敢闘を続けた204空だったが、昭和19年1月26日にはトラックへ後退して戦力再建に入った。しかしあいにくと、2月17日、18日のトラック空襲に遭遇することとなる。果敢に邀撃戦を展開したが壊滅的な打撃を受け、3月4日付けで解隊されることとなった。

実機を知ると模型がおもしろくなる! その4

零戦五二型

三二型の流れを汲み、二二型の機能を内包した、大戦後期の主力戦闘機

列強のライバル機に対抗するため、より速く、強い零戦を目指して開発された五二型は、設計思想的には三二型の直系ともいうべきタイプ。再び主翼を1m短縮したうえ、丸く成型された姿は、新機構の推力式単排気管の導入と相まって、獰猛な印象となった。

今日一般的な零戦のイメージは緑色で主翼から機銃が突き出たプロペラ機というもの。そのモチーフとなっている型式こそ、ここで紹介する五二型だ。

五二型は順番としては二二型の次に登場した型式だが、速度や急降下制限速度の向上を狙い、主翼の短縮による工程簡略化を図った点では三二型の直系進化ということができる。

二二型からの改修点は主翼を再び11ｍに短縮し、空力を考慮して丸く成型、かつ外板の厚みを増して急降下制限速度を向上させたこと（三二型と同じ６６７km／hとなる。主翼内の45ℓ増加タンクはそのまま引き継がれた）、搭載エンジンは同じ栄二一型のまま、従来は集合排気管となっていたものをシリンダーからの排気をそのまま後方へ吹き出してロケット効果を狙う推力式単排気管としたことが主なもの。とくに後者による効果で、三二型よりも自重が１８０kg増加していたにもかかわらず水平最大速度は５６５km／hにまで向上することとなった（高度６０００ｍまでの上昇力も三二型の７分19秒から７分１秒に短縮された）。この推力式単排気管は零戦以外にも大戦後半を戦った陸海軍機に導入されており、だいたい10km／h向上させる効果があるといわれた。

マイナス面は翼面荷重の増加により着陸速度が速くなってしまったこと（着陸速度は遅いほうが着陸がやさしい）で、これは一一型から二二型まで変化がなかったフラップの面積をリブひとつ分広げる（11番肋材から12番肋材へ）ことでその対策としている。当然、補助翼のはじまる位置もその分だけ外側に移動、バランスタブも廃止され、翼端側の補助翼も丸く成型された形となった。

こうして「仮称零式艦上戦闘機二二型改（主翼端ヲ短縮セルモノ）」として開発されていた機体が「零式艦上戦闘機五二型」として兵器採用されたのは昭和18年8月23日のこと。

すでにこの8月中に五二型の完成機、製造第９０４号機もロールアウトしはじめており、やはり風雲急を告げる南東方面はラバウルに展開していた２０４空や２０１空などの基地航空部隊へ供給されていき、続いて次期艦隊決戦の機会をうかがう第３艦隊麾下の艦隊航空隊の６０１空、６５３空、６５２空へ引き渡された。

ただ、残された写真を見るかぎりこの第９０４号機からいきなり完全な五二型仕様として完成したわけではなく、まずは排気管が二二型までの集合排気管のまま、主翼だけが五二型となり、ついで単排気管に改修された機体ができあがっていったようである。

なお、本書ではあくまで通算で製造番号を表記しているが、三二型、二二型ともこれに３の数字を４桁目に付けて、銘板には第３９０４号などと表記するようになっていた。これによる最終は第３９９９号機で、その次は第４０００号機となっている。

三菱製造第１２７４号機（昭和18年12月完成）からは翼内タンクに自動消火装置が追加され、同第１３５４号機から九六式無線機を三式空一号無線機に変更、同製造第１５５１号機（昭和19年2月完成）からはカウリング下部の４本の排気管が80㎜短縮されることとなった。これは当初の生産機は単排気管を等長にしていたが、下側のものは主脚カバーが焦げたり車輪のゴムが痛むとの苦情が出たため。同じような理由で、胴体にも防熱板が増設された。この防熱板が正方形をしているのが三菱製五二型後期生産型の特徴でもある。

製造第１６５１号機（昭和19年3月製造）からは「空技廠式給弾装置」と呼ばれたベルト給弾式１２５発弾倉の「九九式二号固定機銃四型」を搭載した機体となるがこれがのちに「五二型甲」として分類される機体で、この前までが純の五二型ということになる。

一方、中島飛行機でも昭和18年12月から五二型の生産が始まったが、はじめから前記したような三菱での改修を施した仕様となっていて、防熱板は長方形をしている。中島製五二型は製造第１０３号機から栄三一型甲を搭載するようになっており、昭和19年6月頃から「五二型甲」の生産に移行したようだ。

この五二型の開発は実用化の遅れていた局地戦闘機雷電のピンチヒッターとしての意味合いもあったようだが、いずれにしても三菱、中島ともに零戦のなかでもっとも生産された型式であり、零戦と言えばやはり五二型がその代表であることは間違いがない。■

●付属マーキングA

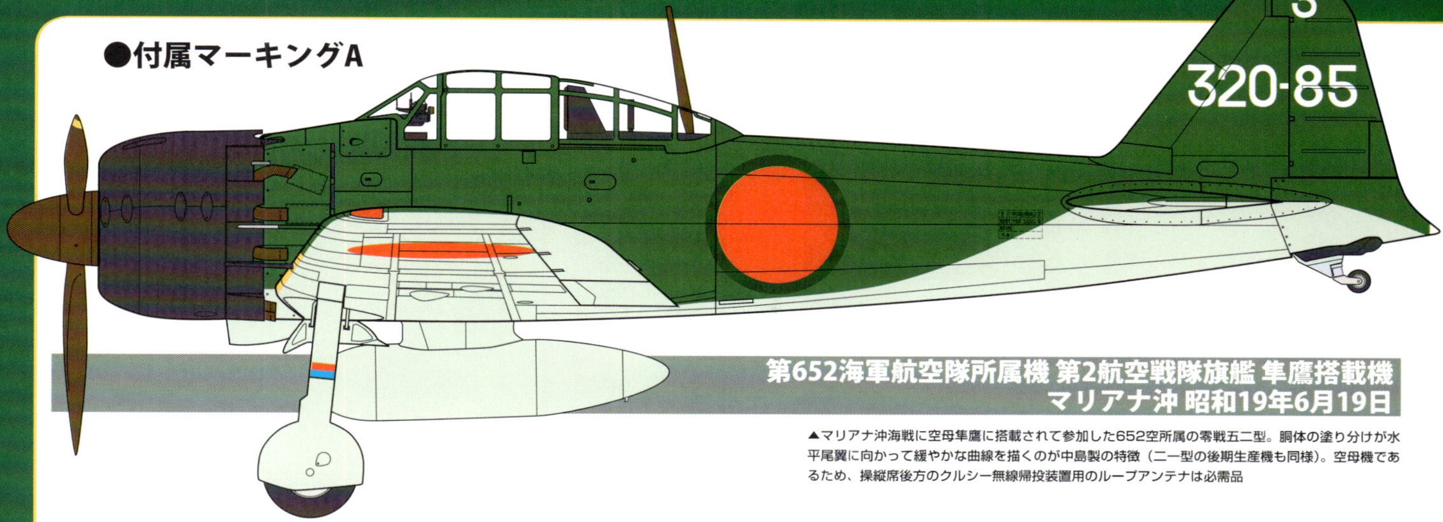

第652海軍航空隊所属機 第2航空戦隊旗艦 隼鷹搭載機 マリアナ沖 昭和19年6月19日

▲マリアナ沖海戦に空母隼鷹に搭載されて参加した652空所属の零戦五二型。胴体の塗り分けが水平尾翼に向かって緩やかな曲線を描くのが中島製の特徴（二一型の後期生産機も同様）。空母機であるため、操縦席後方のクルシー無線帰投装置用のループアンテナは必需品

●付属マーキングB

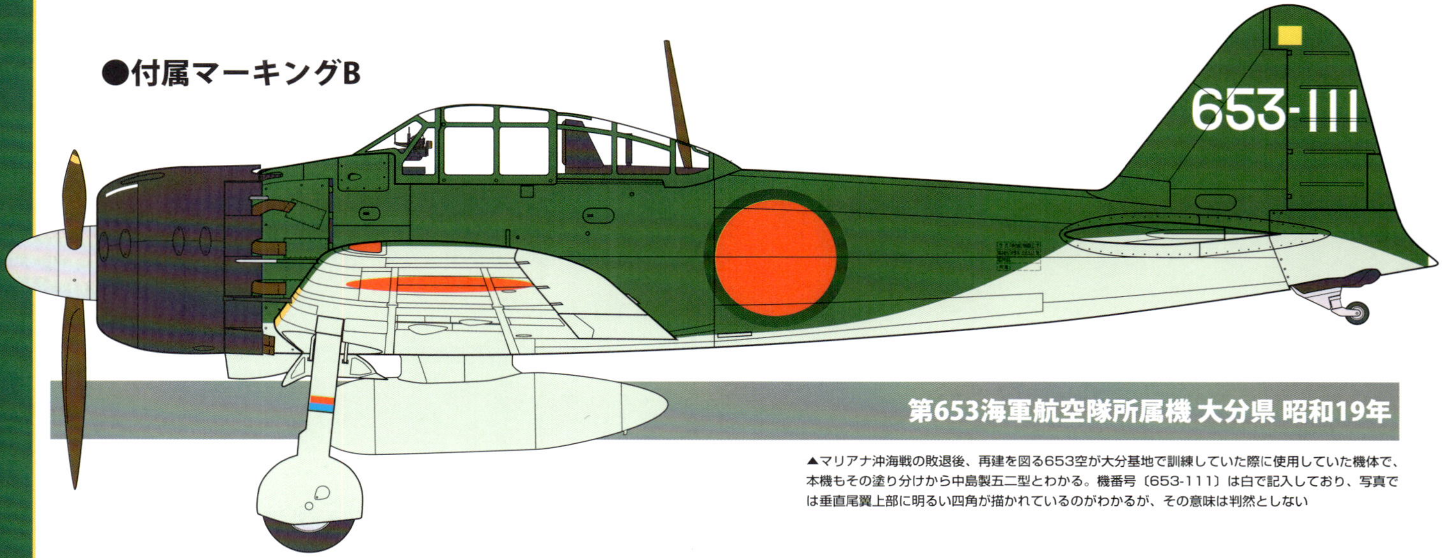

第653海軍航空隊所属機 大分県 昭和19年

▲マリアナ沖海戦の敗退後、再建を図る653空が大分基地で訓練していた際に使用していた機体で、本機もその塗り分けから中島製五二型とわかる。機番号〔653-111〕は白で記入しており、写真では垂直尾翼上部に明るい四角が描かれているのがわかるが、その意味は判然としない

●付属マーキングC

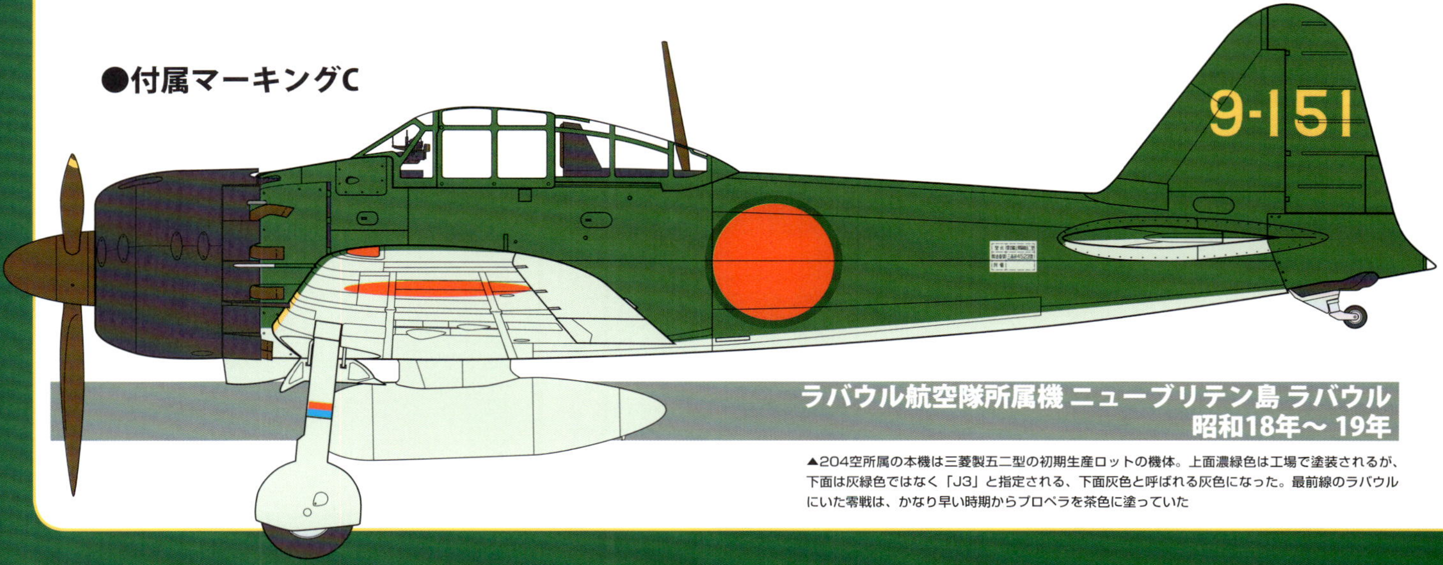

ラバウル航空隊所属機 ニューブリテン島 ラバウル 昭和18年～ 19年

▲204空所属の本機は三菱製五二型の初期生産ロットの機体。上面濃緑色は工場で塗装されるが、下面は灰緑色ではなく「J3」と指定される、下面灰色と呼ばれる灰色になった。最前線のラバウルにいた零戦は、かなり早い時期からプロペラを茶色に塗っていた

◀1/72 零式艦上戦闘機五二型「永遠の0」特別版（'13年発売 税込1728円）。『永遠の0』映画化に際して限定発売された特別限定版で、主人公宮部久蔵の搭乗機をはじめ、劇中に登場する零戦を再現できる新規デカールが付属。ここで紹介する1/72 五二型のほかに、1/72 二一型、1/48 五二型の特別版も発売された（※全て販売終了）。

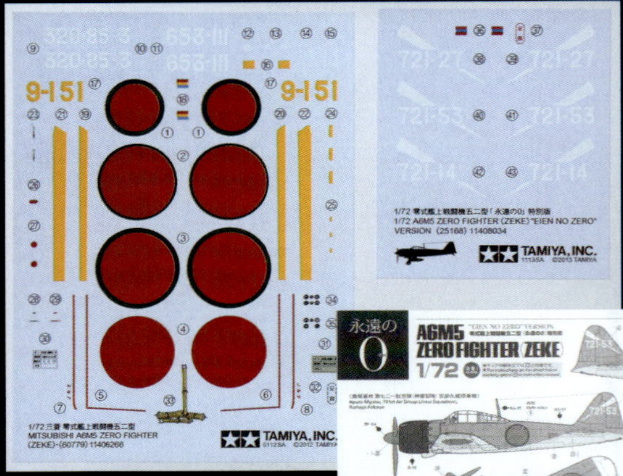

◀零戦の模型を作るなら、映画『永遠の0』も併せて見たいところ。'13年に公開された『永遠の0』は、百田尚樹氏の同名小説を岡田准一主演で映画化したもので、零戦が随所に登場する。写真はBlu-ray通常版だが、限定版には特典映像として、映画撮影で使った零戦のメイキングなども収録されている

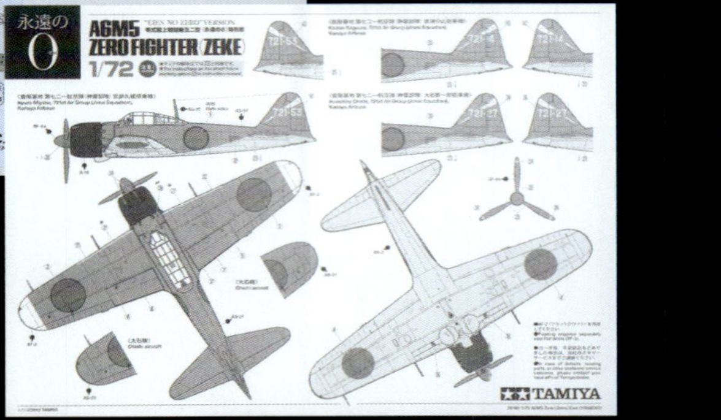

◀▼通常版五二型と同じデカールに加え、劇中の3機分の機番号と主脚の荷重表示帯、右翼上面の赤い「足踏み」表示が入る。モチーフは人間爆弾「桜花」を運用した第721海軍航空隊「神雷部隊」戦闘第305飛行隊の機体で、陸攻隊からの識別用に主翼端が白いところが目をひく

タミヤ純正限定バリエーション「限定版」マーキングデカール付属の2種も要チェックなのです

映画『永遠の0』×文藝春秋『戦う零戦』

タミヤ ウォーバードコレクションの1/72零式艦上戦闘機は、通常販売されている4型式のほかに、限定版として発売された2種が存在する。これらには限定マーキングデカールが付属しており、通常版とはひと味違った完成品を組み上げることができるのだ。

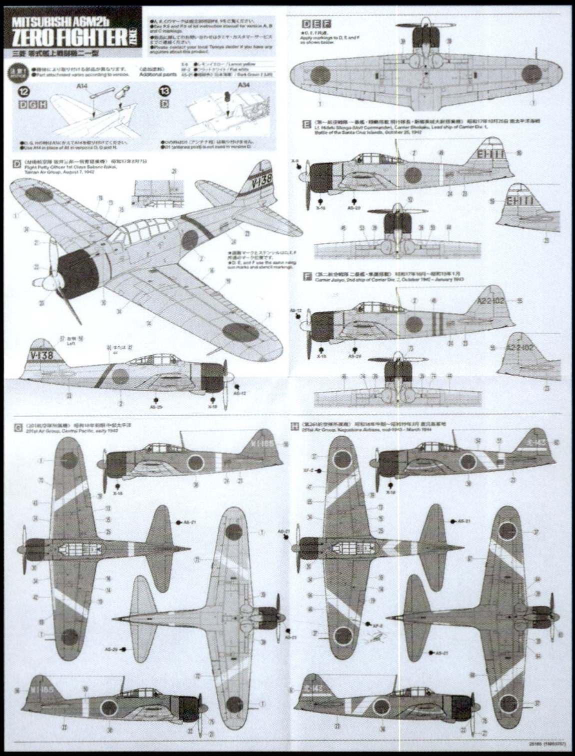

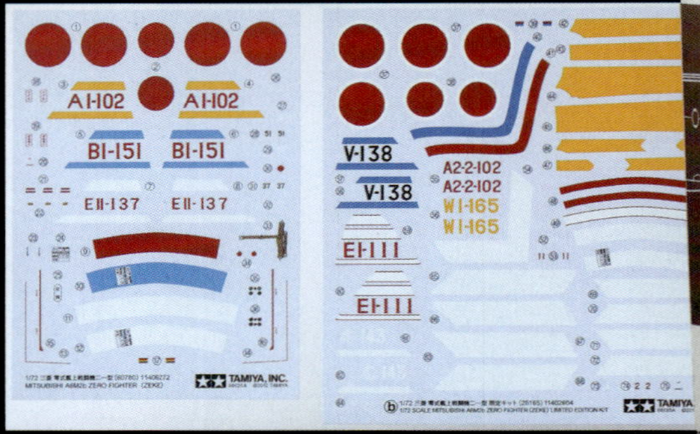

◀▲キットには通常の二一型キットに同梱される3種類のほか、新規に5種類のマーキングデカールが付属する。写真上の2枚のうち左側が通常のキットに入っているもので、右が追加されたもの。台南空分隊長機の〔V-138〕、空母翔鶴飛行隊長新郷英城大尉機の〔EⅠ-111〕、空母隼鷹飛行機隊の〔A2-2-102〕、201空所属機の〔W1-165〕、261空所属機の〔虎-143〕などで、写真集に掲載されている機体の機番号やカラフルな帯がセットされた豪華な内容となっている。通常版では灰緑色の二一型を作るようになっているが、こちらでは上面暗緑色迷彩をした機体も再現できるよう、白フチの付いた日の丸もセットされている

▲◀1/72 三菱零式艦上戦闘機二一型「闘う零戦 隊員たちの写真集」付き特装限定版キット（'13年発売。税込3780円）。タミヤと文藝春秋のスペシャルコラボ企画で、付属する写真集は、航空史研究家である渡辺洋二氏が日本海軍の関係者を取材した際に少しずつ収集していった膨大な写真のなかから零戦に絞って厳選した360余枚を掲載、当時の零戦の姿を余すところなく伝えるもの。機体だけではなく、隊員の日常風景など貴重な写真も集成されており、製作の資料としても役立つ

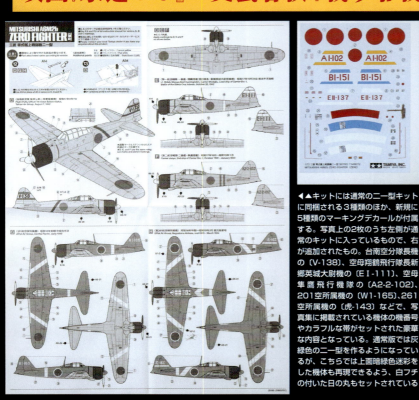

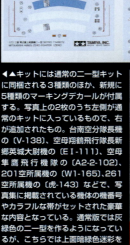

知っておきたい
零戦のつくりかた

ここまではストレート組の完成見本例でタミヤ1/72零戦の魅力をお見せしてきましたが、ここからがいよいよ本題。この傑作キットを作って完成品にするための製作法を解説していくことにします。飛行機のプラモデル初心者の貴方から、よりよい完成品を作りたいという中級者以上のモデラーの貴方まで、知っておくと零戦がうまく作れるようになる知識とテクニック満載です。

1 ニッパー

●ランナーからパーツを切り出すのに使うのがニッパー。パーツを傷めずきれいに切り出せるように、切れ味が良く刃が薄いタイプのプラモデル／プラスチック用のものを選ぶようにしましょう。

▶グッドスマイルカンパニーの極薄刃ニッパー（税別2476円）は、交換可能で硬さを選べる樹脂製バネが特徴。耐久性と切れ味のバランスに気が配られている

▶定番のタミヤ「薄刃ニッパー（ゲートカット用）」（税別2900円）。とても切れ味が鋭いのが特長で愛用するモデラーも多い。刃が繊細なので金属線などを切るのはNG

2 デザインナイフ

●ニッパーで切り出したパーツのゲート跡を削ったりこまかなデカールの切り出しなどなど、あらゆる場面で活躍するのがナイフ。プラモデルの製作では、刃先が尖っていて切れ味が鋭いデザインナイフ、アートナイフなどを使うと加工がしやすくなります。上記のナイフの形状については好みが分かれるところですが、これから始めるという方は、中くらいの大きさで入手性も良い「デザインナイフ」（タミヤの製品名はモデラーズナイフ）を使うのがおすすめ。替え刃は必ず用意するようにしましょう。

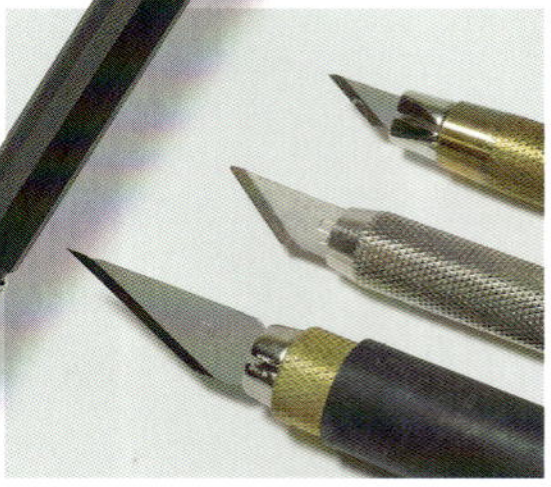

▲模型に使うナイフは刃先の形状にいろいろなタイプがある。最終的には削る箇所の形状と好みで選ぼう

◀プラモデル製作に使う切れ味の良いナイフは、切れ味がよい代わりに刃こぼれしやすい。切れなくなった刃は危ないのでどんどん交換する

まずは道具から――最低限これだけあれば作れます！

飛行機模型を作るために「これだけは必要」な8種のツール

まずはこれから飛行機模型を製作するのに必要な工具を紹介。ここで選んだのは、零戦だけに使用する特別な工具、ということではなく、飛行機のプラモデルを製作するなら必ず持っておきたいものばかりです。

3 ピンセット

●飛行機模型、とくに1/72では、指ではうまく持てないような小さいパーツが結構あります。そこで必要になるのがピンセット。あまり安価なものは精度が低いので、先端の合いがよくパーツをしっかりと保持できるものをひとつは持っておきましょう。

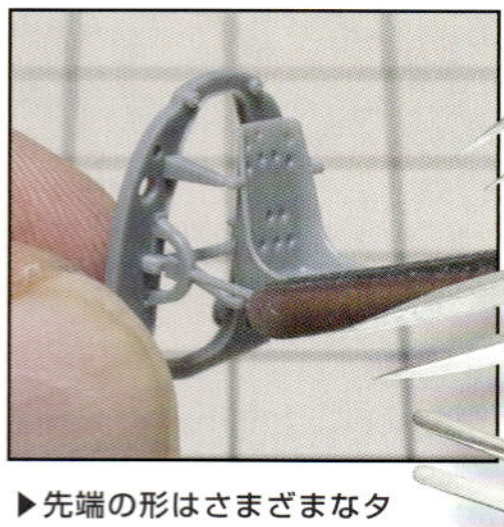

▶先端の形はさまざまなタイプがあるが、平たいものをひとつ持っておくとパーツ保持がしやすく、デカール貼りのときに重宝する

▲よく使われる先が尖ったタイプ。肉厚で先端の合いが良いものを選んでおくと、小さなパーツをはさんでいるときに飛ばしてしまうトラブルが起きにくくなる

4 ヤスリ

●パーツのゲート跡などを削るときに使うのがヤスリ。通常のプラモデルの製作では削る量が少ないので紙ヤスリを使いますが、板が付いているものを使うと、削りたいところだけをきれいに平らに削りやすくなります。

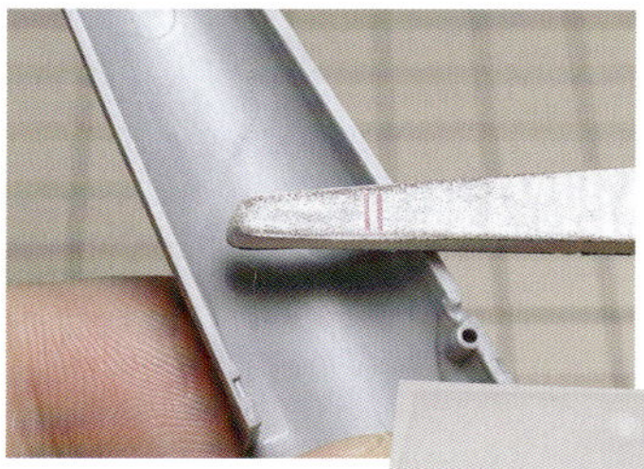

▶板付き紙ヤスリのほかに、曲面になじむ柔らかいスポンジヤスリも持っておくとパーツをきれいに整形しやすくなる。スポンジヤスリは、紙ヤスリ同様、ハサミで使いやすい大きさに切り出して使うことができる

5 ラインチゼル

●パネルラインなどを再現した、パーツ表面にある細い凹みのライン＝スジ彫りを簡単きれいに彫り直せるのがMr.ラインチゼル（税別2200円）。他のジャンルのプラモデル製作でも「あると便利」な工具ですが、飛行機模型では「持っていないと困る」工具です。翼や胴体の接着部では必ずと言っていいほどスジ彫りの彫り直しが必要。ナイフでも彫れないことはありませんがラインチゼルを使えば工作難易度が段違いに低くなります

◀刃先はワンタッチで付け替え可能で刃の厚さを選べる。1/72の飛行機模型、とくにタミヤのモールドがシャープなキットなら0.1㎜か0.15㎜あたりがちょうどよい

6 マスキングテープ

●塗装をするプラモデルならたいていマスキングテープを使いますが、とくに小さめのスケールの飛行機模型では、細切りマスキングテープを用意しておくようにしましょう。

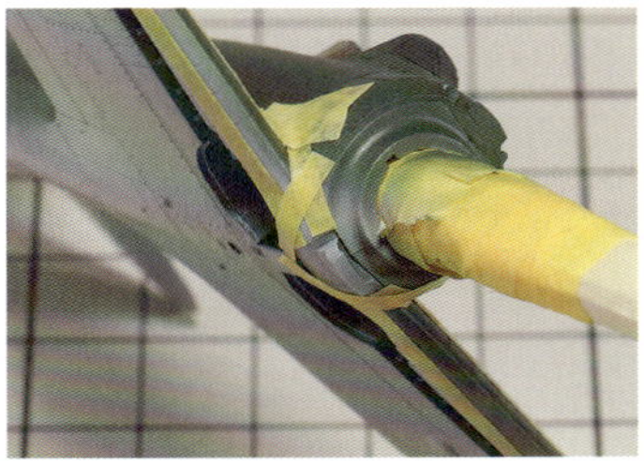

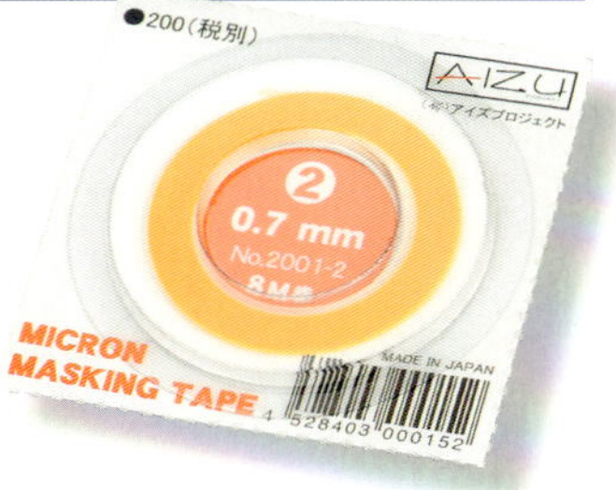

●200（税別）

◀▲幅が各種あるアイズプロジェクトのミクロンマスキングテープ。機体上下面の塗り分けラインや翼前縁の黄帯をきれいに塗り分けるときなどにラインをきれいに出しやすくなる

7 接着剤

●使う接着剤はプラスチックを溶かす樹脂用接着剤と瞬間接着剤の2種。樹脂用接着剤は粘度が高めのタミヤセメント（角びん）と低粘度で極速乾のMr.セメントSを場所により使い分けるようにします。詳しい使い方は後述

プラ用接着剤

瞬間接着剤

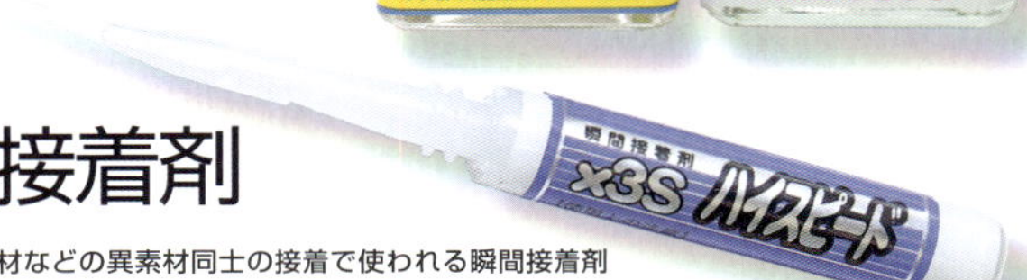

▶通常は金属素材などの異素材同士の接着で使われる瞬間接着剤だが、パテ代わりに使うこともできる。タミヤの飛行機モデルでは大きな段差ができることはまずないが、それでも合わせ目にうっすら凹みができることはあるのでそれを消すために使うのだ

8 筆

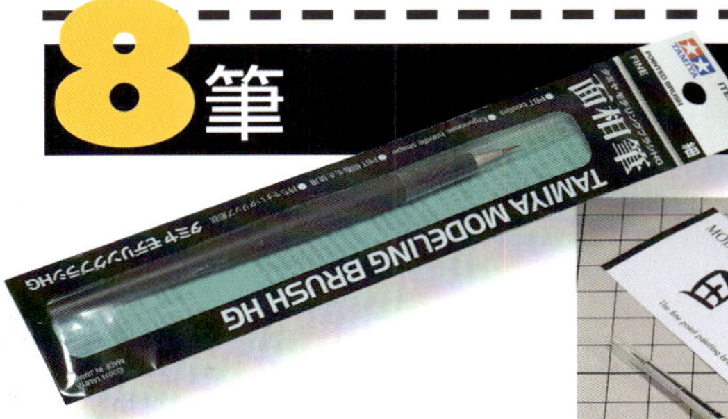

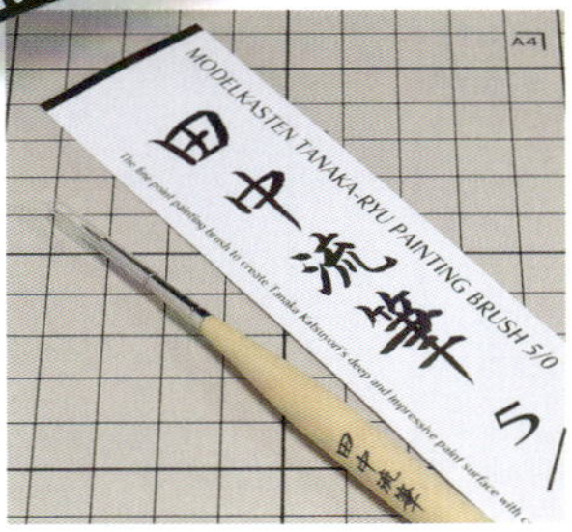

●コクピット内やタイヤ、灯火類の塗り分けで必要になるのが面相筆。質の良い筆を持っているかどうかで塗装の難易度、ひいては仕上がりに差が出ます。

▶モデルカステンの田中流筆。達人飛行機モデラーが開発した面相筆で細部塗り分けにもおすすめ

絶対に必要ではないけれど、あると便利な工具たち

キムワイプ

一般生活ではなにかを拭くときにティッシュペーパーをよく使いますが、一般的なティッシュペーパーは意外と紙の粉が出ます。そこでオススメしたいのがキムワイプ。紙粉が出にくい工業用紙製ウェスで、パーツ表面に埃が付着しにくくなり、結果的にきれいに塗装しやすくなります。

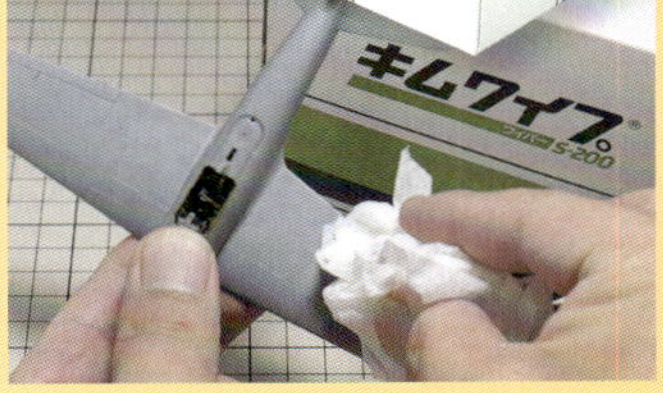

ハサミ

パーツの整形には使いませんが、紙ヤスリ／スポンジヤスリやデカールの切り出しのときに使うのがハサミ。デカールの切り出しは失敗するとデカールがダメになってしまいます。切れ味が良く扱いやすいハサミを一挺持っておくとなにかと便利でしょう。

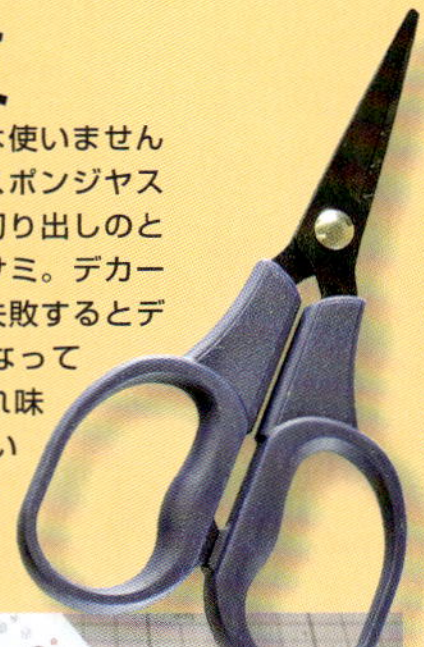

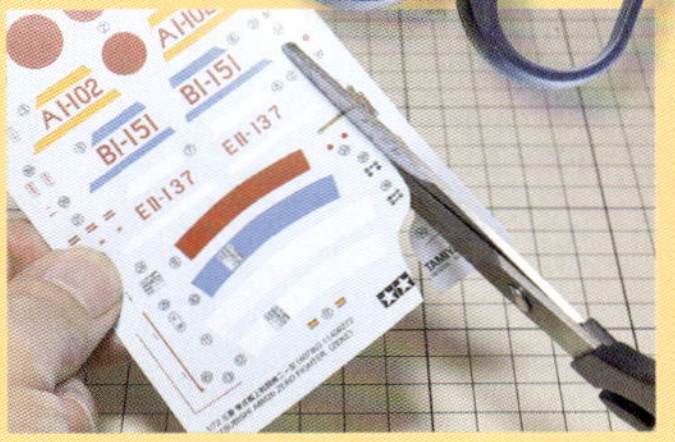

割り箸／つまようじ

飛行機模型の製作ではないと不便なのがつまようじ。プロペラやタイヤなどの塗装の際の持ち手にしますが、先端を切ったりマスキングテープを巻くことでいろいろな径の穴に挿すことができます。塗装のときは割り箸や小さめの目玉クリップなども用意しておくと持ち手として便利です。

ハケ

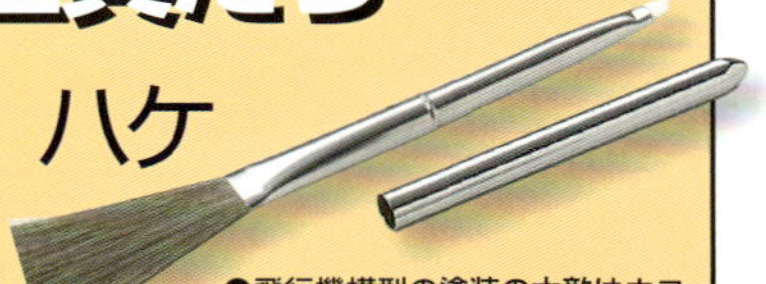

●飛行機模型の塗装の大敵はホコリ。パーツに削り粉などのこまかなホコリがついたまま上に塗料を塗り重ねてしまうと表面がザラザラになりやすくなります。塗装前／中にはホコリを取り除きたいところですが、通常のハケや筆では、静電気で余計にホコリが付くことも。そんなときに便利なのが静電気防止ハケ（写真はタミヤのモデルクリーニングブラシ 静電気防止タイプ／税別1500円）

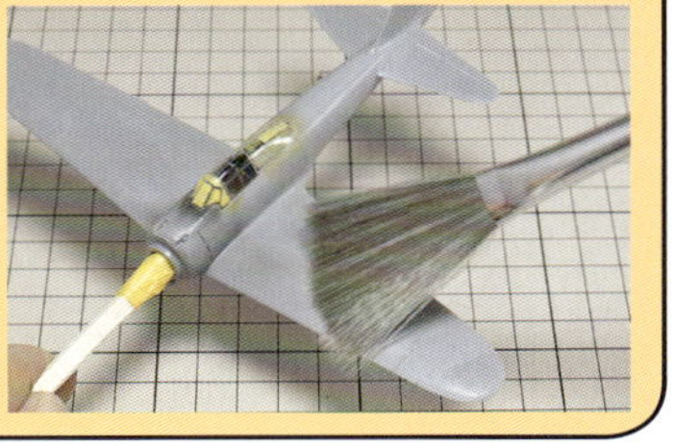

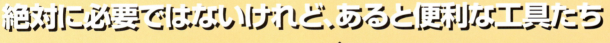

飛行機模型の**基本的な** **セオリー**を知ろう

初心者はもちろん、中級者でも知ってるようで知らないことが多いのが「プラモデルの基本」。まずはセオリーをきちんと押さえてみることにしましょう。

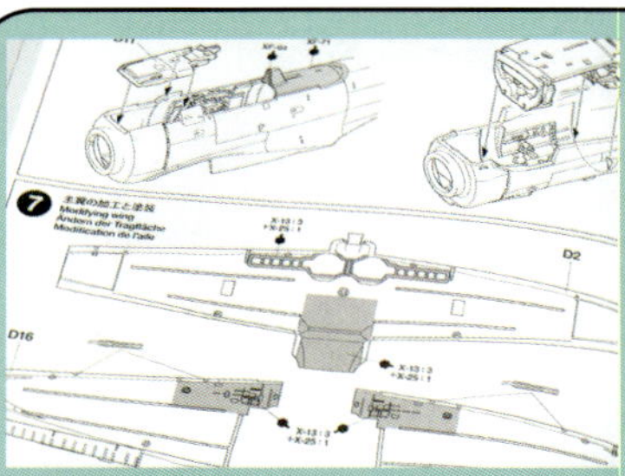

▲注目するポイントは、コクピットや脚収納庫、インテークなど、奥まったところをいつどうやって何色で塗るか。上下面塗り分けや迷彩塗装の機体の場合はどこが何色かもよくチェックしておこう

説明書はあらかじめ「読み解く」のが重要

飛行機模型では、説明書をぶっつけ本番でいま工作しているところだけ見る、というのは厳禁! まず作りはじめる前にひととおり読んでおくようにしましょう。読むときは、実際に塗ることを想定しながら、「このパーツは何色なのか、いつ塗っておくと楽か。接着は先にするかあとにするか」というふうにチェックしていきます。

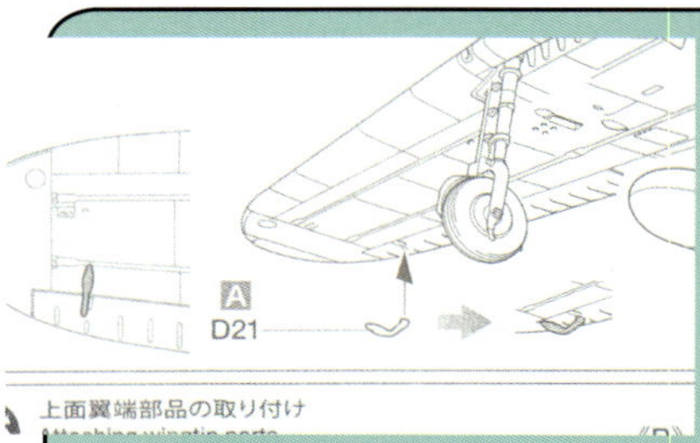

▲単にパーツを取り付けるかつけないかの選択なら、パーツ取り付け時に考えればいいが、なかにはパーツ接着前に裏側から穴を開けておく場合があるので、作りはじめる前によく確認しておくようにする

選ぶところは注意! チェックしておこう

本書で題材にしているタミヤ1/72零戦は、ひとつのキットで2〜3の機体を選んで製作できるようになっています。再現する機体によってはマーキングだけでなく、アンテナの有無やバランサーの有無など、パーツ取り付けに違いあるところがあるので、あらかじめそういったところがないかチェックします。

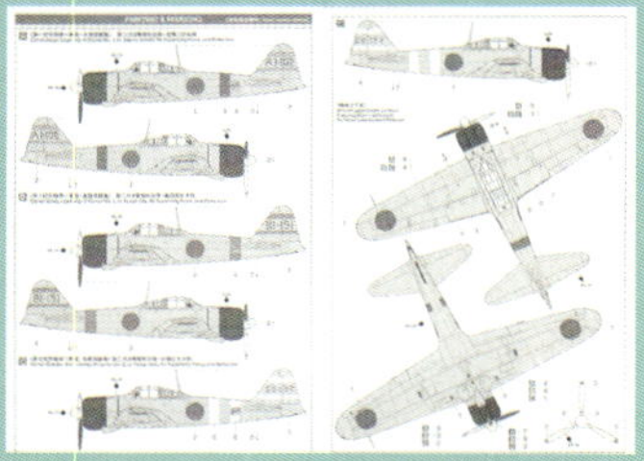

▶ここから解説していく1/72 二一型で選べるのは3機。3機とも本体の塗装色が同じで、Ⓐの進藤三郎大尉機のみ主翼下側にバランサーが付くくらいの差なので、なんとなく製作を進めてもなんとかなる。しかし、二二型、三二型、五二型ではアンテナの有無や迷彩の有無、塗り分けラインの差異などがあるので、まずはじめにどの機体を作るかはっきり決めておくようにしよう。作る機体を決めたら、パーツ選択箇所がどこかにあるかを、説明書をよく読んでチェックしておこう

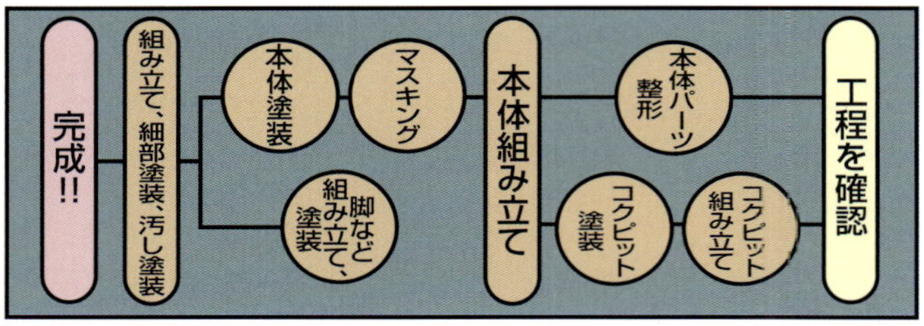

プラモデルの組み立て説明書はあくまで位置と色を指定するもの

たいていのプラモデルにはイラストで解説された「組み立て説明書」が付属していますが、これがちょっと曲者。プラモデル製作に慣れていない人、そして飛行機模型の製作では説明書の読み方に注意が必要です。

組み立て説明書は、イラストで接着位置などが指示されていて順に従っていけば完成するように見えます。そういうキットもなかにはなくもないのですが、実際には「色がわからない?」とか「先に接着したら中が塗れなくなった」「説明書の順だととても塗りにくい」というようなことがよく発生します。「なんて不親切なんだ!」と憤慨する方もいらっしゃるかもしれませんが、これにはしょうがないところがあります。説明書でもっとも重要なのは、パーツ番号と取り付け位置の指定、そしてパーツの色の指定です。一般的な説明書はわかりやすいように斜めから見たようなパーツイラストで番号/位置と色の指定をしますが、パーツ斜めから見た状態で描かれたイラストでは指示がしにくい箇所がどうしても出てきます(たとえばイラストで見えない裏側に取り付ける場合など)。全パーツが見やすくあらゆる角度で描き、なおかつ実際の工程順として見られるようにすると説明書のページ数はどんどん増えてしまい、パーツ番号/位置と色を指定するものとしては逆にわかりづらくなってしまうことでしょう。

そこで、プラモデルの説明書を見るときは、あくまで「パーツ番号/位置と色の指定書」だと割り切るようにし、そこから実際の工程を自分で組み立て直すことが必要になります。とくに飛行機模型では、先に組み立てるところとあとで組み立てる部分が混在する、というより、「塗る」「接着する」「整形する」の順を説明書のとおりにせず、工作しやすい順に組み替えたほうが難易度が下がり、同時にきれいに完成させやすくなります。

そこで本書では実際に工作がしやすい順序をお教えするとともに、その順に沿って工作のポイントを解説していきます。

プラ用接着剤を使い分けて使いこなす

「うまく接着できない!」という方は自分の接着剤の使い分け方をもういちどチェックしてみましょう。場所や目的により樹脂用接着剤のタイプを使い分けるだけで仕上がりが大きく変わってくるはずです。それからもうひとつ、接着剤は最低限の量を少なめに! 接着剤がはみ出す最大の原因は接着剤が多すぎることです。

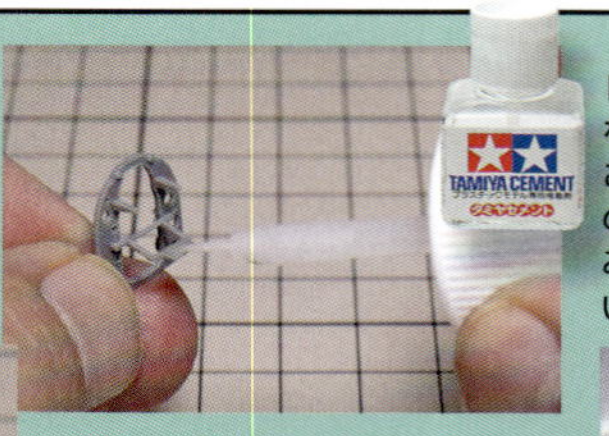

▶粘度が高く乾くのが遅めの接着剤のメリットは、固まるまでに時間があるので位置調整ができるところ。左右で角度を揃えたい主脚などは粘度が高いタイプを使うと位置を揃えやすい

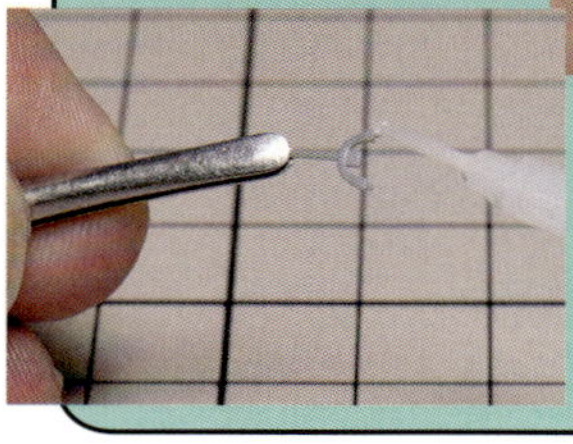

◀パーツが小さかったり、パーツ同士を動かないように保持しにくい箇所は、あらかじめどちらかのパーツに粘度が高く乾くのが遅めのタミヤセメントを塗って接着。ハケを流し込みタイプの細いものと交換すると少量を塗りやすい

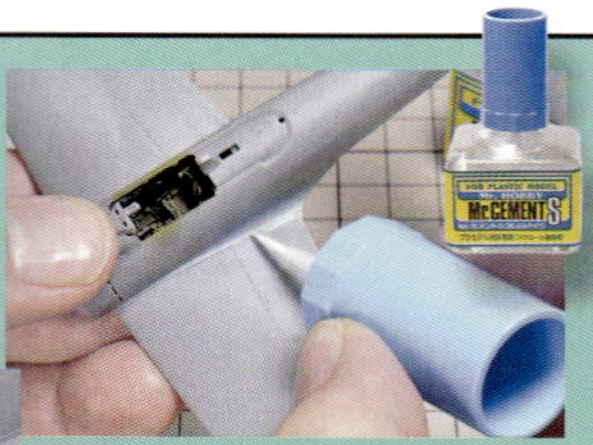

▶本体パーツの接着など、位置を正確に隙間なく接着したいところはセメントSで。すぐ乾くので瞬間接着剤並みの速度で組み立てられるが、調整がきかないので位置合わせは慎重に

◀パーツ同士を押さえて接着できるところは、基本的にすべてセメントSを表側から少量ずつ塗って接着。表側から塗って表面が荒れないかと心配かもしれないが、極速乾なので問題なし。表側から塗ることで接着剤の量をコントロールしやすくなる

タミヤの零戦を作るなら知っておきたい基本3箇条

高精度な飛行機キットをよりよく作るための基本テクニック

タミヤの近年のキット、とくにこの1/72零戦は、パーツ表面のディテール（モールド）が非常に繊細。うまく完成させると圧倒的な精密感を楽しむことができますが、整形作業や塗装でせっかくのモールドを潰してしまったり埋めてしまい、キット本来のポテンシャルが活かせないことがままあります。そこで、気をつけたいポイントが3つ。この3つを実践するだけでも、完成品の見映えはグッと上がるはずです。難しいことはありませんので、ぜひやってみましょう。

すべてはこの繊細なモールドを活かすために……

サーフェイサーはモールドが埋まるので吹きません

サーフェイサーは、大ざっぱに言うと塗装の食いつきをよくするとともに、下地を均一な状態にすることで塗装をしやすくするためのものです。しかし、一般的な缶スプレーでキレイに塗装をするのはなかなか高度なテクニックが必要で、えてして厚ぼったくなってしまったりザラザラになってしまったりします。

せっかくキレイにモールドされているリベットが消えてしまったら元も子もありません。そこであえて今回はサーフェイサーは吹きません。パテを使わなければ下地はプラだけで均一な状態ですし、塗装前に表面についた油分などを洗浄すれば、マスキング時にはげることもほとんどないので大丈夫です。

パテは使わないで仕上げたほうが楽でキレイに……

プラモデルは、金型で成型する都合上、パーツが分割されています。本来一体になっているところはパーツを貼り合わせて合わせ目を消すわけですが、段差ができてしまう場合は、一般的に段差を消すためにパテが使われます。

しかし、飛行機モデルではえてして合わせ目の周辺にも繊細なモールドがびっしり。必要な部分だけにパテ処理を行なうにはかなりのテクニックが必要ですし、そもそもタミヤの零戦は非常にパーツの合いがよいので、なるべくていねいに位置合わせをして慎重に貼り合わせるようにすればパテを使わないで作れます。パテを使わないですめば、楽にきれいに仕上がる、これぞまさに一石二鳥なのです。

整形作業は600番以上の目の紙ヤスリで行ないましょう

パーツの整形作業には、耐水性の紙ヤスリを使いますが、いろいろな番手のものがあり、数字が大きい方が目がこまかく、数字が小さいほうが目が粗くなります。タミヤの近年のキットはモールドがたいへん繊細でパーツの合わせ目に大きな段差は一切できません。そこで、600番以上の紙ヤスリを使って少しずつ整形することを推奨します。

粗めのヤスリで削ると同じようにヤスってもパーツがたくさん削れてしまいます。もともと高精度でぴったり合うようにできれいるパーツをたくさん削ってしまうということは、自分でより合わなくなるようにしているようなもの。無用にパーツを削ってしまわないようにします。

飛行機模型をはじめるまえに知っておきたい

飛行機用語集

製作解説に入るまえに、初心者の方のために解説内に出てくる主な飛行機用語を紹介してみましょう。

プロペラ／スピナー

●レシプロ機の推進を担うのがプロペラ。プロペラ基部の紡錘形のところはスピナーと呼びます。機銃とプロペラは同調するようになっていて、プロペラが回っていても機銃の弾が当たってしまうことはありません。

カウリング

●カウリングはエンジンのカバー。空気抵抗を減らすために装着されていて、零戦の場合はカウリング後方に開閉式のカウルフラップがあります

風防／キャノピー

●キャノピーとは「天蓋」なので、最前部の固定されたところを「風防」、後方を「キャノピー」と使い分けることもありますが、零戦では両方とも風防と呼んでいたようです（製作法記事中ではキャノピーと記述）

主翼

●上側が盛り上がった翼断面で揚力を作り出して機体を浮かせるための主翼。レシプロの戦闘機では、主翼内には機銃や燃料タンク、主脚収納庫などが配置されています

ピトー管

●ピトー管は、内部の2重管に入ってくる空気の圧力差により流速＝機体の速度を測定する装置。航空機では一般的な装備で、速度が速いF1カーなどでも採用されています

主翼の動翼

●主翼下面の下側に開くところはフラップ（高揚力装置）。離着陸時など揚力を増やしたいときに使います。翼端側にある動翼はエルロン（補助翼）。左右が同期して反対に動くことで機体をロール（回転）させます

標識灯

●航空機にはいろいろな標識灯（航空灯あるいは位置灯などとも言います）が装備されています。零戦には主翼に付いた機体の左右を示すものや尾灯があります

アンテナ線（張り線）

●空中線ともいいますが、支柱から尾翼に張られた線は無線用のアンテナ線。初期の二一型、三二型、二二型の零戦では支柱ごと除去してしまった機体も見られます

尾翼

●尾翼は水平尾翼と垂直尾翼があり、垂直尾翼には方向舵（ラダー）が、水平尾翼には昇降舵（エレベーター）があり、機体の安定や方向転換の役目を果たします

尾輪

●尾部には主脚と比べるとかなり小さな尾脚／尾輪があります。その前方には艦載機の特徴である着艦フックがあり、着艦時以外は胴体内に収納されています

いまさら聞けない『スタンダードな零戦の製作手順』

1 コクピットを塗る

胴体を接着する前に塗ります

飛行機模型は、コクピットや胴体内、インテーク内などを先に塗っておかないと、胴体パーツを貼り合わせてしまったあとからでは非常に塗りにくくなってしまいます。なので、中を先に塗ってから接着→整形→外側を塗装、というふうに塗装と接着／切削を行ったり来たりすることになり、ここが戦車やガンプラなどの他のジャンルを製作するときの工程といちばん異なるところです。

▶いちばんはじめにするのは、胴体パーツのゲート跡処理とコクピットの組み立て。塗装準備を済ませたら、コクピットパーツと胴体内側の見える箇所を先に塗装しておく

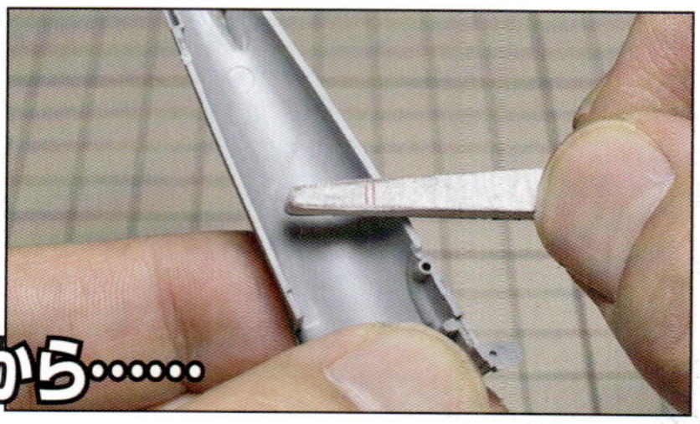

胴体を整形してから……

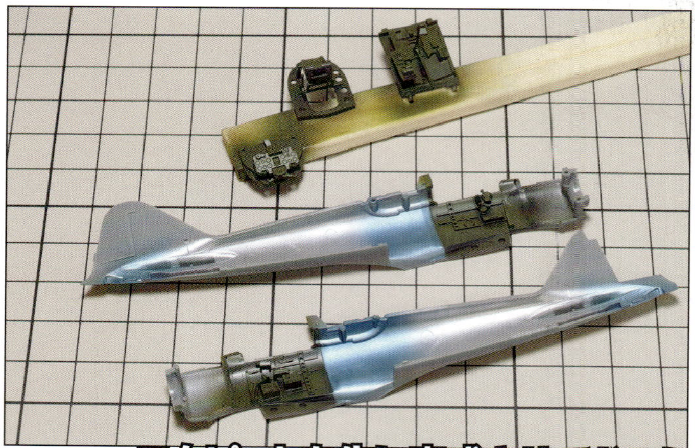

コクピットを先に完成させておこう

◀コクピット部分および胴体内部の見えるところは、細部塗り分け、デカール貼り、スミ入れまで済ませて、先に完成させておく。このキットのコクピットは再現度が高くて精密感も満点。きちんと塗り分けて仕上げておけば完成後の見どころのひとつになる

2 仮組み

仮組みは絶対にするようにしよう

飛行機模型では、パーツ接着前の仮組みは「必須」です。とはいえ、とくに難しいことをするというわけではなく、ぴったり合っていないところがないかよく見て確認するだけ。干渉しているところがあればそこを削って修整し、もう一度合わせてみてぴったりと合っていたら接着に移りましょう。

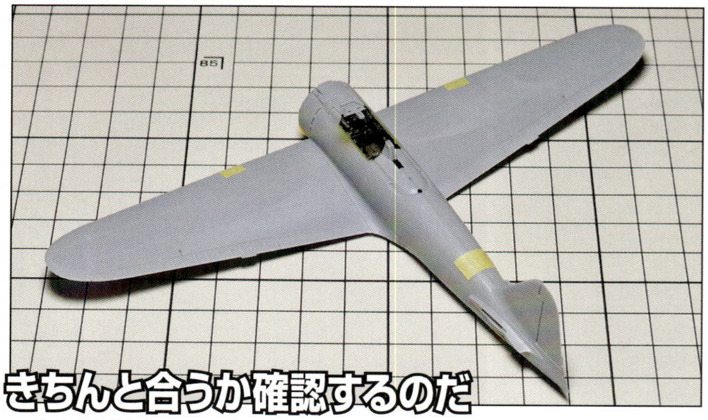

きちんと合うか確認するのだ

▲ぴったりと合わないところができる原因はいくつか考えられますが、タミヤのように高精度なキットでは、パーツの形状自体が合っていないということはほとんどないので、ゲート跡の削り残しや押しピン跡のバリなどが干渉している場合がほとんど。削りすぎないようさらにヤスれば簡単に解消できるでしょう

3 本体組み立て

本体パーツを接着して組み立て

仮組みでパーツが合うことをしっかりと確認したら胴体パーツを接着して組み立てていきます。レシプロ機の胴体は、構造上中央に合わせ目があり、ここは非常に目立ちますので、段差ができないように接着をしていきます。胴体が組み上がったら主翼を組み、胴体と主翼を接着して本体はできあがり。

▶「段差ができてもパテで修整すれば……」というのはNG。きちんと注意して接着することで、手間を少なくよりきれいに仕上げることができるようになる

コクピットを入れ忘れないように

◀このキットはコクピットを胴体に後ハメできるようになっているので、胴体と主翼の外側を塗ってから収めて接着することもできるが、胴体と主翼のパーツをよりきれいに繋げたいなら、先にコクピットを収めて胴体と主翼のパーツを接着しておくのがおすすめ

4 本体の基本塗装

エアブラシで基本色を塗ります

本体の組み立てが終わったら、今度は本体の基本塗装。本書ではより簡単にきれいに塗れるエアブラシでの塗装を解説していきます。このタミヤ1/72零戦のキットの超繊細なモールドを活かして完成させるには、薄く平滑な塗膜になるようていねいな塗装作業が必須となります。

▶目指すは薄くて平滑な塗膜。うまく塗れると、このようにスジ彫りなどのモールドがきれいに残り、デカールを貼りやすい適度なツヤにすることができる。逆に厚塗りしてしまうとパーツ表面のモールドが埋まったり、表面がザラザラになりやすくなる

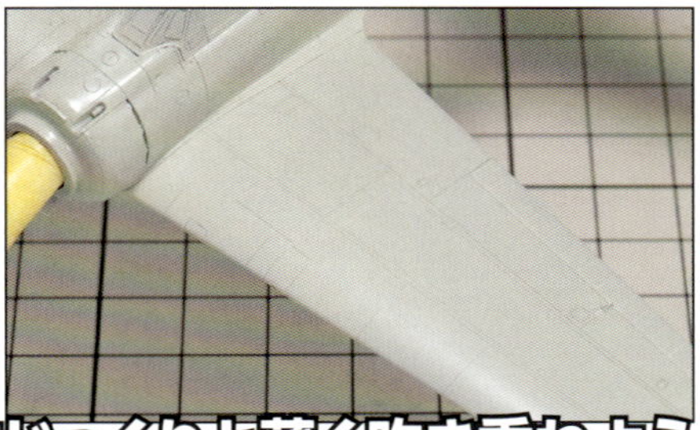

あわてずじっくりと薄く吹き重ねよう

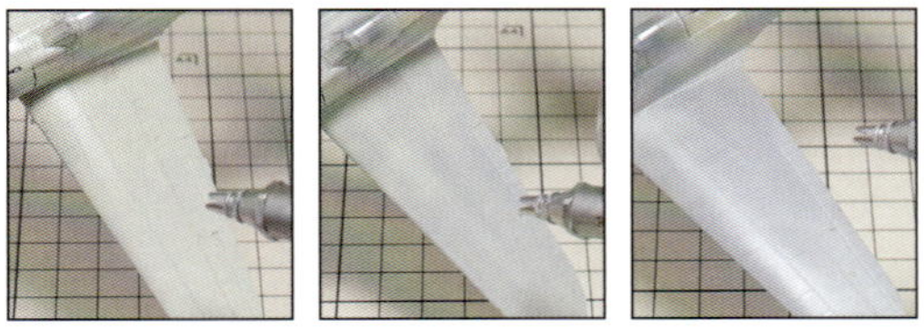

◀一気に色を発色させようとするのはダメ。10回くらい吹き重ねていくつもりで徐々に発色させる

5 こまかいパーツ類の製作

主脚や脚庫カバー、プロペラを作る

飛行機模型では、主脚や脚収納庫カバーを先に本体に取り付けてしまうと塗り分けがしにくくなるため、別に塗装してから最後に組み立てます。本体の工作と平行してこれらの小パーツ類の整形を済ませておけば、本体の塗装と同時に塗装作業が行なえて、製作が効率的に進められるでしょう

▶小パーツ類をどこまで組み立ててから塗装するかは場合によるが、塗装色が異なるパーツはバラバラののまま塗装したほうが塗装はしやすい

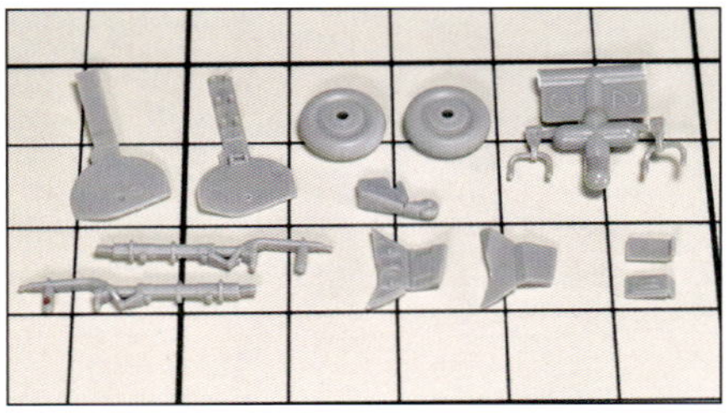

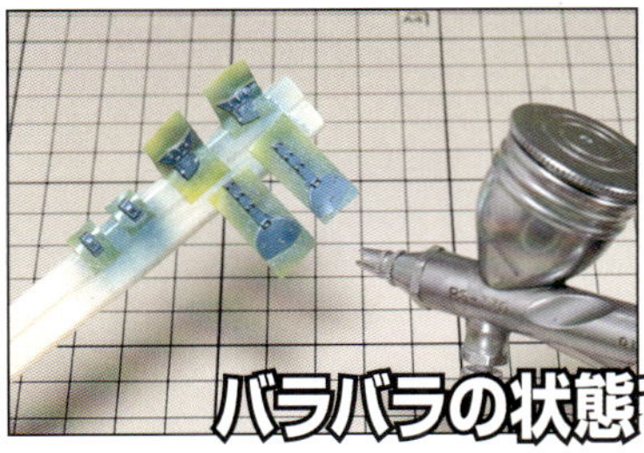

◀小パーツ類はいつ塗装しても問題ないが、脚収納庫カバーなどは本体を塗装するときに一緒に塗っておくと楽。小さいパーツは持つところがないので、持ち手をどうやって付けるかに工夫が必要だ

バラバラの状態で塗装まで済ませる

6 デカール貼り～スミ入れ

マーキングを再現しディテールにメリハリを

基本塗装が終わったらデカールを貼りましょう。デカールは大きめのマーキングからちいさいものへと貼り進めて、凹凸があるところは軟化剤でパーツになじませます。デカールを貼り終えたらクリアー塗料で軽くコートしてスミ入れ。スミ入れをすることによりスジ彫りなどのモールドがより引き立ちます。

▶デカール貼りは、いっきにできあがってきた感じがして楽しい反面、失敗したときのリカバリーが効きにくい工程なので、慎重な作業を心がけよう。軟化剤やのりを使ってパーツになじませていくが各種マテリアルの性質をきちんと把握して適材を使い分けることが重要になってくる

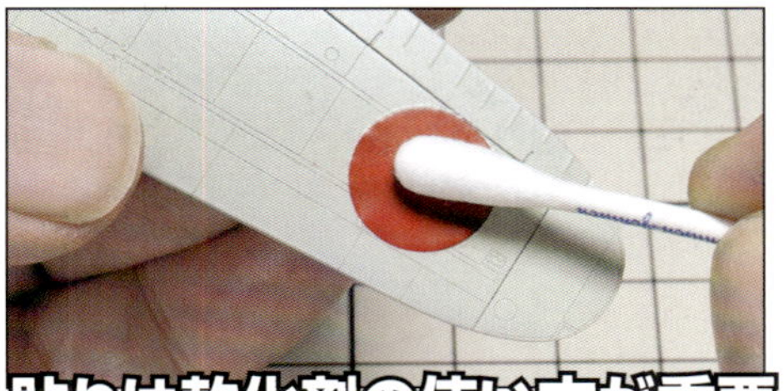

デカール貼りは軟化剤の使い方が重要

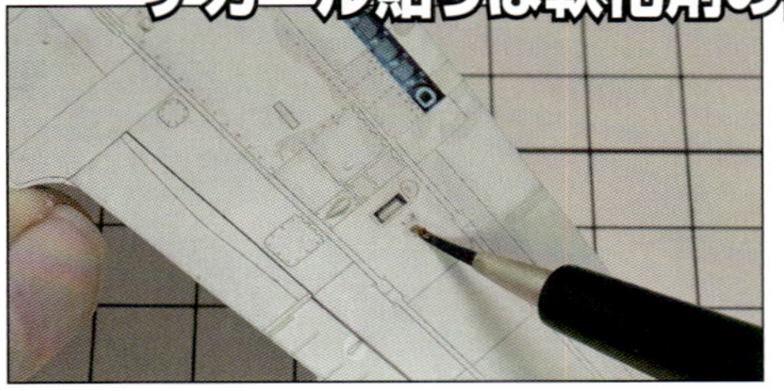

◀茶色やこげ茶色のエナメル系塗料を凹みに流し込むのが「スミ入れ」。薄めの色を使うことで自然な立体感を強調することができる。余分な塗料は綿棒などで拭き取ろう

7 塗り分け～組み立て

別々に塗ったパーツを組み立て

デカール貼り／スミ入れを終えたらパーツごとにツヤ消しコートをします。その後機銃や灯火類のメタリック色やクリアー色を筆塗りで塗り分け、すべての色をつけ終わってから、バラバラにしておいたパーツを組み立てていきましょう。すべてのパーツを取り付け終えたらこれで完成となります。

▶金属質感を出したい機銃やクリアー塗料の質感を活かしたい灯火類などはつや消しコートをしてから塗り分ける。風防／キャノピーのマスキングは最後まで剥がさないほうがトラブルを防げるだろう

細部の塗り分けをしてから組み立て

◀組み立ては、ひっかけて壊しやすそうなパーツほど後にするとよい。まず脚を組み立てて置きやすいようにしてから脚収納庫カバー、アンテナなどを取り付け、プロペラ、ピトー管などは最後に取り付けるようにする

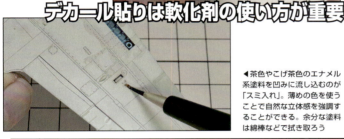

工作をはじめるまえに知っておきたいこと

キットを買ってきたらすぐに製作をはじめたいところですが、ちょっと待ってください！　まずは製作前にやっておいたほうが良いことがいくつかあります。

TAMIYA 1/72 WAR BIRD COLLECTION ZERO FIGHTER

製作開始！の前にキットの中身を確認しよう

●キットを購入したら、まずはパーツが揃っているかを確認しよう。それから、下で説明しているようなパーツ保護をしておくようにする。工作を開始する前にどの機体を製作するかを決め、説明書をよく読んで選択箇所の有無や実際の工程をイメージしておこう

三菱 零式艦上戦闘機二一型
タミヤ　1/72
インジェクションプラスチックキット
発売中　税込1512円
製作・解説／**森 慎二**

箱を開けたらすぐにすること

プラモデルのパーツはランナーにゲートで付いていますが、なかにはもげやすいパーツがありますので、あらかじめ切っておきましょう。

❶クリアーパーツの保護

▲クリアーパーツはゲートの付け根がもげると透明部分まで白化してしまうことがあり修整不能になってしまうので、いちばんはじめにゲートを切り、袋に入れて保管する

❷もげそうなところを……

▲カウリングももげやすそうなところ。ゲート部がもげると、凹んでパテなどでの修整が必要になる。あらかじめ切っておくことで無駄な手間を増やさずにすむ

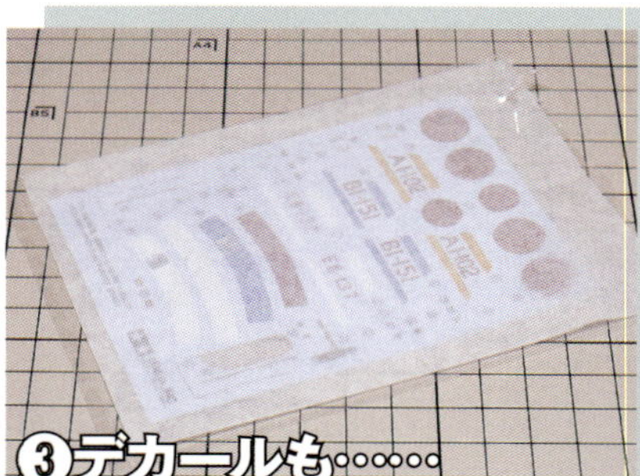

❸デカールも……

▲デカールは、接着剤の飛沫などが飛ぶとそこがダメになってしまう。キットの袋を捨ててしまわず、デカール貼りをするとき以外は袋にしまっておこう

製作開始。本体パーツの整形から仮組み

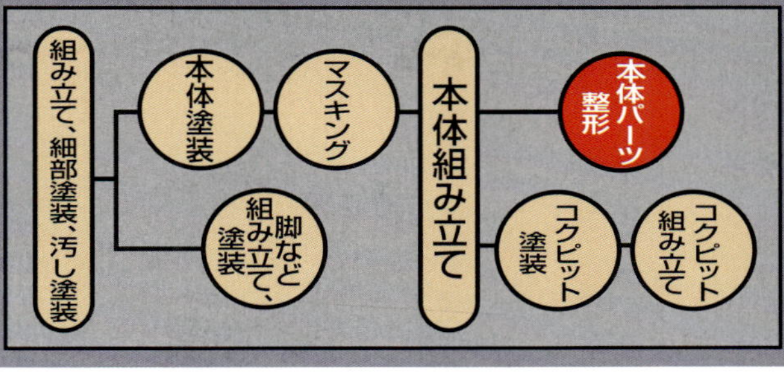

本体パーツの整形とコクピットの組み立てはどちらからやっても大きな問題はありませんが、胴体にきちんと収まるよう安全策を採るならば、先に胴体を仮組みできるところまで進めておいたほうがよいでしょう。このキットの胴体パーツには、アンダーゲートが多用されていますが、その説明は次ページにて。

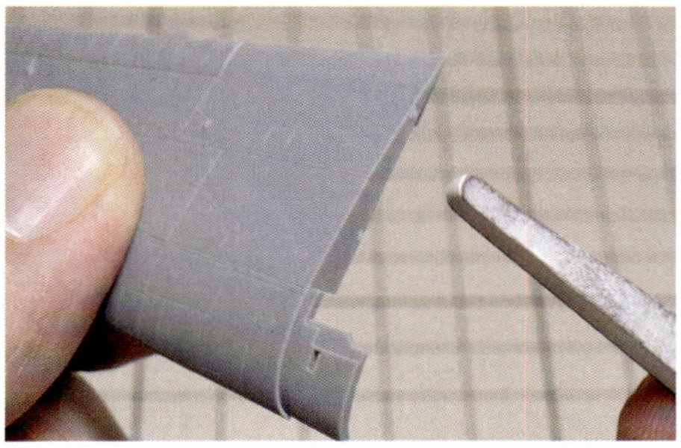

▲いきなり要注意ポイント。主翼付け根のところのゲートを削って整形しますが、削りすぎると翼と胴体に隙間ができるので、数回ヤスっては見る、というのを繰り返して削りすぎないようにします

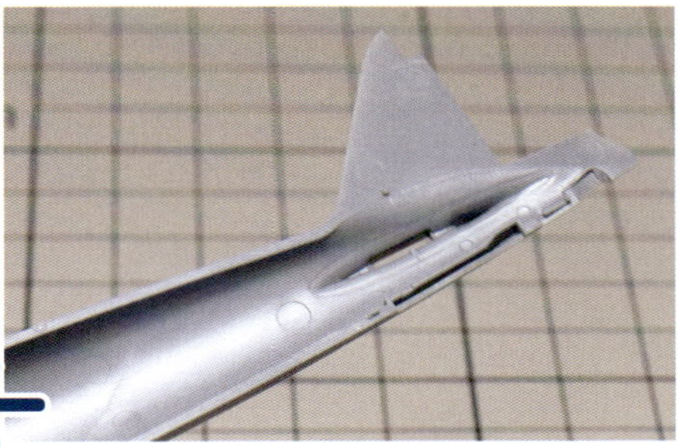

▲金型からパーツを押し出す丸いピンの跡を「押し出しピン跡」などと呼びますが、ここにはバリ（不要な出っ張り）があることが多く、合わせの邪魔になるので当たるところは削っておきましょう

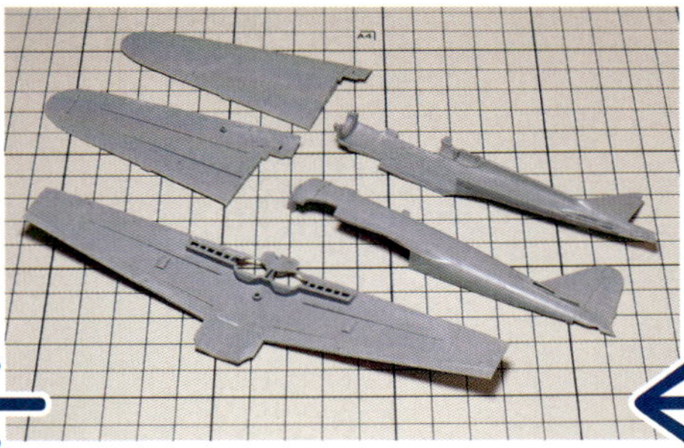

▲胴体パーツはアンダーゲートになっているので、削りすぎないように注意して整形します（詳細は次の見開きページにて）。主翼下面パーツ後端部も隙間ができやすいので削りすぎないよう要注意

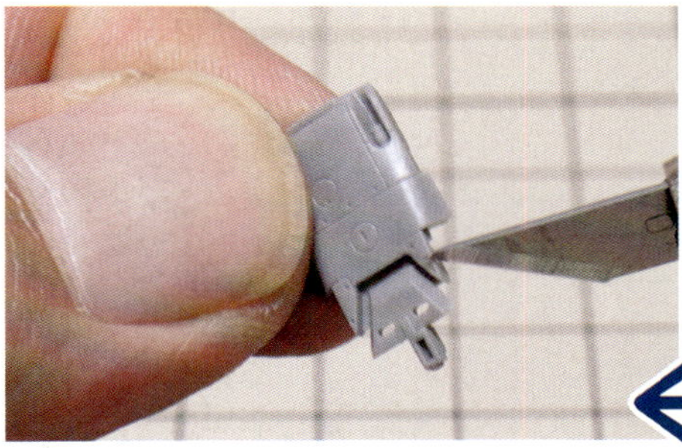

▲ノーズ上面のパーツD11のゲートを整形しますが、ここは削りすぎて隙間ができると非常に目立つうえに周囲にモールドが集中していて修整は非常に難しいです。絶対に削りすぎないように

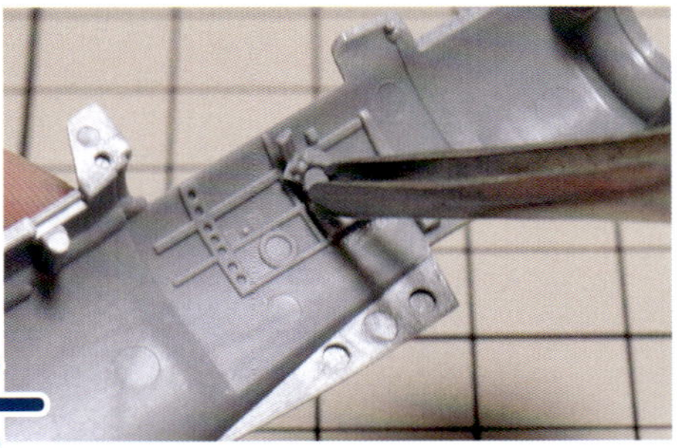

▲本体外装のゲート跡の整形が終わったらコクピットの胴体内壁部分を組み立てます。最低限の省略でコクピット内をよく再現していますが、小さいパーツが多いので飛ばさないように

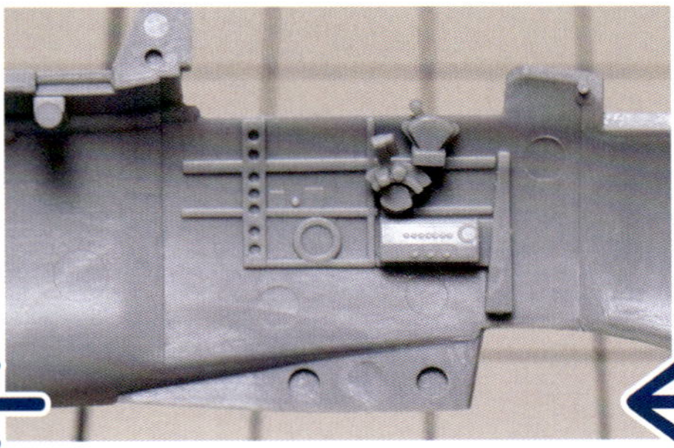

▲胴体左側の内壁。パーツA16、A21、D20はこのような位置に取り付けます。A16とD20は取り付けダボの形状で間違えにくいような配慮がされていますが取り付けの際は注意

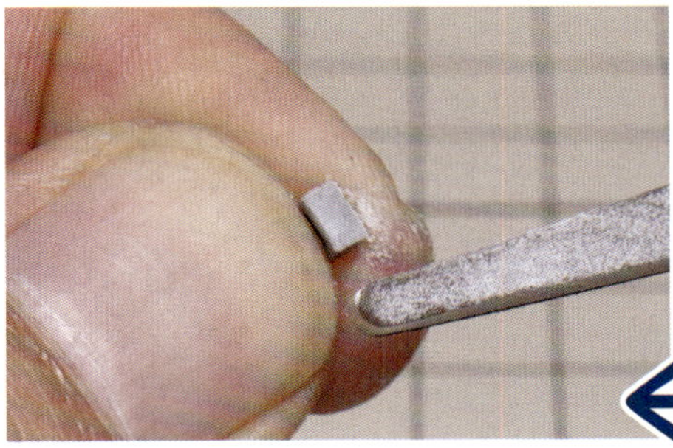

▲パーツは内壁に取り付ける前に整形しておくようにしますが、小さいパーツを整形するときはパーツがぐらつかないようにしっかりと持ってヤスりましょう。ぐらついていると平面にヤスれません

▲右側の内壁にパーツD17とD18を取り付けます。このパーツも間違えないようにダボの形が変えてあるので一回合わせて見て確認してから高粘度のプラ用接着剤を使って接着します

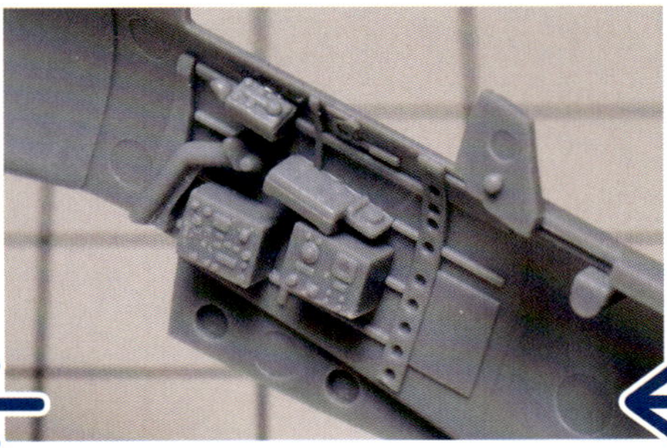

▲右内壁にはさらにパーツA22、A27、D19を取り付けます。このキットのコクピットは、1/48並みの再現度と1/72ならではの細密感、密度感を同時に楽しむことができます

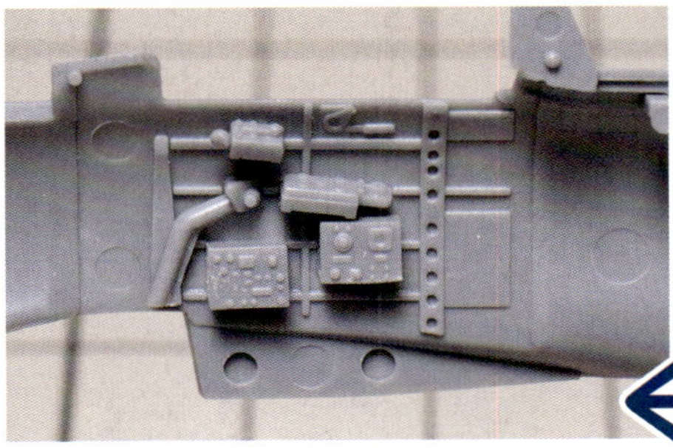

▲右内壁に取り付けた5つのパーツの位置関係はこのようになります。パーツA27とD19は、写真のように少しうしろ下がりに斜めに取り付けるようにするのが正しい位置となります

知っておきたい、全パーツ共通
整形作業基本の「き」

改造しないで作る場合、プラモデルの製作における工作作業のほとんどは、パーツのゲートを切ってその跡をヤスって整形する作業とパーツを接着する作業です。このふたつをうまく行なえれば、必然的によい完成品ができあがります。接着についてはのちほど説明するとして、ここではまずゲートからパーツを切り出す方法とヤスリを使った整形作業の基本を解説していきましょう。

パーツをランナーから切り離すときは、「ゲート」と呼ばれる細いところをニッパーで切ります。この切り出しでは、プラスチック用の薄刃で切れ味のよいニッパーを使いますが、いきなりパーツギリギリのところでゲートを切るのはNG。手間なようでも、一回離れたところで切ってパーツをランナーから切り離してから、余分なゲートを再度切るようにしましょう。また、いわゆるアンダーゲートのところも一回で切ろうとしないで何回かに分けて刃を入れます。

ヤスリを使った整形作業のポイントは大きく分けてふたつ。ひとつは使用するヤスリのタイプと番手、そしてもうひとつはヤスリの使い方です。

プラモデルを製作するときは、金ヤスリでは削りすぎてしまうので、普通は紙ヤスリを使用します。紙ヤスリは紙状のものをそのまま使ってもよいのですが、裏に板をあてたもののほうが平面を出したり狙ったところだけをヤスりやすくなります。今回製作で使用しているウェーブのヤスリスティックのように、あらかじめ板がついているヤスリが市販されているので、こういったものを使うと自分で板に紙ヤスリを貼り付ける手間が省け製作がはかどります。紙ヤスリの番手は、ゲート跡の処理が工作の中心の場合は、600番と800番を使いましょう。

板をあてた紙ヤスリと併用すると便利なのがスポンジヤスリ。曲面のところをヤスるときや、ヤスったときにできるバリを取ったり、表面を整えるときにあると非常に重宝します。

ヤスリの番手と種類、どれを使うかがとても重要

紙ヤスリの番手は数字が大きいほうが目がこまかく、数字が少ないほうが目が粗いものになっています。当然、目が粗いほうが良く削れ、目がこまかいほうは少ししか削れません。粗いヤスリはヤスったときに一気に削れるので少しだけ削りたいときはコントロールが難しく、ヤスり目も深く残ります。いっぽう、こまかい目のヤスリは削る量のコントロールはしやすいのですが、ヤスリを当てる回数が増えると手間がかかるだけでなくエッジを丸めてしまいやすくなります。この両者のバランスを取ってプラモデル製作で使いやすい番手は400番~800番なのですが、今回題材にしているタミヤの零戦のようにゲート部やパーティングラインのところを削るだけ（なるべく余分なところを削るのを最小限に留めたい）、というような場合は400番は削れすぎるので、600番をメインで使うのがおすすめになります。

なお、紙ヤスリ、スポンジヤスリともにだんだん目が詰まってきて600番のヤスリが「700番相当」くらいになってきます。ヤスりたいところやヤスりたい量によって、新品と使い古しのヤスリを意識的に使い分けると、さらに整形作業が的確にできるようになるでしょう。

▲スポンジやすりがいちばん便利なのは、じつは曲面の整形というよりは、写真のように板をあてたヤスリでヤスったときにできるバリの除去。軽く数回なぜるようにするだけで、ヤスってできたバリを簡単に取り除け、パーツ形状を損なうこともない

▶基本的には600番があればこと足りる。ヤスリスティックを使うなら、細型と先細型を両方用意しよう。1/72零戦くらいなら2~3本ずつあれば作ることができる

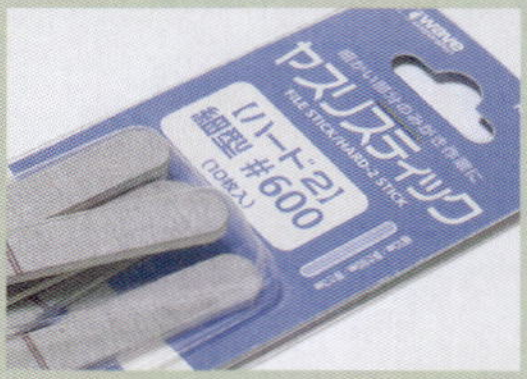

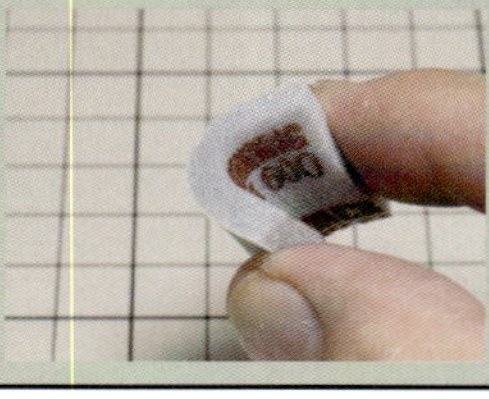

◀スポンジヤスリは600番のほかに800番相当のものも用意しておき、表面のヤスリ目を消すときや、セメントSの接着跡をきれいにするときに使う

パーツギリギリで切っちゃダメな理由を知っておこう

パーツの切り出しにはプラスチック用の切れ味が良い薄刃のニッパーを使いますが、いくら刃が薄いからといって、パーツギリギリのところをいきなり切るのはダメです。いったんパーツの端から1~2㎜程度離れたゲート部に刃を入れてランナーからパーツを切り離し、その後改めてパーツの端から0・5㎜程度離れたところを切る「2度切り」をするようにしましょう。

「結局パーツの近くで切るなら2回に分けても意味がないのでは？」と思われるかもしれませんが、そんなことはありません。パーツがランナーに付いた状態では、切るときにニッパーの刃が生む力が逃げずにゲート周辺のパーツ形状を壊したり白化させたりしやすいですが、いったん切り離しておくと力が逃げるので、ゲート周辺がもげるようなことがおきにくくなります。

▼いったんパーツから少し離れたところにニッパーの刃を入れて切り、ランナーからパーツを切り離す。それから、もう一度パーツに近いところを切るようにしよう

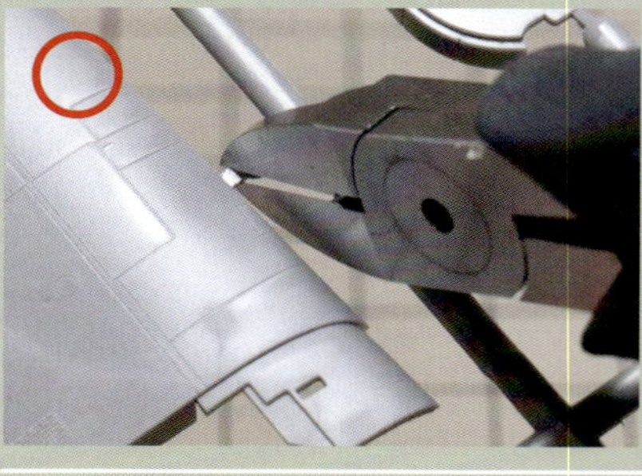

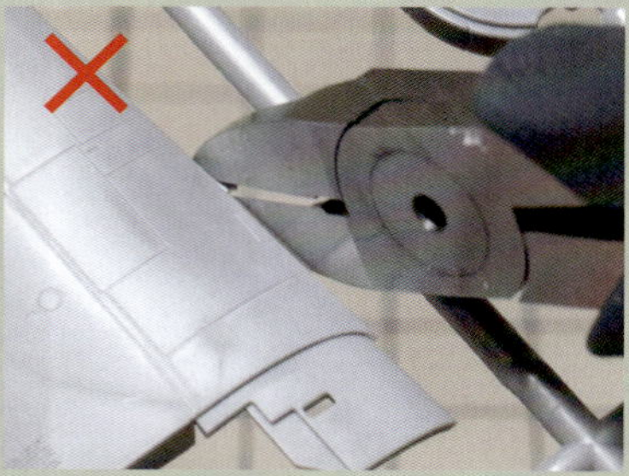

▲ニッパーで切り出すときに、いきなりパーツのすぐそばを切ってしまうのはNG。薄刃のニッパーでもゲート周辺がもげたり白化するリスクが大きい

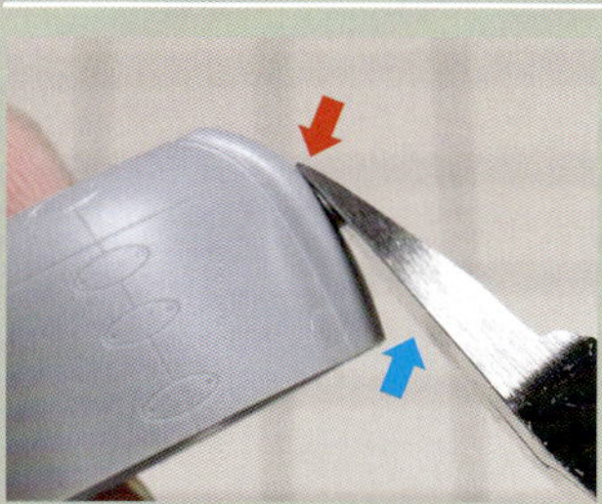

▲ゲートをニッパーで切るときは、ほんの少しだけ残しておき、あとはヤスリで整形するときれいに仕上がりパテが不要になる。ゲートを少しだけ残すには、刃先（赤矢印部）をパーツにつけて、刃の根元側（青矢印部）を少し浮かすようにするとよい

●ランナーに付いたまま切ったとき

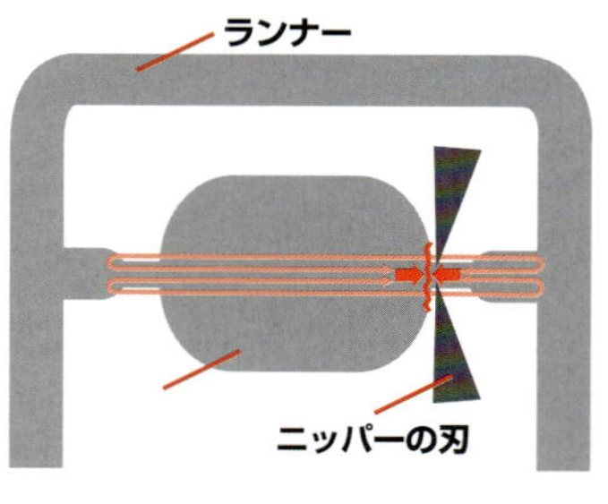

▲ランナーについた状態だと、ニッパーの刃からの力が逃げない。押し戻された力が細いゲート周辺に集中してパーツを破損しやすくなる

●2度切りをしているとき

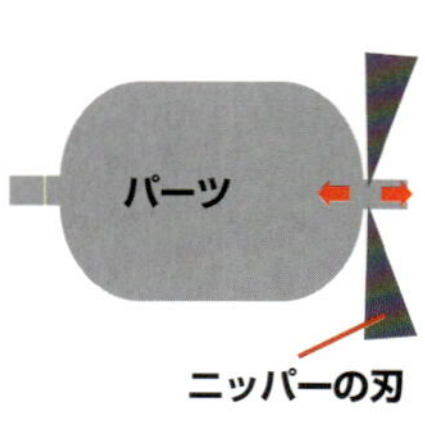

▲いったんランナーから切り離していると、ニッパーの刃を入れても力が逃げる。ゲート周辺に力が集中しないのでパーツのゲート周辺を破損しにくくなる

◀▲パーツのゲートを切るときは、ニッパーの刃がプラスチックを両側に押し分けるようにしている。このときパーツにはニッパーの刃から力が伝わっており、この力の逃げ場がないとパーツ側に力がたまってパーツの形状の破損／白化を引き起こす。少しの手間で予防できるので2度切りを実践しよう

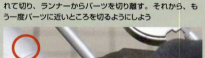

「アンダーゲート」の切り出しの注意点を知っておこう

いわゆる「アンダーゲート」（ジャンプゲートなどとも言います）とは、パーツ表面側にゲート跡を残さないために、接着面側にゲートをつける方式のゲートのこと。メッキパーツなどでよくあるゲート形状ですが、気が利いたキットでは整形しにくい箇所などにも採用していて、このタミヤ1／72零戦でも胴体部のゲートがアンダーゲートになっています。ここは、パーツ外側を下手にヤスることでせっかくのきれいな胴体の曲面形状を崩してしまいやすい箇所なので、うれしい配慮と言えるでしょう。

アンダーゲートは、ランナーにパーツが付いた状態からニッパーで一発で切ろうとするとうまくいきません。場合によってはパーツ側の形状を壊すことがあり、せっかくのメーカーの配慮を台無しにしてしまうことになるので、ここで解説するように何度かに分けてニッパーの刃を入れるようにしましょう。

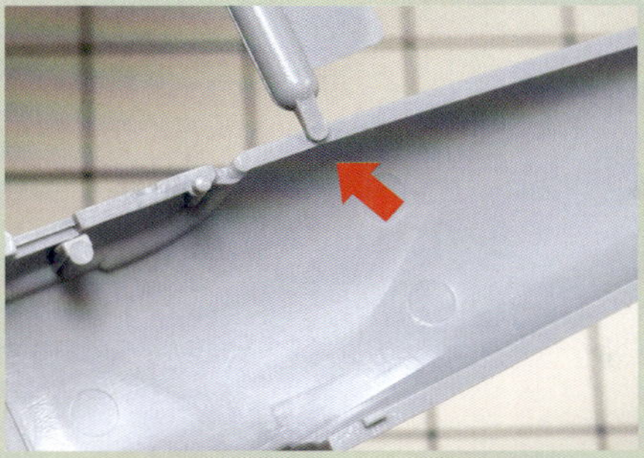

▲赤矢印で示したところがアンダーゲート。パーツの接着面側に出っ張るようにゲートがついている。これを一気にニッパーで切ろうとするのはNG。数回に分けて切っていこう

▼アンダーゲートは接着面にゲート跡ができるので、表面に傷が残らないかわりに、きちんと削って整形しておかないと干渉して隙間の原因になる。削り方は下の解説を参照してほしい

2回に分けて切ろう

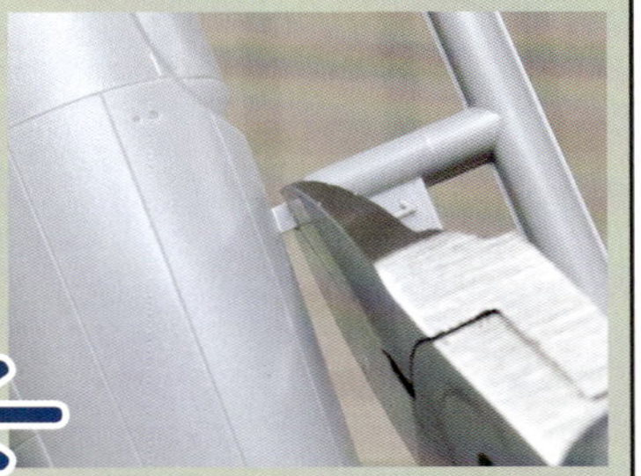

▲まずは、普通のゲートのところと同様に、パーツから少し離れたところをニッパーで切るようにして、いったんパーツをランナーから切り離す

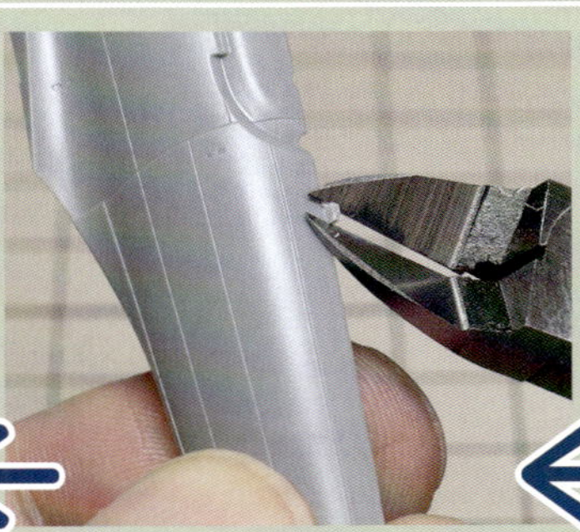

▲ニッパーの刃先をパーツの外側のラインに沿わせるようにして写真のような角度で切る。微妙にニッパーの刃の手元側を浮かせておくとよい

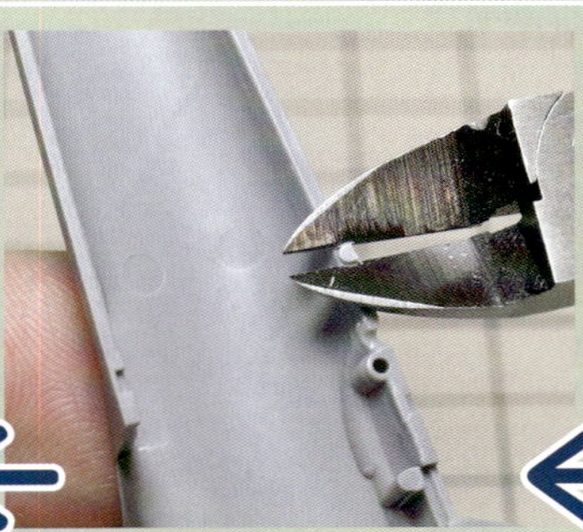

▲次に接着面にニッパーの刃を沿わせるようにして写真のような角度で切る。なるべく切れ味が良い刃のニッパーを使うようにしよう

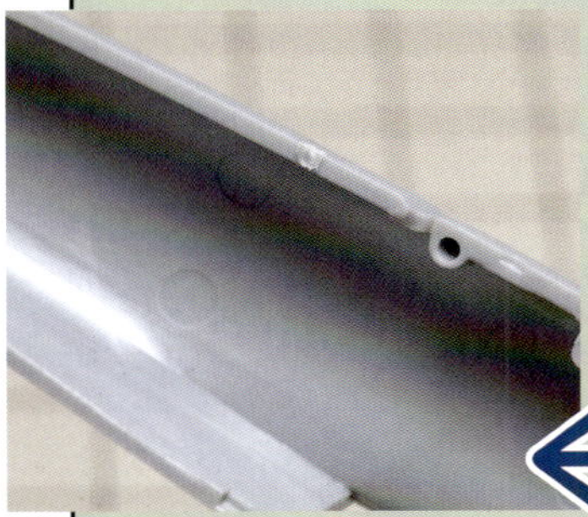

▲切った跡はこうなる。あまりギリギリぴったりのところを切ろうとせず、少し残して切って、あとはヤスリで整形しよう

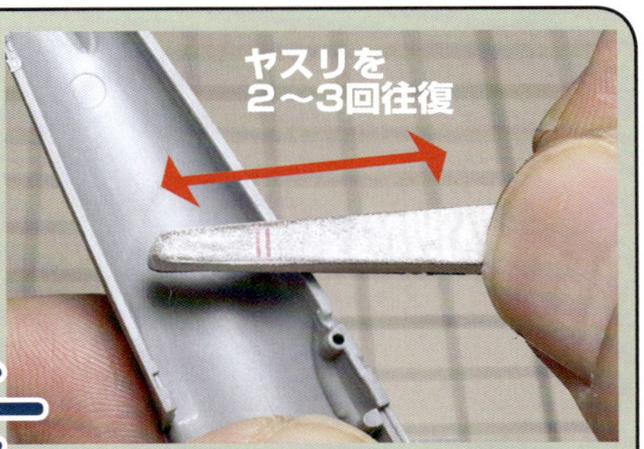

ヤスリを
2〜3回往復

▲無闇にゴシゴシとヤスり続けるのは厳禁！　精度が高いキットでは、接着面をヤスリ過ぎると、元々合っているパーツ形状を崩し自分でわざわざ隙間ができるように加工しているようなものだ

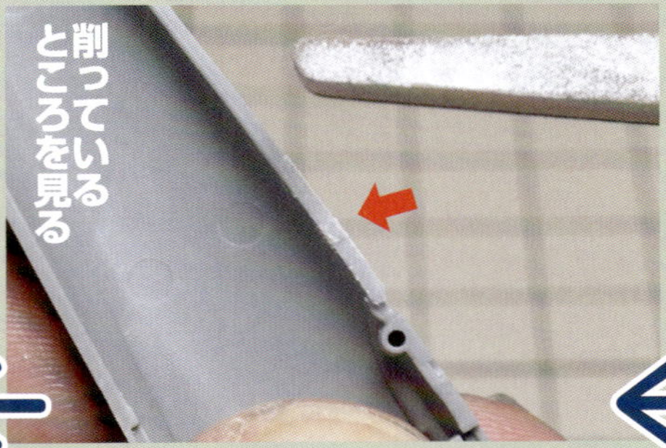

削っている
ところを見る

▲ヤスリを数回往復させたら、いったんヤスリを外してヤスっているところを見てゲート跡の残り具合を確認する。写真ではまだ微妙に残っているので、ここからあと数回ヤスリをあてる

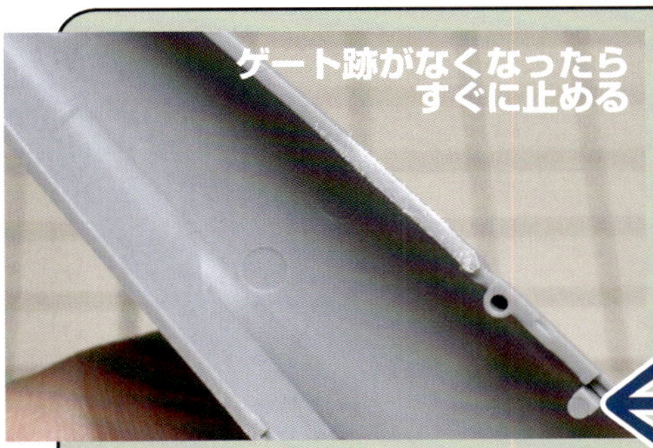

ゲート跡がなくなったら
すぐに止める

▲ゲート跡がの出っ張りがなくなったらすぐにヤスるのを止める。極力ゲート跡の出っ張りのみを削るようなイメージで、工作箇所をよく見ながら整形作業を進めよう

ヤスるときはヤスっているところをよく見よう!!

「うまくヤスれない」「削りすぎる」というような方は、自分がいまヤスっている場所をよく見ないで削っていることがとても多いようです。目をつぶってボールを投げれば的に当たらないのと同じで、ヤスっているところをよく見ていなければ思ったとおりに削れないのはあたりまえ、ということを知っておきましょう。

もうひとつ、うまくヤスれない方に共通して見られるのは、ヤスリ／パーツの持ち方がよくないパターン。ヤスリとパーツはグラグラしないようにしっかりと保持してヤスります。とくに、パーツが動くような状態で持ってヤスっていると、ヤスリがパーツの狙っていないところにあたり続けることになり、エッジを丸めてしまったり、部分的に削りすぎたりというようなことが起きやすくなってしまいます。

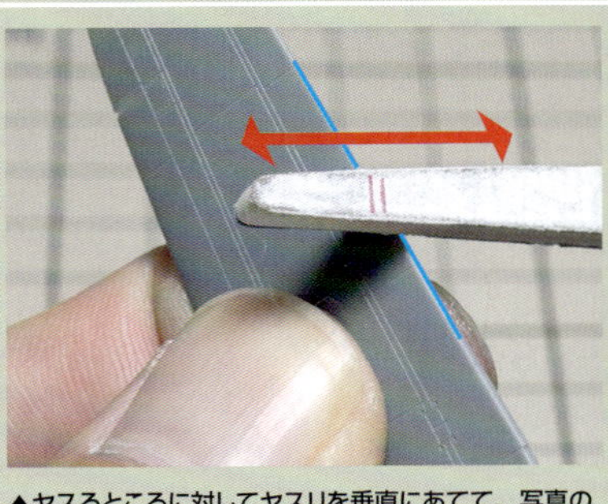

▲ヤスるところに対してヤスリを垂直にあてて、写真の赤矢印の方向に方向にヤスリを動かしたほうが狙ったところだけをシャープにヤスりやすくなる

▼こういうヤスリのあて方と動かし方をすると、ヤスリがぶれやすく、パーツのエッジを丸めてしまいやすくなる。

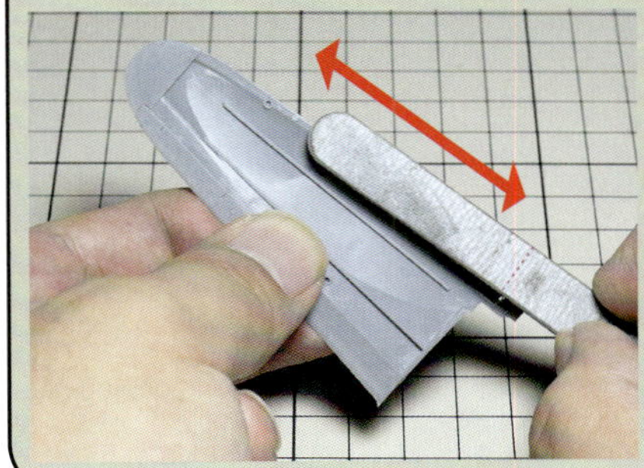

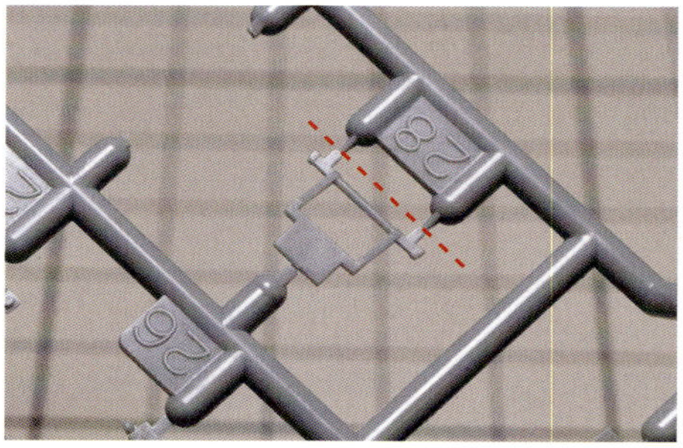

▲キットのシートはサスペンションステーも別パーツで立体的に再現されています。このステーのパーツA28のゲートを切り出すときは赤い線のところで切り、出っ張りを残しましょう

コクピットを先に作ります

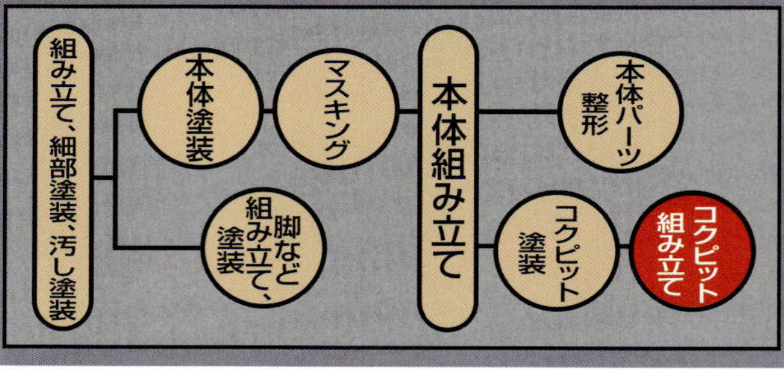

コクピットは塗装まですませてから胴体内に収めますので、本体外装パーツの整形が終わったらコクピットを作っておきましょう。タミヤ1/72零戦のコクピットは同社製1/48零戦譲りの高い再現度となっていますが、組み立てにくいところはまったくなく、パーツは小さくても、さくさく組んでいけます。

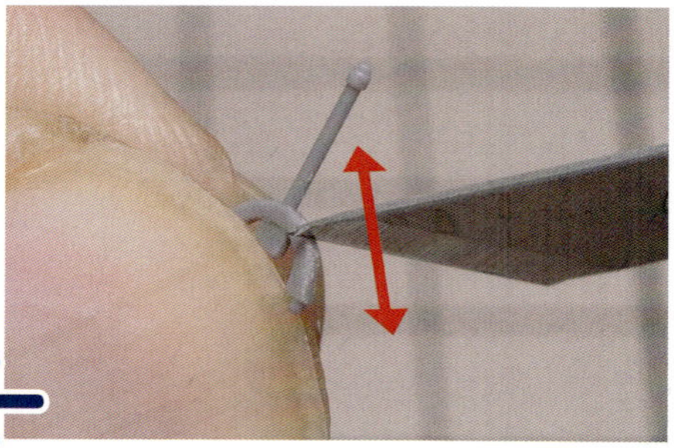

▲小さいパーツのゲート跡やパーティングライン（金型の合わせ目のところにできるライン上の出っ張り）を削るときは、ナイフを刃と垂直方向に動かすときれいに整形できます

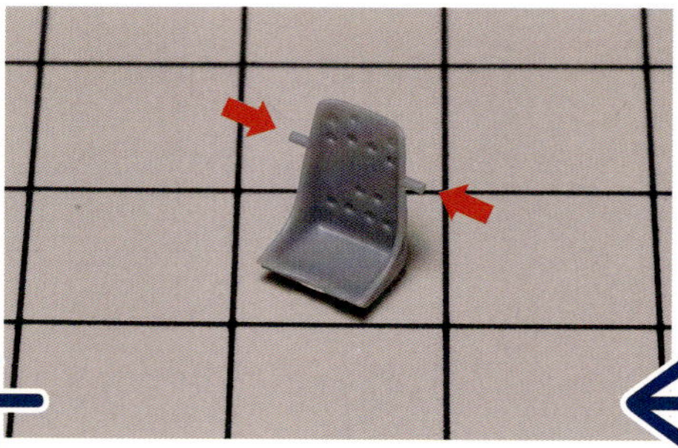

▲操縦席パーツA23の赤矢印で示したところは切り取らないように注意。パーツでは貫通していませんが、実機の操縦席の軽め穴は貫通していますのでドリルで開口してもよいでしょう

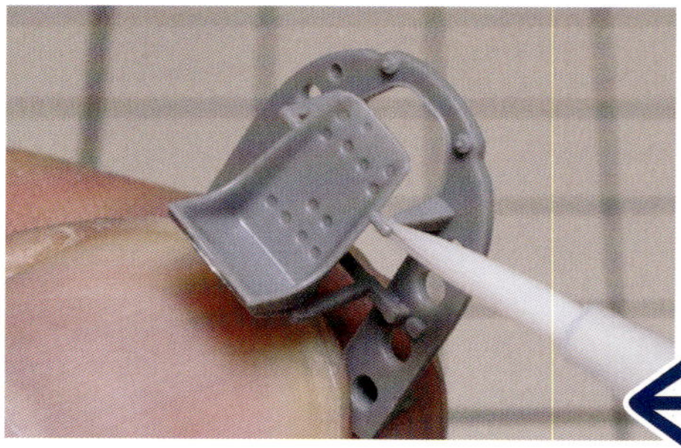

▲先に下側ステーパーツA28を隔壁パーツA41に接着してから座席パーツA23を取り付けます。A41の棒状の出っ張りとA23の出っ張りが合うように指で位置を決めてセメントSで固定

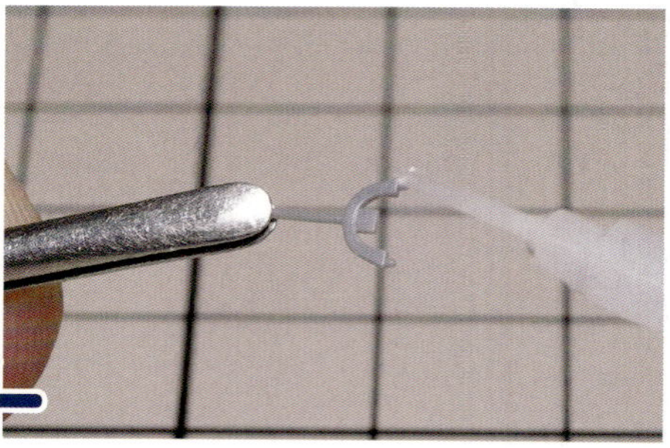

▲シート位置を調整するレバーのパーツA17を接着しますが、指で位置を決めたまま接着剤を流し込むにはパーツが小さいので、高粘度プラ用接着剤をパーツに少量先に塗って接着します

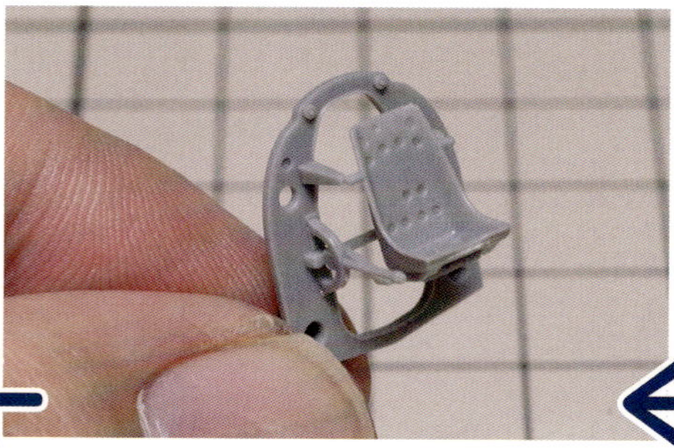

▲操縦席周りは組み上がるとこうなります。キットではゴム紐が省略されていますが、実機ではゴム紐に繋がれた4本のステーが動くことで操縦席のサスペンションとなる構造を再現

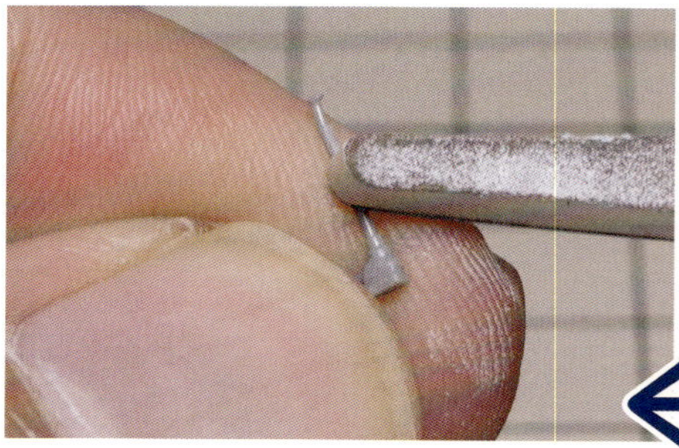

▲細いパーツをヤスリで整形するときは、下に指をあてるようにすればパーツが曲がったり折れたりしにくくなります。ヤスるときのパーツの持ち方はとても重要です

▲コクピットのコンソールを組み立てます。パーツ同士を合わせるダボがありますのでしっかりと合わせましょう。機銃パーツA38／A39は塗り分けしやすいようにあとで取り付けます

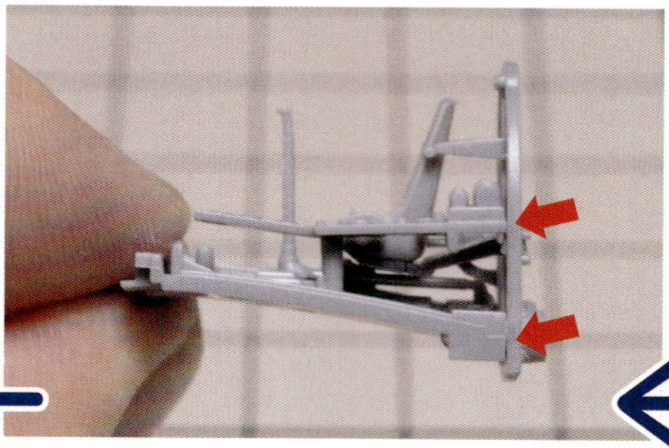

▲床板、後部隔壁、操縦席、操縦桿などを接着して組み立てますが。床板と後部隔壁、左手側のパーツD3の赤矢印で示したところは接着しないでD3の位置だけ合わせておきましょう

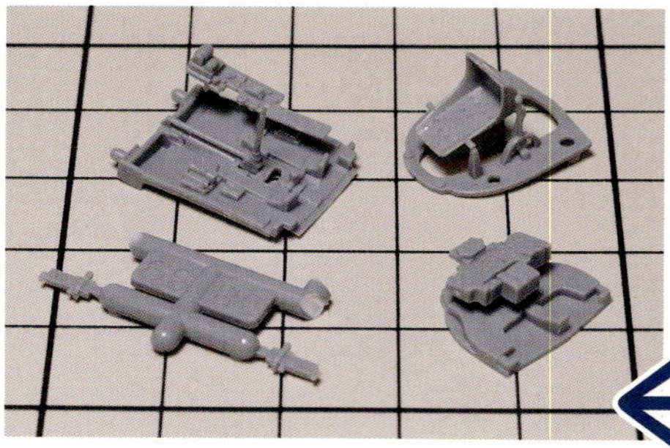

▲塗装しやすいようこの時点で接着するのはここまでに。機銃パーツA38／A39は小さくて持ち手を付けにくいので、ランナーにつけたまま塗装し、ゲート跡は筆塗りでリタッチします

筆の選択は重要です

細部塗り分けは筆で行ないますが、模型の塗り分けで筆塗りがうまくできるかどうかは、テクニックというよりは筆の質によるところが大きいです。とくに初心者ほどよい筆を選ぶようにすると細かな塗り分けが簡単になるでしょう。

筆の善し悪しの判別ポイントは簡単にはふたつ。ひとつは毛先のまとまり、もうひとつが塗料の含みの良さです。とくに含みの良し悪しは重要で、いくら細い筆を選んでも含みが悪いと非常に塗りづらいです。昔から、模型用として数百円で売られているような筆は、安い代わりに筆としての質は最低ランクで、お世辞にも使いやすいとは言えません。まずは1000円前後の筆を選ぶようにするとよいでしょう（絵画や書道の世界を見れば1000円程度の筆でも入門用です）。

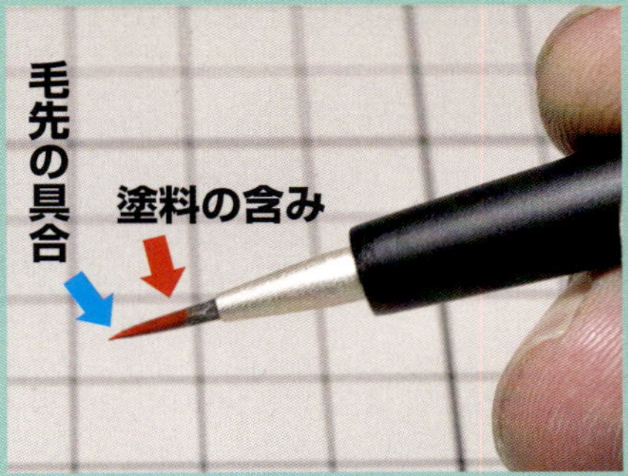

▲細い筆さえ選べば細かな塗り分けがうまくいくような気がするかもしれないがそうではない。細くて質の悪い筆よりは、太めの筆で毛先が整っていて含みがよく適度に塗料が毛先に出てきてくれる良い筆のほうがきれいに塗ることができる

コクピットの基本塗装

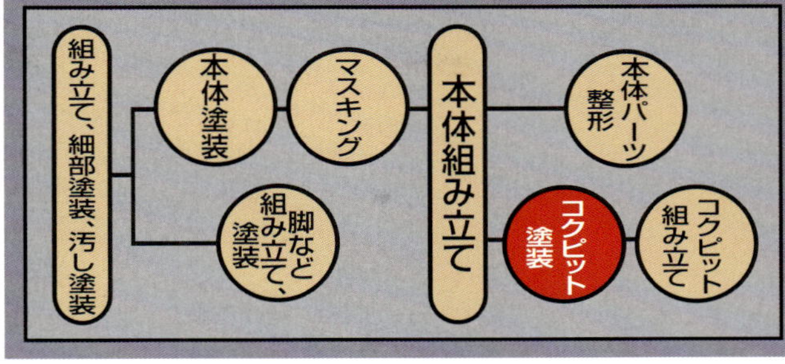

コクピットは胴体に組み込んでしまってからでは塗装、とくに細部の塗り分けとデカール貼りをするのが困難になってしまいます。そこで先に塗装をすませておきましょう。1/72だと完成後のコクピット内はあまり見えなくなってしまうので、簡単に作りたい方は細部塗り分けは省いてもよいかもしれません

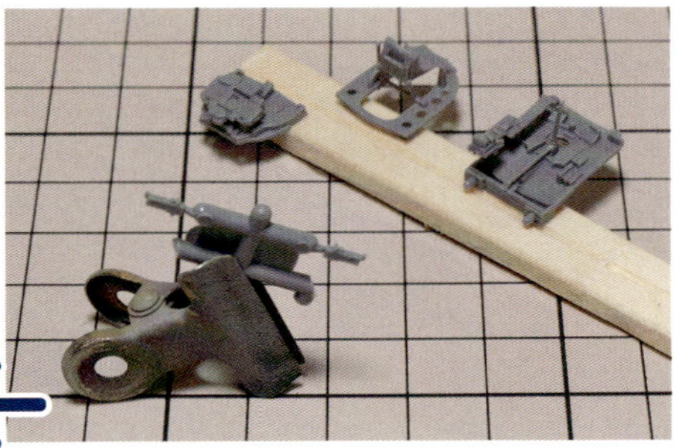

▲手で持つと塗りにくいパーツには持ち手を付けます。はさめるものは目玉クリップではさみ、はさみにくいものや小さいパーツは割りばしに両面テープで貼り付けましょう

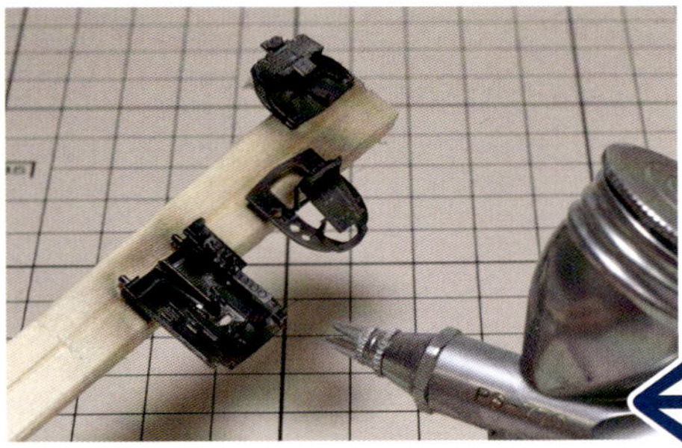

▲奥まったところの塗りこぼしを防ぎ、同時に自然な奥行き感を出すためにまず黒を塗ります。塗料はラッカー系のツヤありブラックを使用。奥まったところから塗っていきます

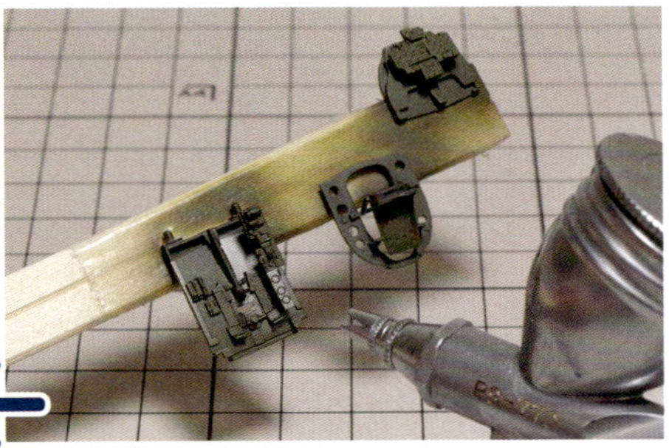

▲基本色はMr.カラーのコクピット色（三菱系）を使います。先に黒を塗っておいたのを活かす感じで、今度は出っ張ったところを中心に色をのせていくようにします

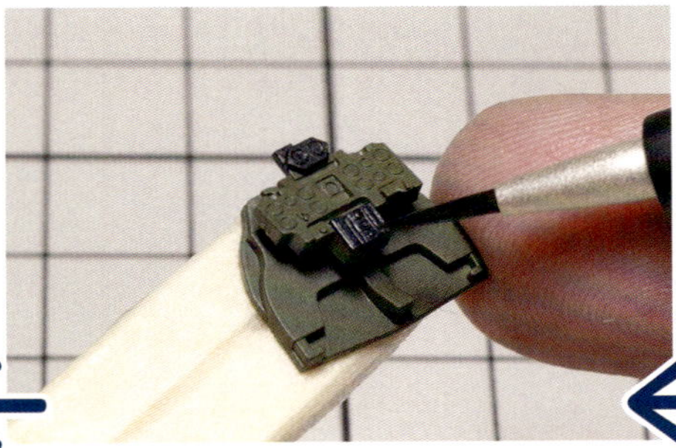

▲コンソールの黒いところは筆塗りで塗り分け。このあとエナメル系塗料でスミ入れをするのでラッカー系塗料を使用。薄めに溶いた塗料で何回か塗り重ねるときれいに塗れます

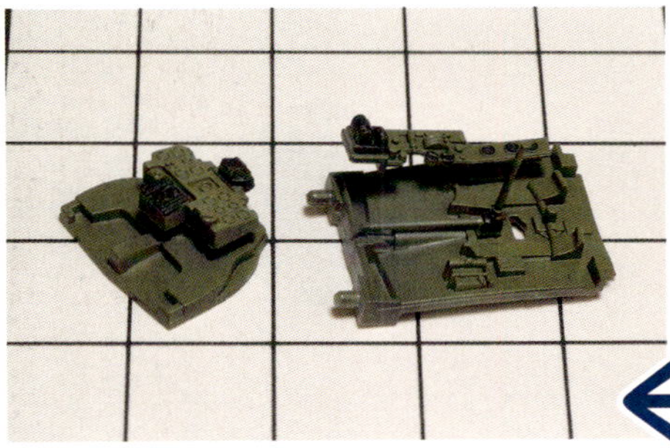

▲説明書の指定で黒く塗り分けるところは写真のとおり。なるべくはみ出さないよう塗りますが、はみ出したらコクピット色でその部分だけリタッチするようにしましょう

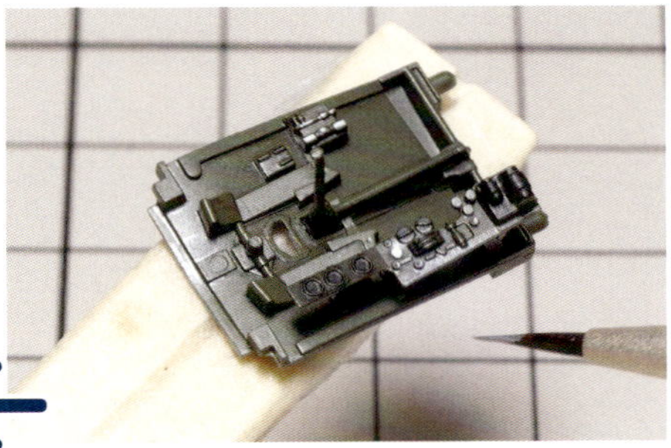

▲さらにシルバーで金具などの箇所を塗り分けていきます。自信がない方は省略してもいいかもしれませんが、塗り分けておくとコクピット内の密度感がグッと上がります

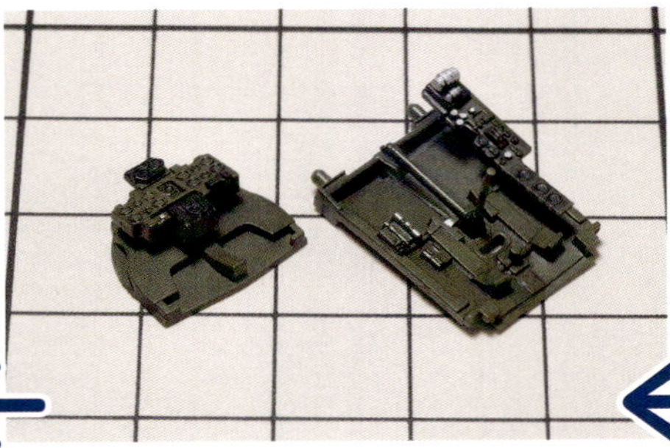

▲通常スミ入れはデカールを貼ってクリアーコートで保護してからしますが、手間がかかるのでコクピットは先にスミ入れをしてからデカールを貼ってできあがりとしてします

▲キットには計器類のデカールが付属しています。コクピットで使う㉟と㊱だけをナイフで慎重に切り出して、残りのデカールはまたビニール袋に入れて大事に保管しておきましょう

コンソールのデカール

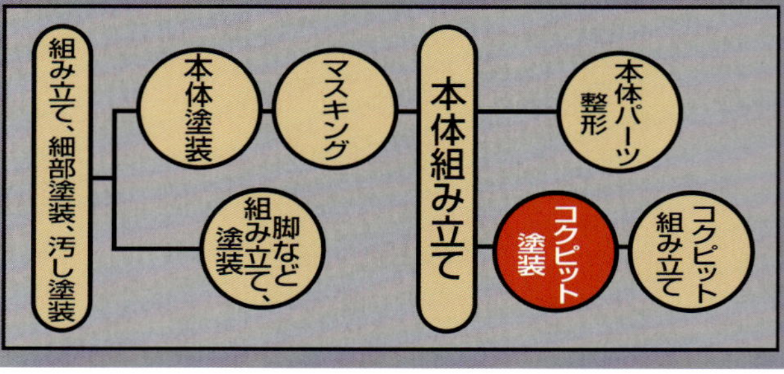

コクピットパーツの塗装が終わったら計器板にデカールを貼ります。プラモデル初心者の方は本体にデカールを貼るときの練習だと思ってやってみましょう。ポイントは水に浸けっぱなしにしないことと、軟化剤の種類と順番を間違えないこと。順に落ち着いて作業すればそれほど難しいということはありません。

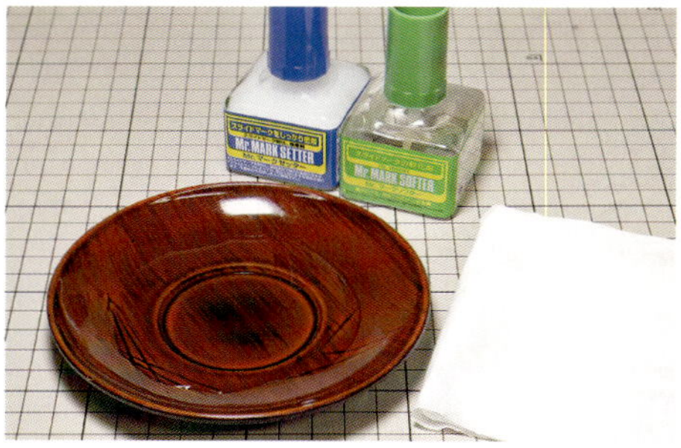

▲用意するものは、水を入れる皿、Mr.マークセッター、Mr.マークソフター、ティッシュペーパー、ピンセット。ティッシュペーパーはきれいに4つ折りくらいにしておきます

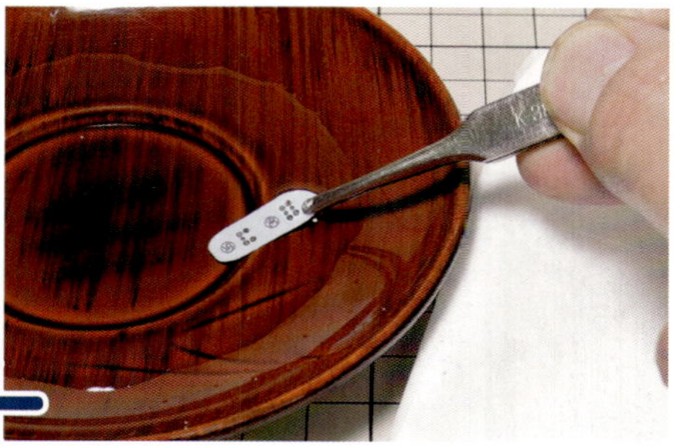

▲デカールをはさみやナイフで切り出して水に浸けます。ただし、デカールを水に入れっぱなしにしないこと。水に浸けるときは、ピンセットで持ってさっとくぐらせる程度で充分です

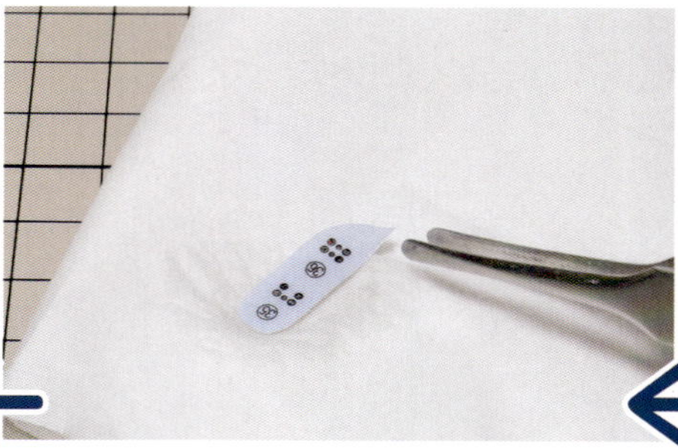

▲水に浸けたデカールは、折りたたんでおいたティッシュペーパーにのせ、この状態でデカールが動くようになるのを1分程度待ちましょう。水に浸けっぱなしだとのりがどんどん流れてしまいます

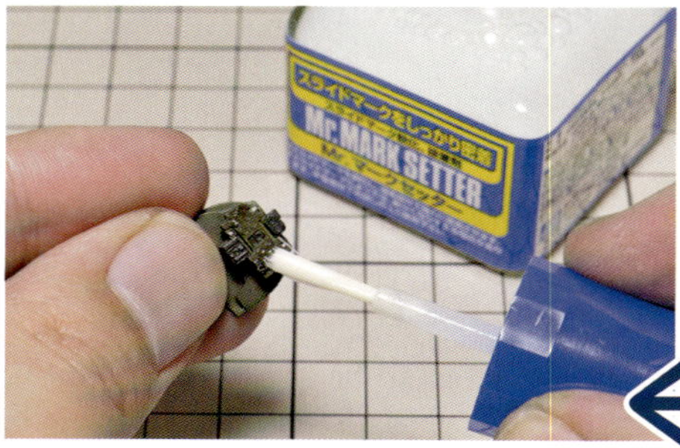

▲Mr.マークセッターはのり成分が入った弱めのデカール軟化剤。のりはパーツとデカールの間にないと意味がないので、Mr.マークセッターを使うときは先にパーツに塗っておくようにします

▲まずはピンセットで大体の位置にデカールを置きます。右が㊱で左が㉟、メーターの黒丸が5つのほうが㉟で左になりますので、上下左右を間違えないように注意しましょう

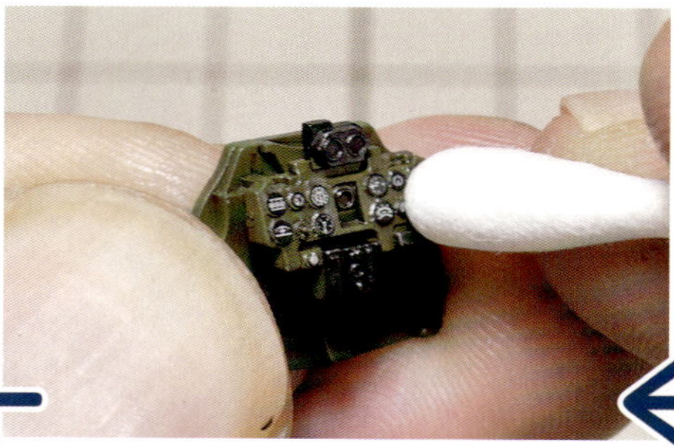

▲ピンセットの先やつまようじなどでパーツの凸モールドにデカールの印刷の位置をピッタリと合わせます。位置があったら、綿棒でつつくようにして密着させていきます

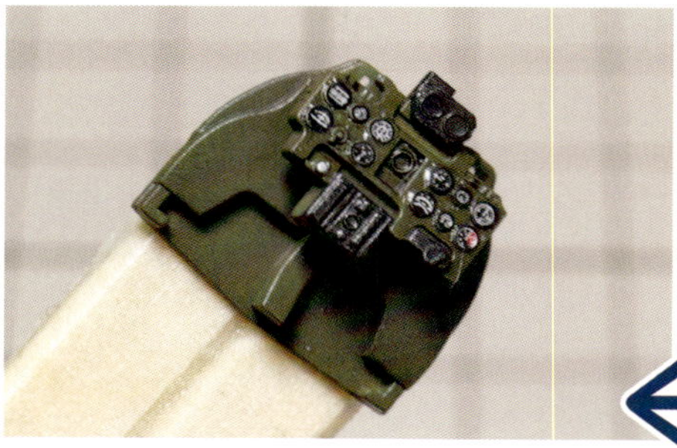

▲初めのうちは、綿棒を転がしたり横に動かすとデカールが動いたり綿棒にくっついてきたりします。綿棒をあらかじめ軽く水で湿らせておくとデカールがくっつきにくくなります

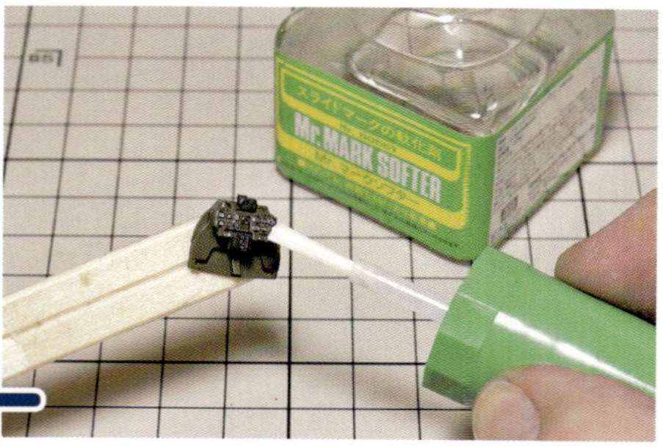

▲動かない程度に密着したらいったん5分～10ほど乾かします。それからMr.マークソフターを凸モールドがあるところを中心に塗ってデカールが軟化するのを1分ほど待ちます

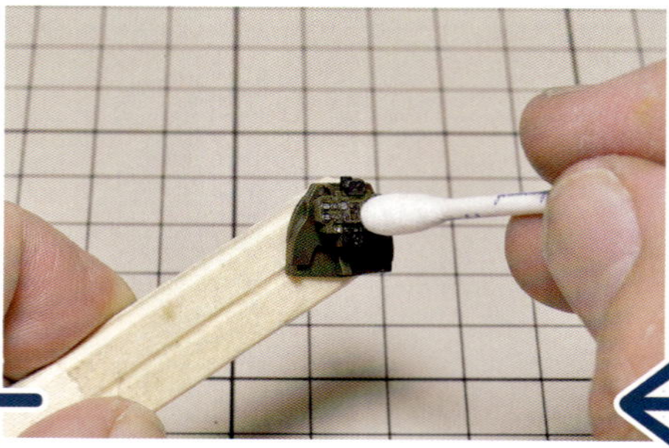

▲Mr.マークソフターはのり成分がなくMr.マークセッターよりも軟化させる力が強い軟化剤です。デカールが柔らかくなったところでさらに綿棒でつついてパーツに密着させます

▲パーツの凸凹にデカールが馴染みました。一気に馴染ませようとすると失敗しやすいので、位置を決めて乾かしてから改めに馴染ませる、というように2段階にすると失敗しにくいです

胴体内部も先に塗っておこう

たいていの飛行機模型のコクピットは、胴体外装パーツの内側がコクピットの横内壁を兼ねています。ここも胴体の左右パーツを接着してしまうと塗りにくいので、先に工作を済ませたら塗装をしておくようにします。零戦ではコクピット後方の隔壁に穴が開いているのでそこから覗く機体内壁や、尾輪収納庫内、主脚収納庫内もここで一緒に内側の部分を塗っておくようにしましょう。

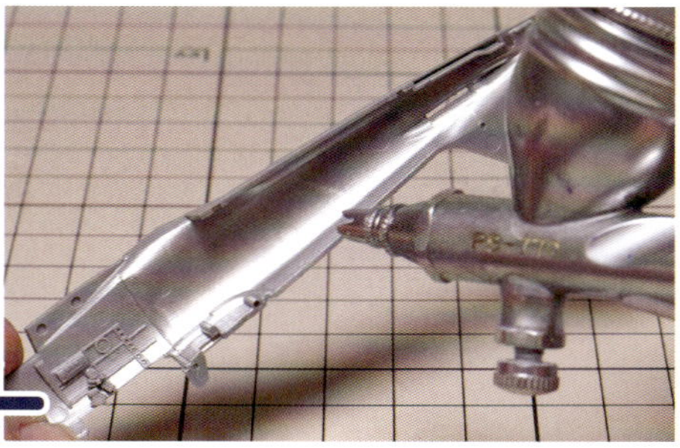

▲零戦は脚収納庫内に青竹色の防錆塗装がされていますが、二一型は胴体内も青竹色の指定です。Mr.カラーの青竹色は透けやすい色なので下地色として銀色を塗っておきます

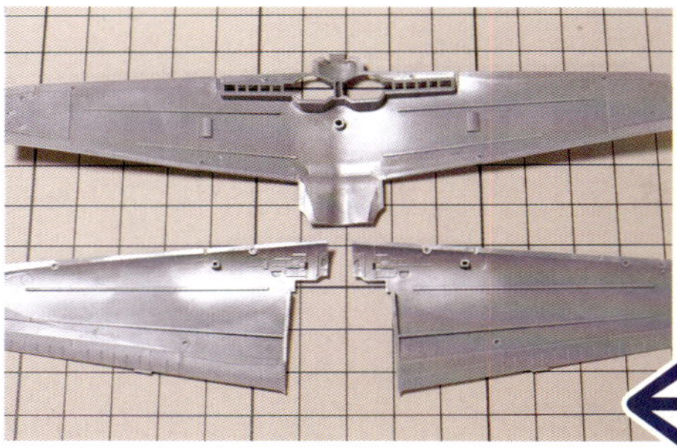

▲主翼の主脚収納庫内も同様に塗ります。主翼上面パーツは内側が収納庫内壁になっていますので、ここも忘れずに塗っておくようにしましょう。ここははみ出しても問題ありません

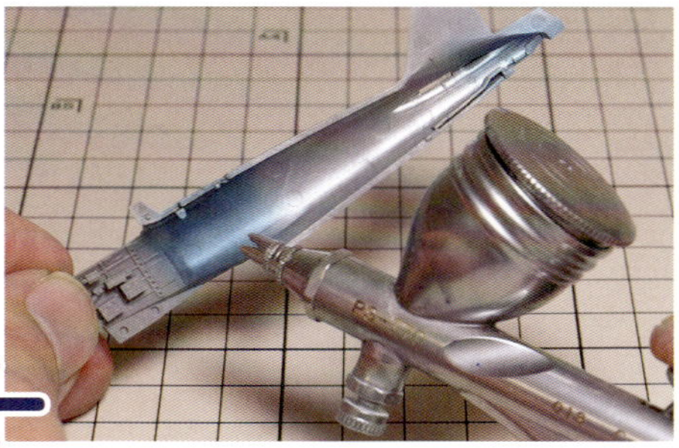

▲青竹色を塗り重ねますが、マスキングはせずおおざっぱに塗っています。尾部の尾脚収納庫も同様にマスキングをせずに大ざっぱにそのあたりを塗っておきましょう

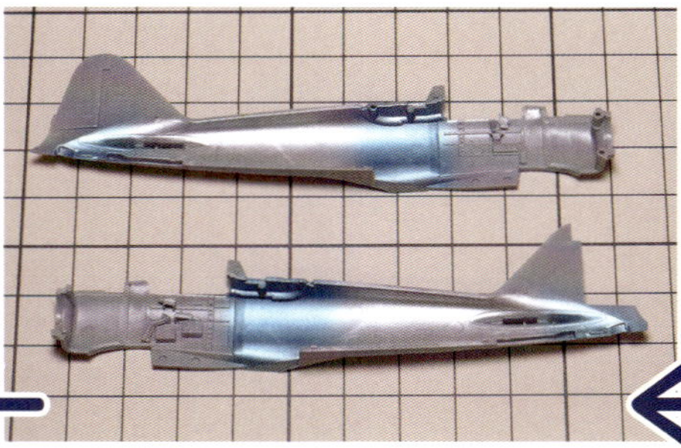

▲胴体内の青竹色部分は、完成後すると光を当ててよほどのぞき込まない限りほとんど見えません。ここの青竹色の塗り分けは気にならない人は省略してもよいかもしれません

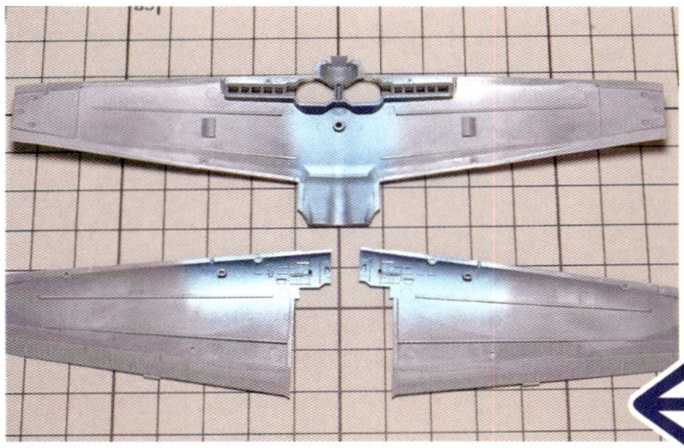

▲主翼内にも青竹色を塗り重ねました。主脚収納庫内はのちほどマスキングして塗り直しますが、先にいったん塗っておくことで奥まったところにもちゃんと色がのります

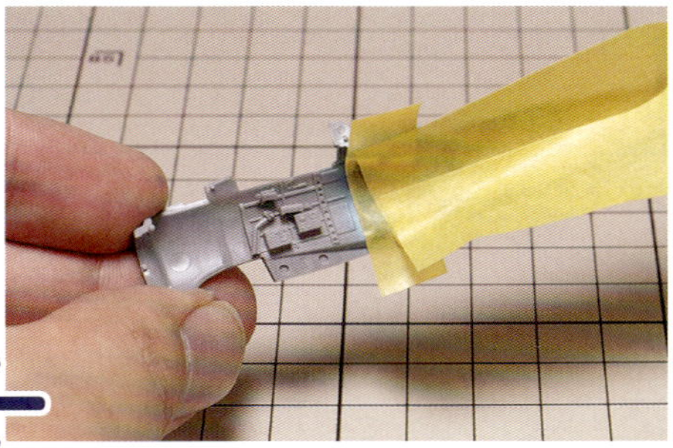

▲コクピット部分をコクピット色で塗るので、マスキングテープでマスキング。境目のところだけていねいに貼り、あとはラフに包むようにすれば大丈夫です

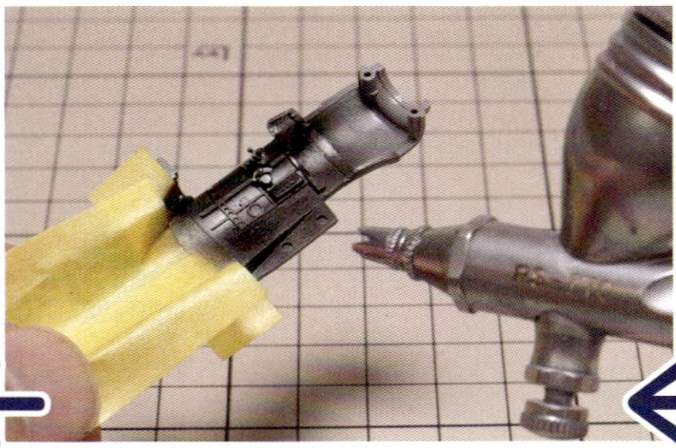

▲コクピットのほかのところと同様、まずは下地色としてツヤありの黒を塗ります。機首側ははみ出してもコンソールパーツで隠れますので気にしなくていいです

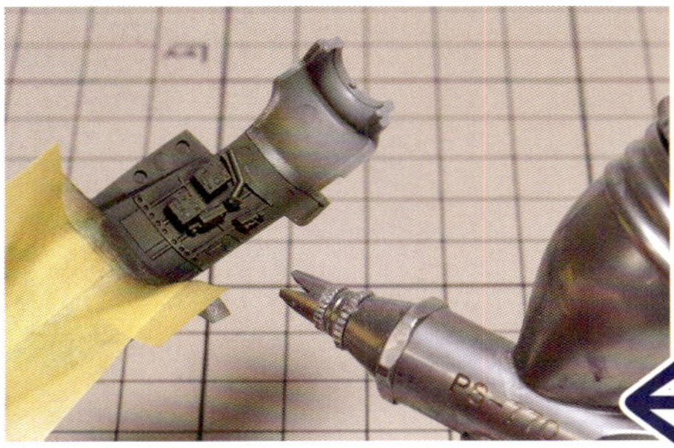

▲機体を置いたときの上方向（キャノピーの付く開口部）側からコクピット色を吹きつけます。全体に少しムラがあるくらいのほうが自然な感じになるのでほどほどで止めましょう

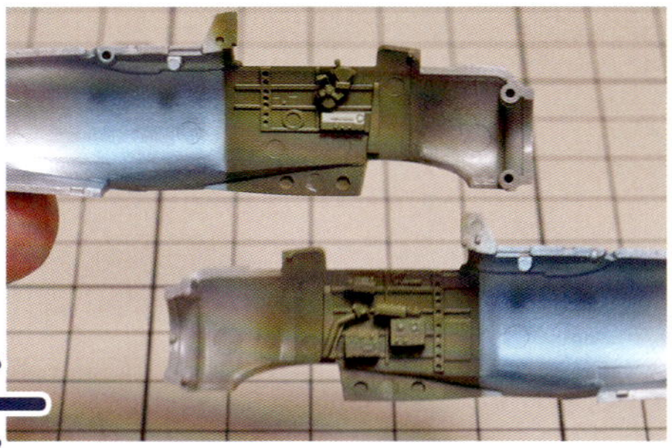

▲上方向から塗ることで下側に黒が残り、影が強調されて立体感と奥行き鑑が増します。「1/72ならここまでやらなくても」という気もしますが、せっかくですのでこだわってみます

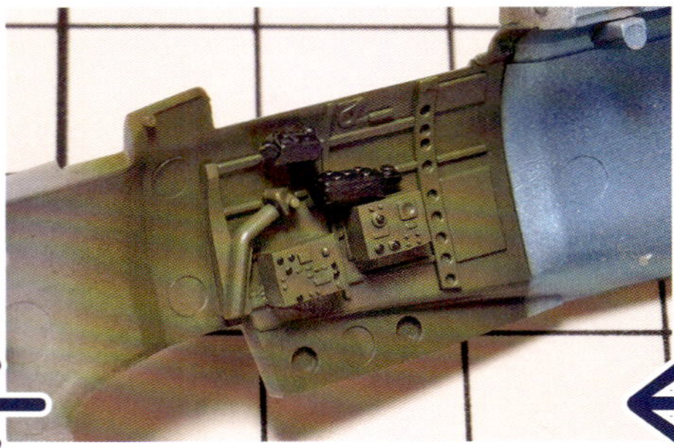

▲右側の内壁。パーツA27／D19はラッカー系塗料の黒の筆塗りで塗り分けました。そのほかパーツD17、D18のボタン／ツマミの凸モールドも同じ黒で塗り分けてみました

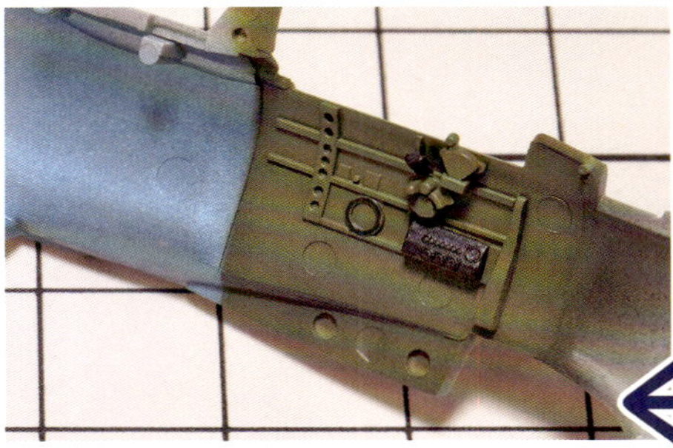

▲左側の内壁。パーツA21の箱状の部分とD20のハンドル部分、胴体パーツの輪っか状の部分を同様にラッカー系塗料の黒の筆塗りで塗り分けています。基本塗装はここまでで終了

コクピットを組み立てる

コクピット／胴体内壁の基本塗装が終わったら、スミ入れをして色差しの追加をし、組み立てていきます。上から覗いたときのディテールのワンポイントとなるのがシートベルトですが、ここではまずキット付属のデカールを使う作り方を解説しましょう（別売りディテールアップパーツを使う際の作り方は99ページを参照してください）。これで密度感たっぷりのコクピットのできあがりです。

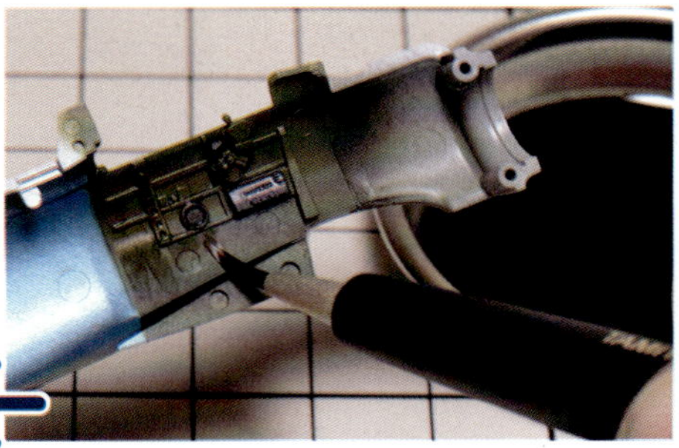

▲エナメル系塗料のこげ茶色（フラットブラウン+フラットブラック）をうすめ液で薄めに溶いたものを筆塗りしてスミ入れ。かなり薄めにして上筆を上下に動かして塗りっぱなしにします

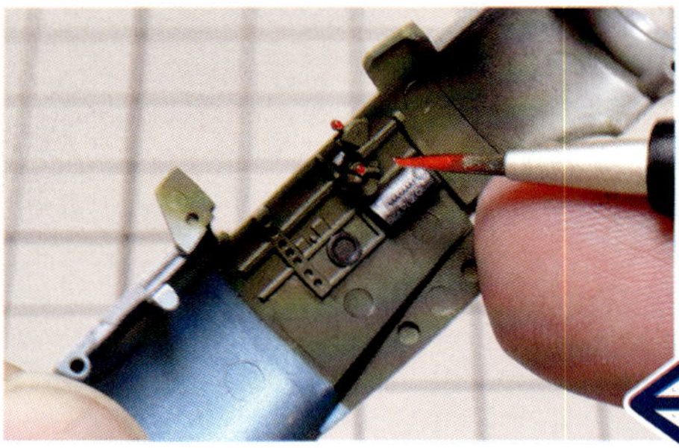

▲ハンドルの先にエナメル系塗料の赤を塗ります。塗料を筆先に少し多めにとって、球状の塗料をちょんとのせて表面張力を活かすようにするときれいに塗ることができます

▲床にあるコックや左手側にあるツマミの端を同様にエナメル系塗料の赤で塗り分け。ラッカー系塗料の上にエナメル系塗料を使っているのではみ出したら拭いてやり直せます

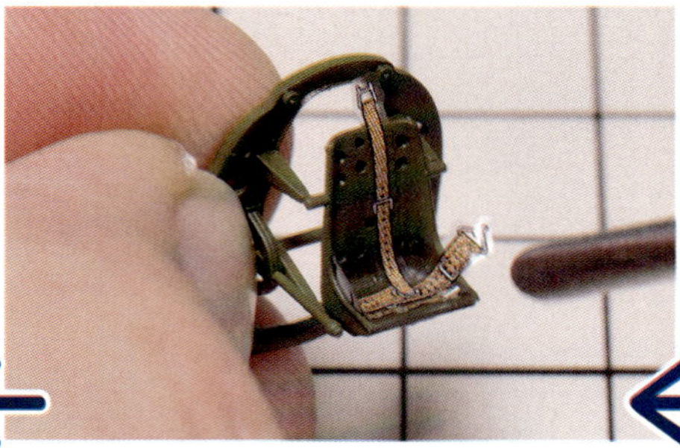

▲キットに付属しているデカールのシートベルトを貼ります。ベルトの端から貼ろうとすると位置が合わなくなってしまいやすいので、まず座面から貼るようにしましょう

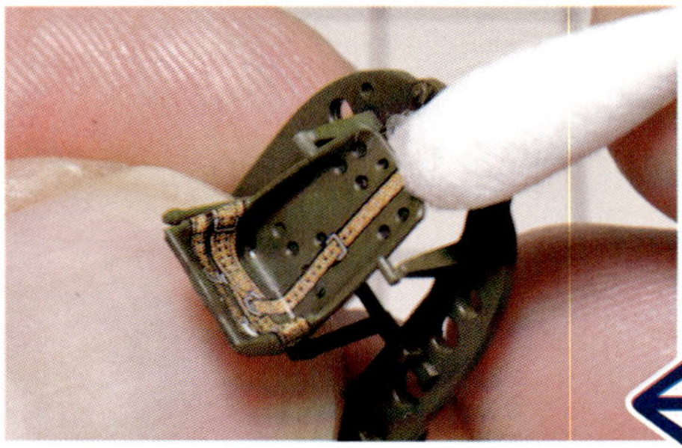

▲座面部分と背もたれを密着させたら、はみ出しているベルトの端をパーツを巻き込むようにして貼ります。弱めの軟化剤マークフィットを塗って綿棒の先でつつきましょう

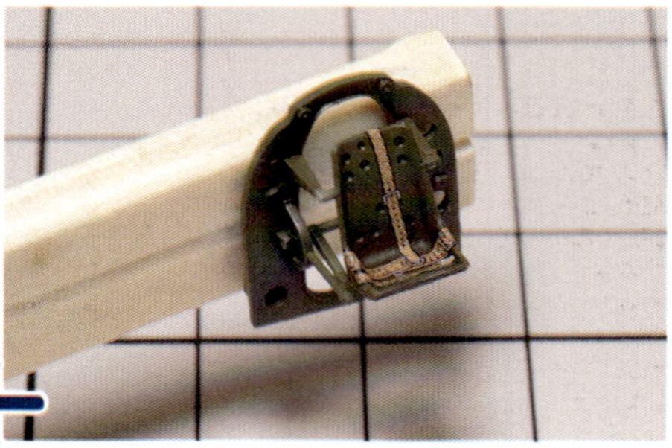

▲シートベルトのデカールが貼り終わりました。1/48以上の大きさだとデカールではリアリティーがありませんが、1/72ではデカールでも薄さが気になりませんね

▲ランナーに付いた状態でエアブラシでラッカー系塗料の黒を塗っておいた機銃パーツA38／A39を切り出して接着します。ゲート跡のところはプラの地が出ますので筆塗りでリタッチ

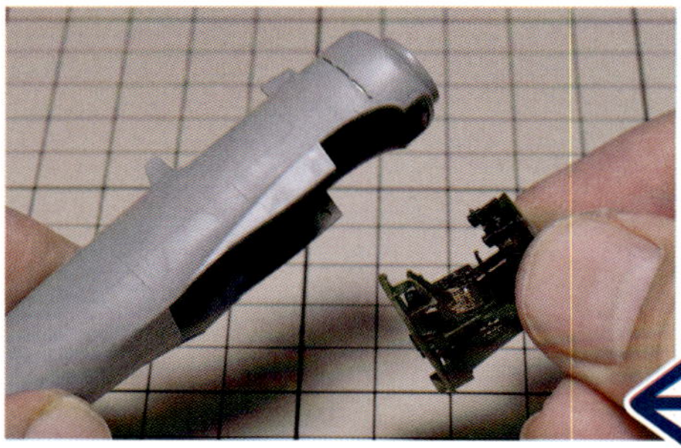

▲コクピットのコンソール、床板、座席／後部隔壁を接着するときは、接着剤が乾く前に胴体パーツに入れてみて、きちんと収まるか確認するのを忘れないようにします

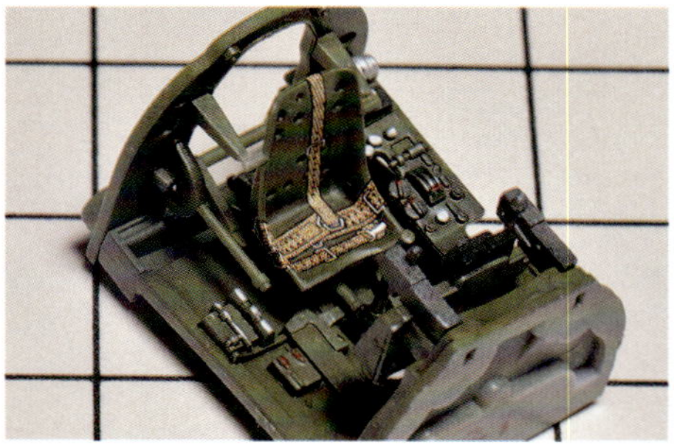

▲▶コクピットはできあがるとこんな感じになります。一切ディテールアップなどはしていませんがていねいに塗装するだけでここまでの再現度と密度感を楽しむことができます

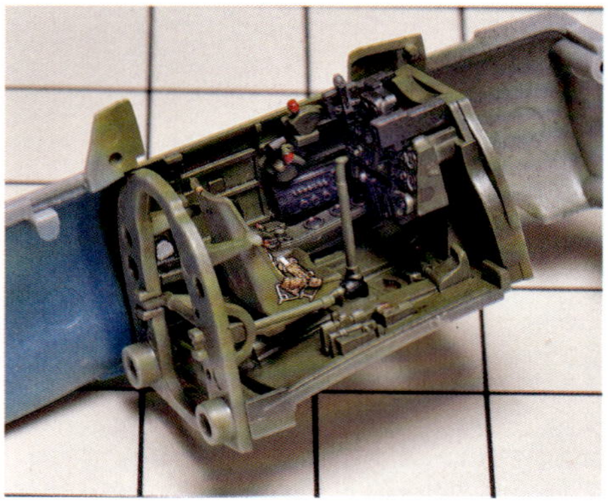

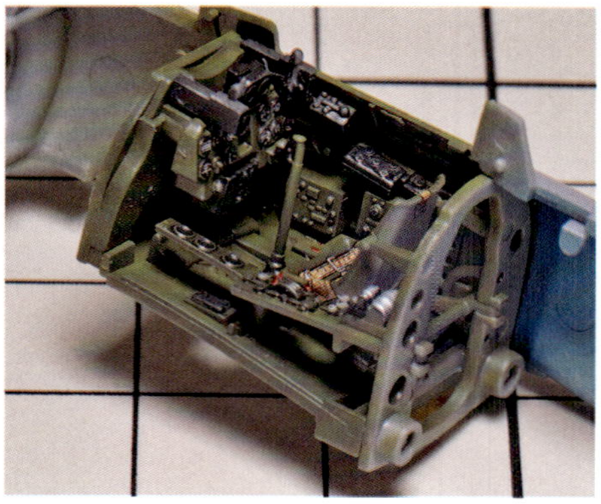

「仮組みマスター」になれるチェックポイント

どんどん組み立てたくなってついつい仮組みをおろそかにしていませんか？　仮組みをきちんとすればトラブルを未然に防止できます。

仮組みを制する者はプラモデルを制す チェックポイントを知っておこう

「仮組み」と言ってもすることは簡単。接着前にパーツ同士を合わせてみて、隙間ができたり合わないところはないかを確認するだけです。パーツの削りすぎに注意して製作していれば、隙間ができたり合わないところは、たいていゲート跡やバリが微妙に残っていたりするところなので、そこを追加で削ればピタッと合うようになります。ここでは、仮組み時によく確認しておくとよい、チェックポイントとなる箇所をピックアップして解説してみましょう。

▲零戦のプラモデルの「鬼門」が機首上面部。金型成型の都合上ここはほとんどのキットで分割されており、隙間ができやすいが修整は難しいところだ。このキットでは、削り過ぎさえしなければバチピタで合う

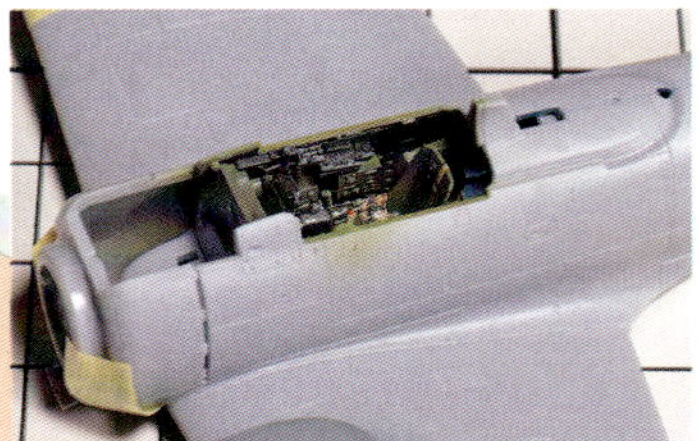

▶コクピットがきちんと所定の位置に収まるかにも注意。なんとなく収まっているようでもよく見ると胴体に隙間ができることがある。またコクピットが奥まできちんと入っていないことで主翼パーツと干渉して胴体と隙間ができることもある

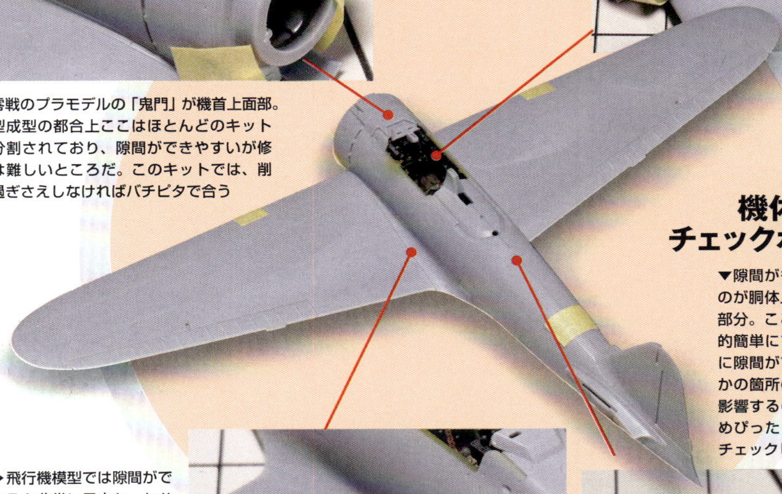

機体上面のチェックポイント

▼隙間がもっとも目立つのが胴体上側の合わせ目部分。ここは修整が比較的簡単にできるが、ここに隙間ができているとほかの箇所の位置関係にも影響するので、あらかじめぴったりと合うようにチェックしておく

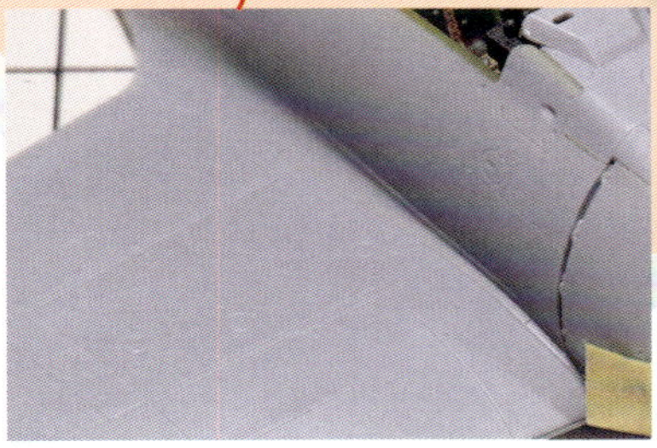

▶飛行機模型では隙間ができると非常に目立ち、なおかつ修整がやっかいなのが胴体と主翼上面の合わせ目部分。あとで隙間をパテで埋めようと思っていると、周辺のスジ彫りをすべて彫り直すはめになるので、接着前にしっかりとしたすり合わせをしておきたい

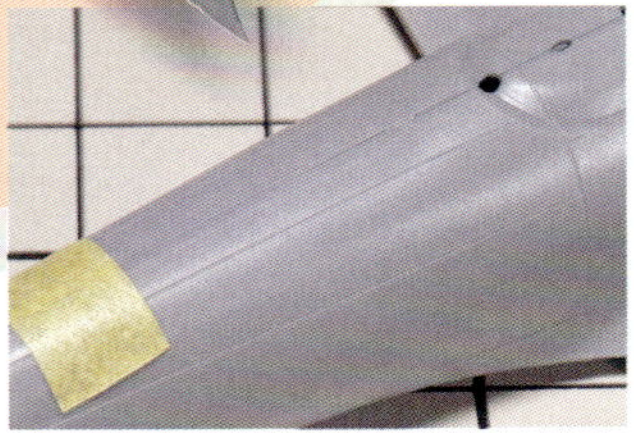

ぴったり合わない原因はたいていこんなところに……

このキットではアンダーゲートが多用されているので、アンダーゲート部分の合わせ目は平らにしておかないとそこが干渉して隙間ができます。また、これはこのキットに限りませんが小さなバリがあたっていることもよくあります。押しピン跡のバリは見逃しがちなのでよく見て確認しましょう

◀このキットのコクピットは所定の位置同士になるようにきちんと組み立てていれば胴体にピタッと収まりますが、位置がずれていたり間違っているとコクピットが胴体外装パーツに干渉することもあります

接着面にのった塗料を処理しよう

胴体パーツ内側を塗装すると接着面にも塗料がのってしまいます。そのままでも接着できなくはありませんが、仮組みの段階で接着面の塗料を落としておいたほうがよいでしょう。マスキングしてもよいのですが手間がかかるだけであまり意味がないので、ラッカー系うすめ液をしみこませた綿棒などで拭き取るようにすれば、簡単に塗装面の塗料を落とすことができます。

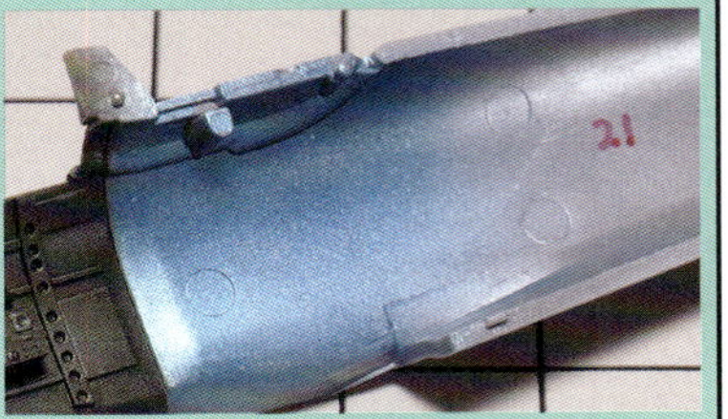

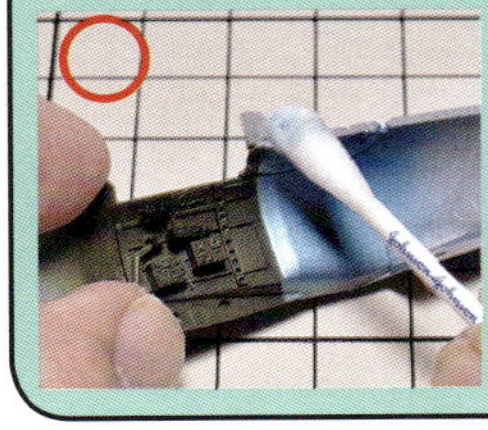

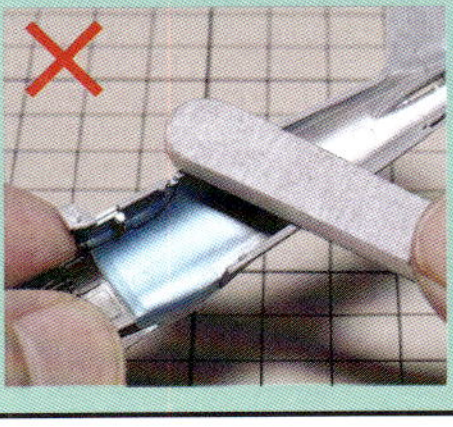

◀ヤスっても塗料は落とせますが、ちょっとでも削りすぎるとせっかく元々ぴったり合うパーツの形状を損なって隙間ができる原因となる。高精度なキットでは塗料を削り落とす方法はやめておこう

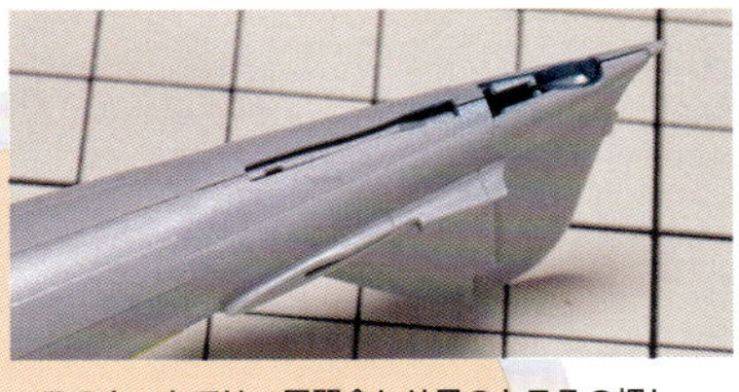

▲このキットでは、尾翼合わせ目のところの押しピン跡のバリのせいでそのままだと尾部に隙間が。バリを削ればピッタリと合うようになった

▲レシプロ機の「鬼門」が主翼下面と胴体左右のパーツがT字上に組み合わさるところ。たいていここは隙間ができるがこのキットはまったく隙間なし！

▶カウリング後方下側のあたりにも合わせ目ができるが、ここはそれほど目立たない

機体下面のチェックポイント

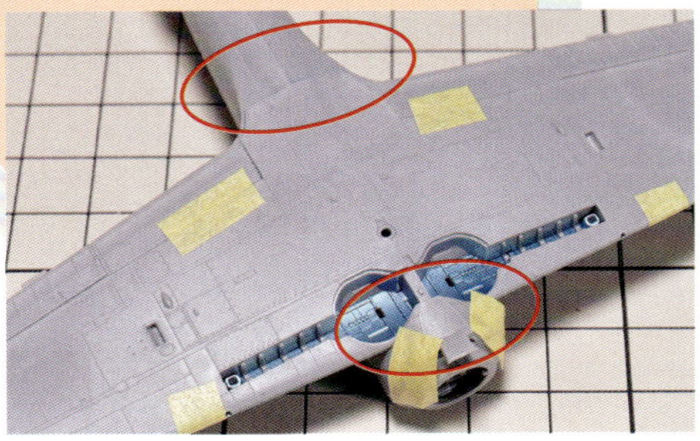

本体の組み立て／小パーツの整形

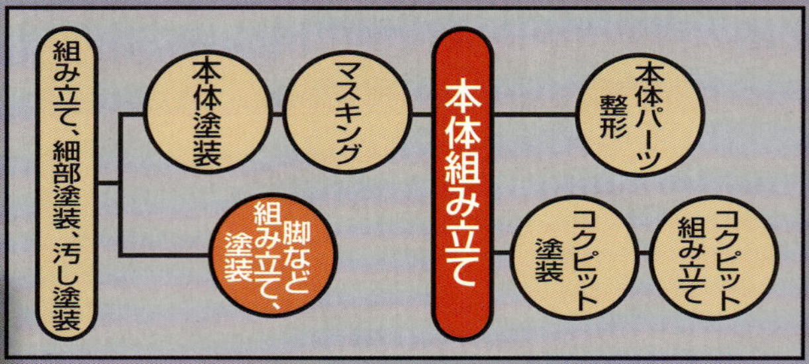

コクピットの工作と塗装を終え、きちんとパーツが合うか仮組みで確認できたところで、胴体と翼の接着／組み立てに移ります。胴体の接着は、極速乾のセメントSを使って行ないますが、重要なのは接着していく順番。セオリーを知らないで接着していくと目立つところに誤差が集積して隙間ができやすくなります。

胴体に隙間を作らずに接着するには接着順がとても重要なのです

プラ用接着剤を使った「接着」は、言い換えればパーツを溶かしているということなので、どうしても少しずつパーツの寸法に誤差が生じてきます。1カ所では0・05㎜程度しか溶けないとしても、それが積み重なってくると0・1～2㎜程度の誤差となり、0・2㎜という細めのスジ彫りよりも隙間が空いている状態になってしまいます。そこで、このような誤差をなるべく目立たないところにもっていくような接着順を心がけて作業すると、目立つ箇所に隙間が生じにくくなります。ここではその「接着順」のセオリーを解説しましょう。

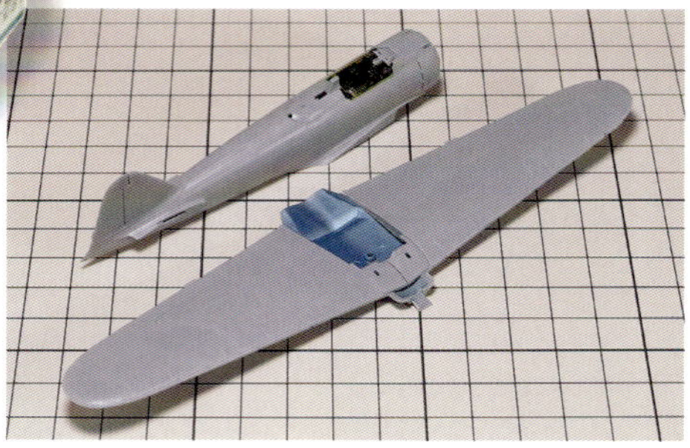

▲全体の流れとしては胴体と主翼をそれぞれ接着して合体するが、胴体の左右パーツ、主翼の上下パーツを接着するとき、胴体と主翼を接着するときそれぞれに接着順のセオリーがある

接着は超速乾で表から

▼▶接着に使用するのはMr.セメントSで、少量ずつ塗布すれば、瞬間接着剤なみの速度で乾いて固まる極速乾プラ用接着剤。なお、接着は表側から少量ずつ塗る。表から塗るのは量を見ながらコントロールしやすいからで、最小限の量を少しずつ乾かしながら塗れば、表面が荒れすぎるということもないのだ

プラ用接着剤は低粘度速乾タイプと高粘度遅乾タイプを使い分けますが、本体の接着のように隙間をなるべく作りたくないところは速乾タイプを使いましょう。

プラ用接着剤が速乾であることのメリットは、工作が手早く行なえるということだけでなく、むしろプラスチックを溶かす量が少なくて済むというところにあります。。溶かしにくいということは、接着で生じる誤差が少なくてすむということ。高精度のキットを活かして作るなら速乾接着剤は必須です。

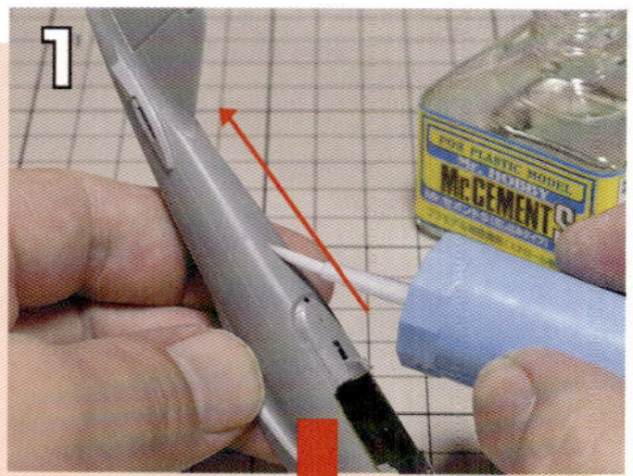

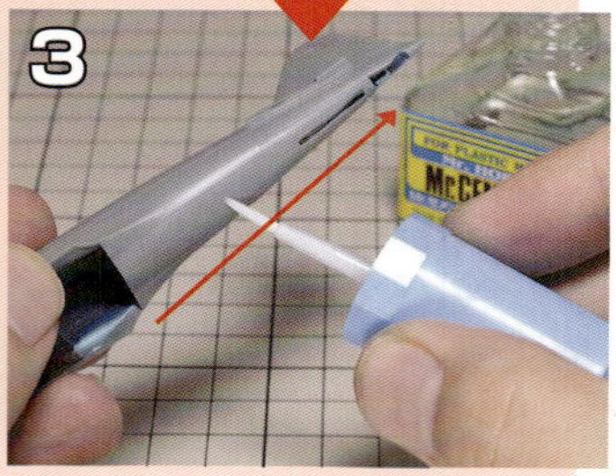

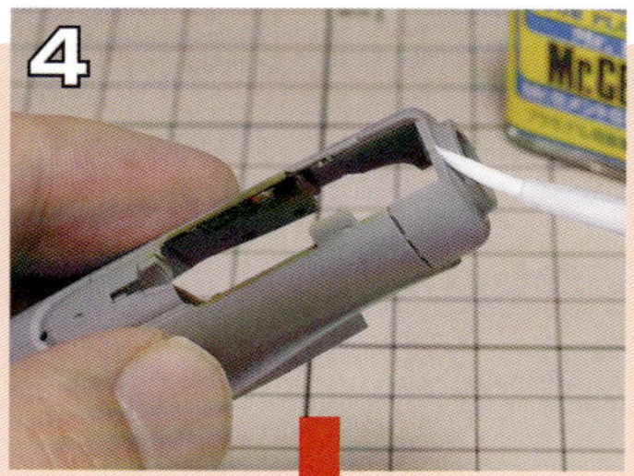

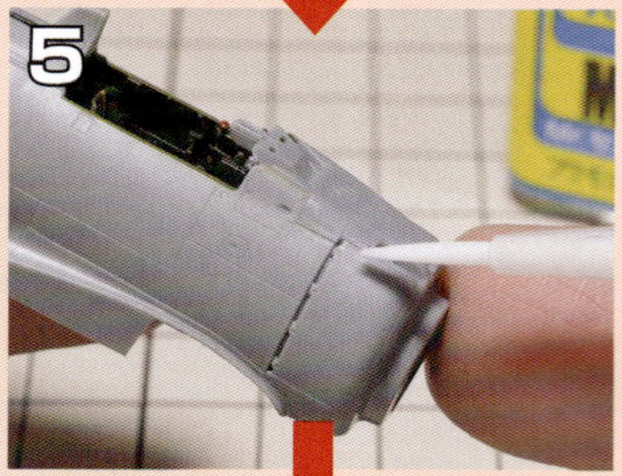

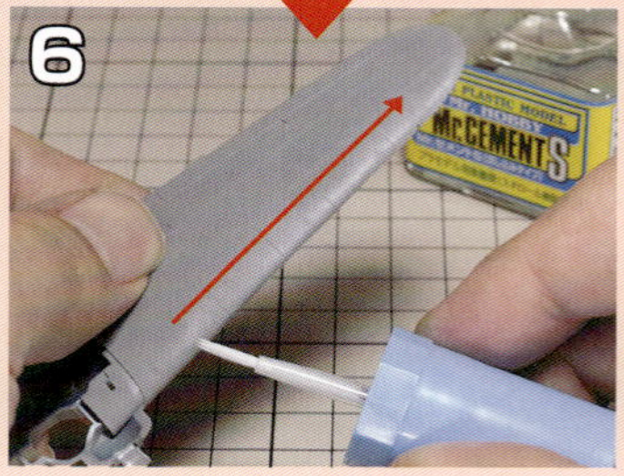

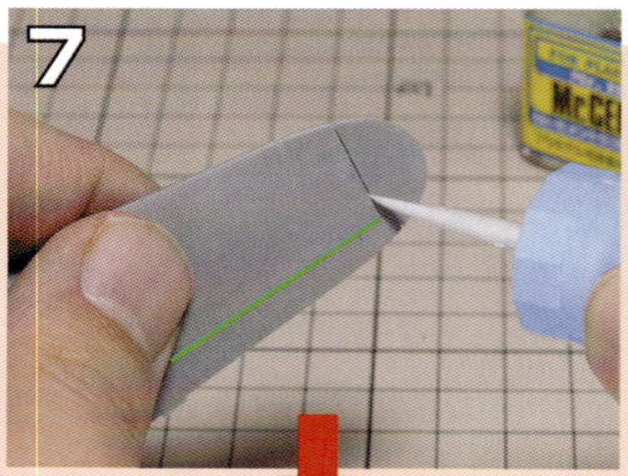

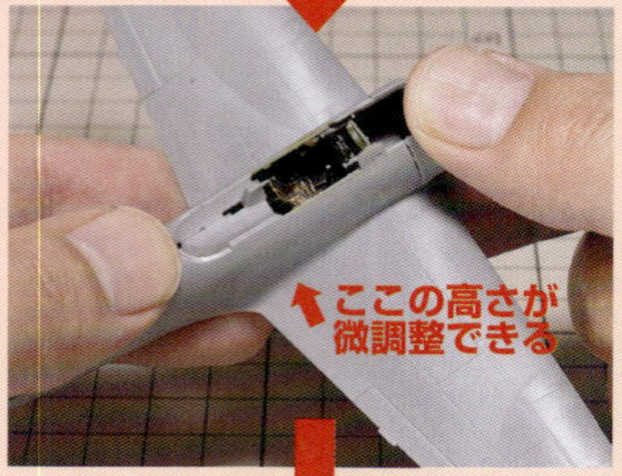

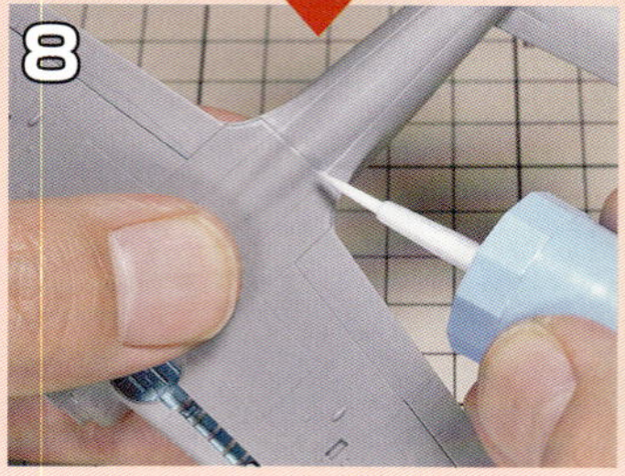

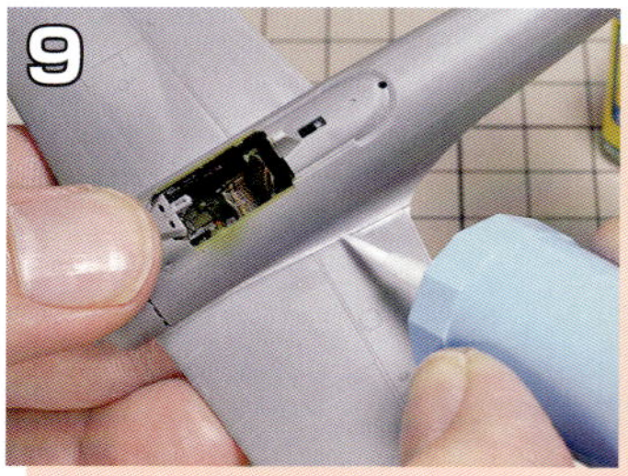

知っておきたい、本体の接着順のセオリー

1 いちばん目立つ胴体左右合わせ目の上側から。位置をしっかり合わせて手で保持した状態で接着剤を少しずつ乾かしながら塗っていく。接着剤はビンのフチでハケをしごいて量を調節しよう

2 前からうしろへと進み尾翼上側まで接着。翼のフチが合わせ目になるところは、無駄に接着剤が表面につかないよう、写真のようにハケをあてる

3 胴体下面も前からうしろへと接着していく

4 胴体のカウリングが付くところを接着

5 機首上面機銃口周辺のパーツを接着

6 主翼は前縁から。胴体側から翼端に向けて接着していく。上面と下面のスジ彫りの位置がきちんと合うように保持して接着すると、あとで整形したところを修整するのが格段に楽になる

7 主翼下面の翼端側を接着。緑の線で示したところを接着しないでおくと、主翼の接着時に胴体側で主翼上面の位置を微調整できるようになる

8 下面の胴体と主翼の合わせ目を接着

9 胴体と主翼に隙間ができず高さも合うように調整し、手でしっかりと保持して接着する

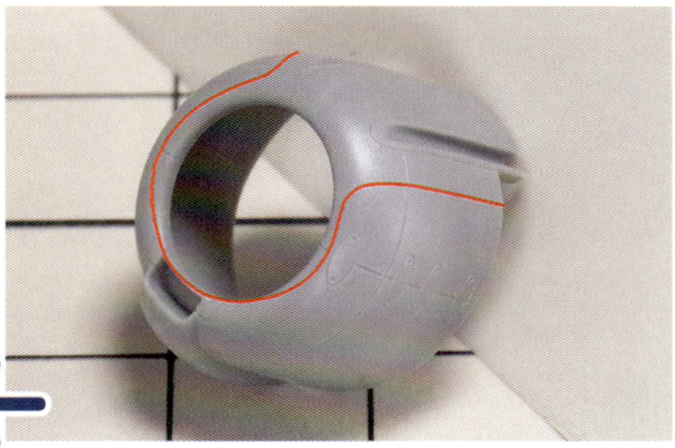

▲プラモデルのパーツは、金型の合わせ目に必ずパーティングラインがあります。カウリングのパーツの場合には赤線のところにあり、塗装すると結構目立つので処理しておきます

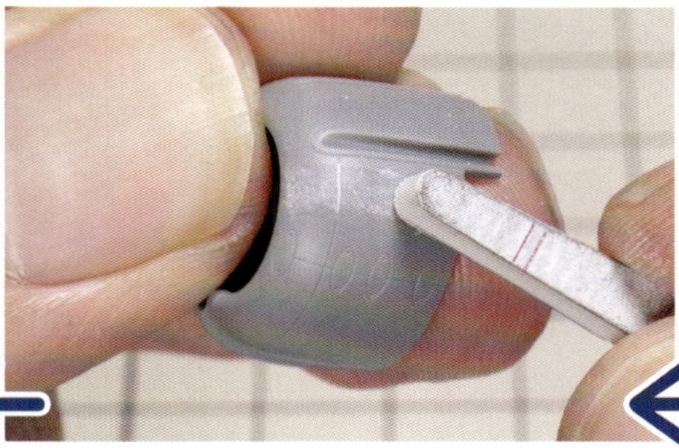

▲このキットのカウリングパーツには繊細なスジ彫りが入っているので、余計なところを削ってしまわないよう、先細のヤスリスティックでライン周辺だけを慎重にヤスっていきましょう

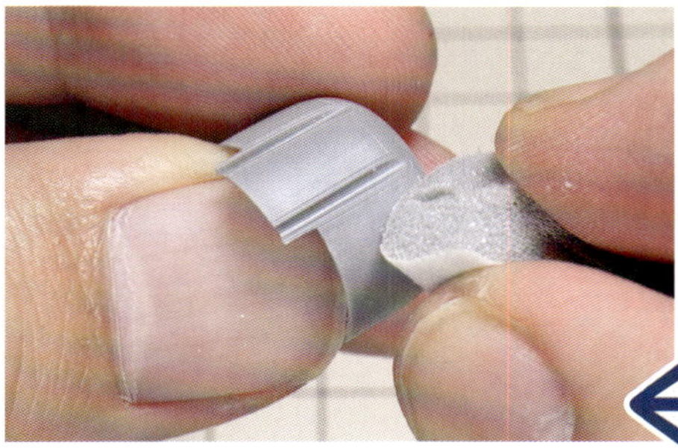

▲カウリング色を塗るとヤスり目が非常に目立ちます。800番以上相当のスポンジヤスリを小さく切り出したもので表面のやすり目が見えなくなるまでヤスって表面を整えておきます

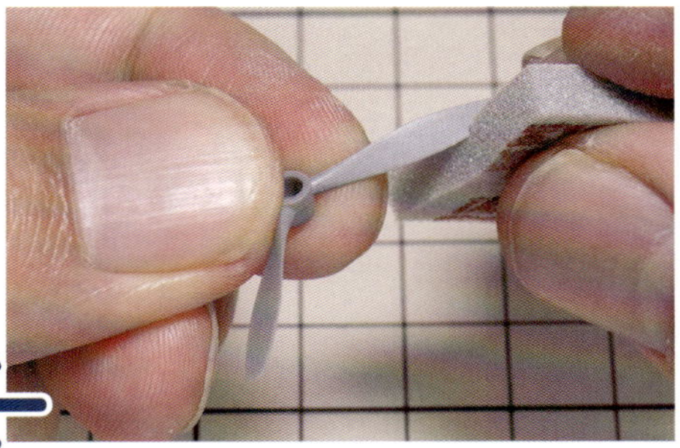

▲ここもパーツ状態だとわかりにくいですが、プロペラのパーツはフチのところにパーティングラインがあります。600番相当のスポンジヤスリをフチのところにあてて整形します

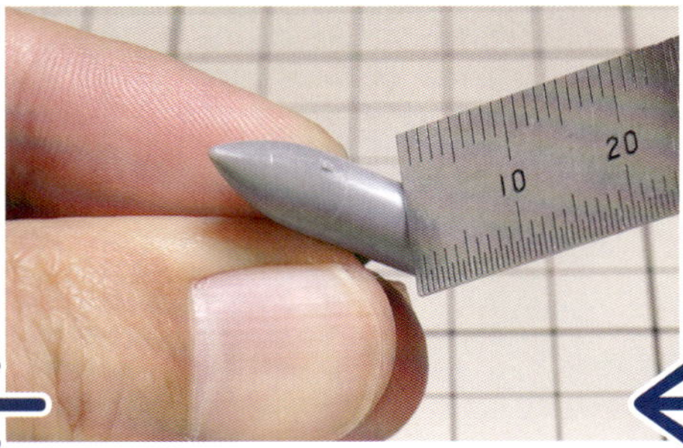

▲増槽の組み立て。左右パーツを接着するだけですが、接着の際に接着剤が固まる前に定規などをあてて位置を合わせておくと、整形作業にパテが要らなくなり楽にきれいに仕上がります

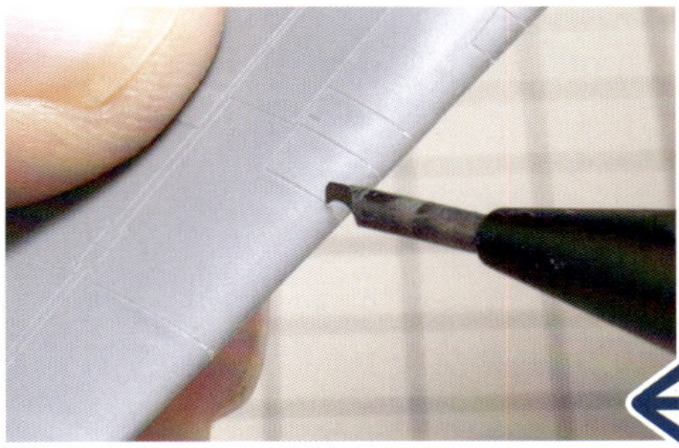

▲合わせ目の整形作業でスジ彫りが消えたところはMr.ラインチゼルで彫り直します。力を入れる必要はないので、刃先をスジ彫りに入れて軽く押し引きすれば簡単にきれいに彫り直せます

▲本体との組立が完了。ほぼ隙間なくきれいに接着することができました。接着部以外には不要にヤスリをあてないようにしたのでスジ彫りや各部のディテールも元のままシャッキリ!

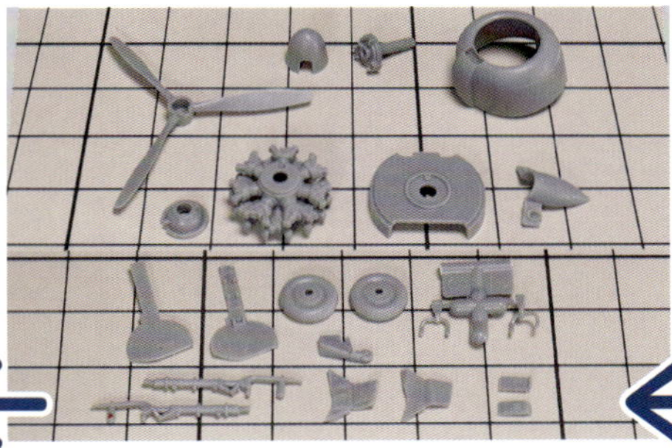

▲カウリング、脚、エンジンなどの整形が終了。塗装しにくくなるのでまだこれ以上組み立てません。エンジンはカウリングを被せるとほとんど見えないのでヘッド部の整形はほどほどで

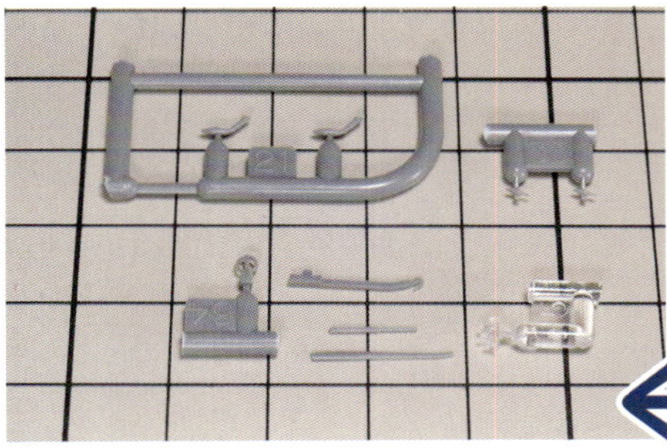

▲主翼のバランサー、ヒンジ、ループアンテナ、照準器はパーツが小さいので、塗装しやすいようにランナーに付けたまま、パーティングラインはナイフのかんながけで整形しています

合わせ目に凹みができたらパテは使わずに……

パーツ同士の合わせ目にできた凹みは「パテで埋める」というのがプラモデル製作ではよく行なわれますが、凹みがそれほど大きくないときは瞬間接着剤で埋める方法がおすすめです。

パテを使わずに瞬間接着剤を使う理由ですが、ひとつは事後のヒケが少ないこと。完成後にパテがヒケてスジが浮き出てくると残念な完成品になります。もうひとつは工作時間が圧倒的に短縮できること。硬化時間がほぼないのでサクサク進められます。さらに、埋めたところが硬いので、合わせ目部分のスジ彫りの彫り直しがしやすいというメリットもあります。

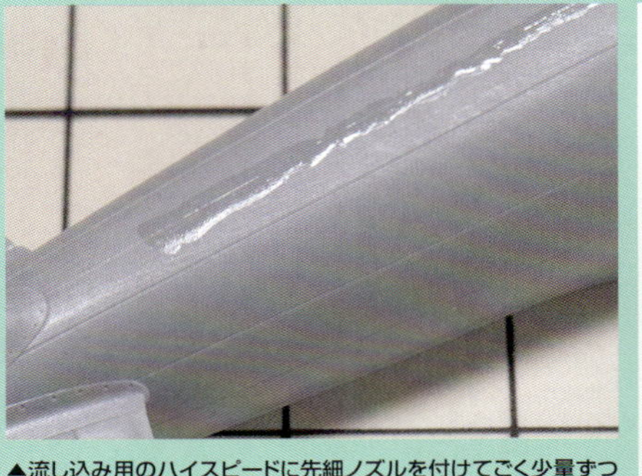

▲流し込み用のハイスピードに先細ノズルを付けてごく少量ずつ盛ります。慣れるまでは、不要パーツやランナーなどなんでもよいので量をコントロールする練習をするようにしましょう

▼どうしても瞬間接着剤がついてほしくない、ヤスリがあたってほしくないところには、マスキングテープを貼っておくと保護できます。ただし過信は禁物なので接着剤の流しすぎと削りすぎには注意

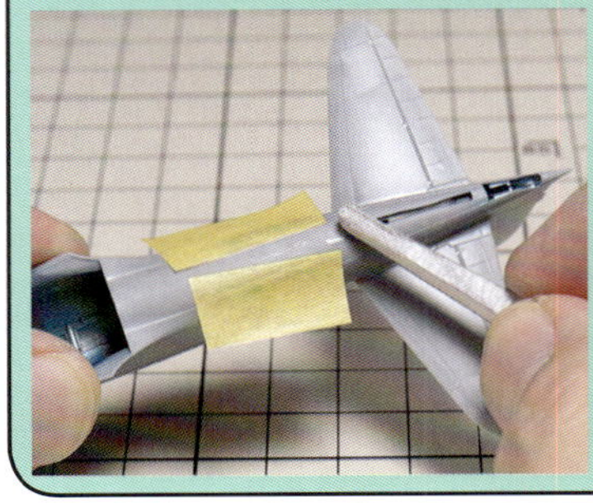

きれいに塗れるようになる“塗装前”下準備

塗装してみたら表面がザラザラに……なんてことにならないために、塗装前にはしておいたほうがよい準備がいくつかあります。誰にでもできるのでやってみよう！

塗装面は完成後の見映えやデカールの貼りやすさを考えるとツヤありから半ツヤ程度の表面が平滑できれいな状態にしておいたほうがよいのですが、塗装を終えてみるといつの間にか表面がザラザラになっていた!? なんてことが結構おきます。これは、エアブラシでの塗装テクニックに問題がある場合もありますが、意外と多くて気づきにくいのが、塗装前にパーツ表面に削り粉やホコリなどが付着したまま塗装作業に進んでしまっているパターンです。

パーツ表面に削り粉などの小さな粒子が付着していると、塗る前に見ているときはさほど気にならなくても、塗り重ねているうちに凸凹が大きくなってきます。削り粉やホコリは、塗装前に洗うなどして除去し、塗装中も付着に気がついたらその時点で取り除いていくようにしましょう。ここに気をつけるだけで塗装面が確実によりきれいに仕上がるようになります。

洗うだけでよりきれいに塗れるのです。

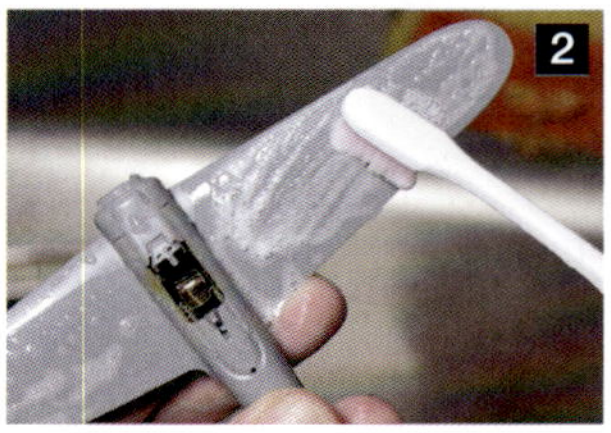

❶工作／整形が終わったら、一回パーツを水洗いしてしまおう。削り粉は意外ととれにくいのと、工作中についた手脂は塗料の食いつきを悪くするので、台所用中性洗剤を使って丸洗いする。掃除は歯ブラシで行なうが、刃先が尖ったタイプのほうが細いスジ彫り内などの削り粉を掻き出しやすい
❷泡立てながらゴシゴシ洗ってしまう。コクピット内は完成しているので洗わない。凹んだところを意識的にこすっておく
❸洗剤を水で洗い流す。コクピットにデカールを貼っているが、きちんと密着させていれば剥がれてくることはないので大丈夫。削り粉は塗れると見えにくくなる。目視ではきれいなようでもスジ彫りにたまっていることがあるので、念入りに掻き出しておくようにするとスジ彫りが浅くなったりしない
❹よく水を切ったらキッチンペーパーやキムワイプなど紙粉が出にくい紙で拭き、スジ彫りの水が完全に飛ぶまで乾かそう

▶パーツを洗浄して乾かしたら、エアブラシ塗装のための持ち手を付ける。小さめのパーツは目玉クリップで挟むか、両面テープで割りばしに貼り付けるか、つまようじを挿すようにする。本体はマスキングテープで太さを微調整した割りばしを機首開口部に挿した

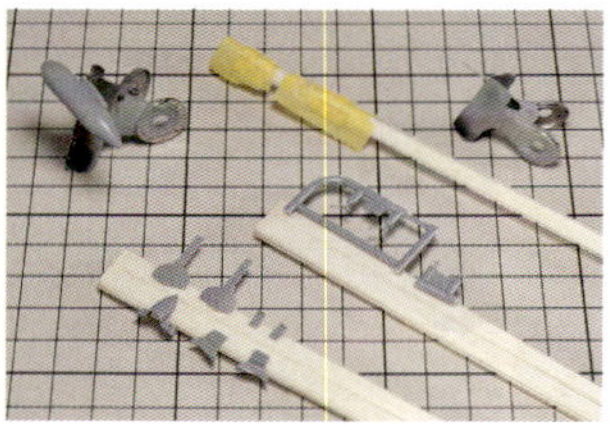

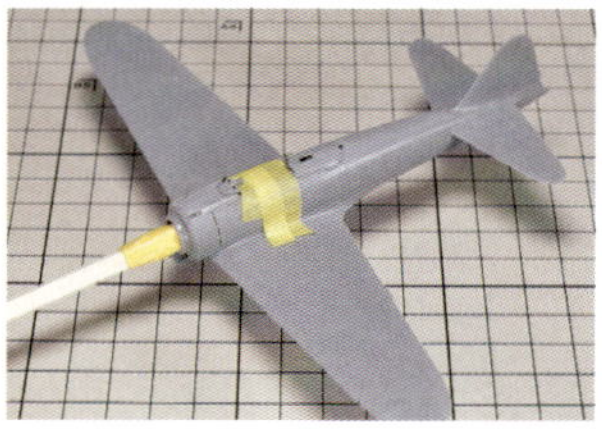

超音波洗浄機で楽々お掃除

メガネの掃除などに使われる超音波洗浄機を使うと、パーツをひとつずつこすって洗わずに1分ほどできれいに洗浄することができます。洗浄槽が小さめのタイプだと実勢価格5000円程度で入手できます。おすすめなのは洗浄槽が外せるタイプのもの。水を入れたり流したりがしやすいです。

◀水だけで洗浄してもよいが、念のため台所用中性洗剤を数滴入れておくと手脂などの油分も一発できれいに落とせる

▶整形したパーツを入れて90秒程度にセットしてスイッチオン。超音波で表面が波立ち時間が経ったらそれで洗浄終了。なくさないようザルなどにあけてパーツを取り出す

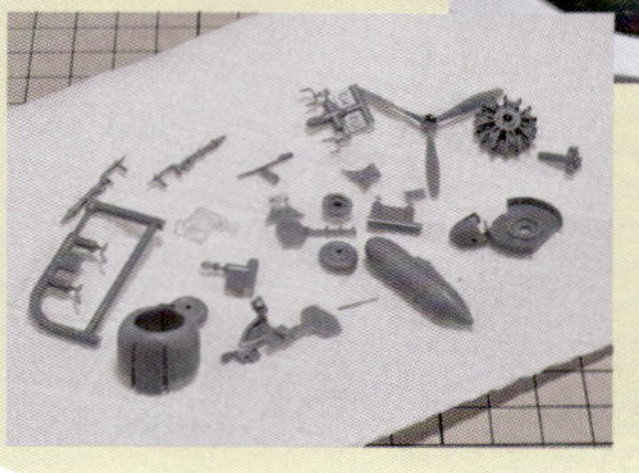

◀小さいパーツは洗剤をつけて歯ブラシで洗うのは手間なだけでなくなくしやすいのでこの洗浄機はおすすめ。洗浄が終わったらキッチンペーパーの上に並べて乾かす。この時点でパーツをなくしていないか確認しておこう

塗る直前、静電気防止ブラシでホコリを取ろう

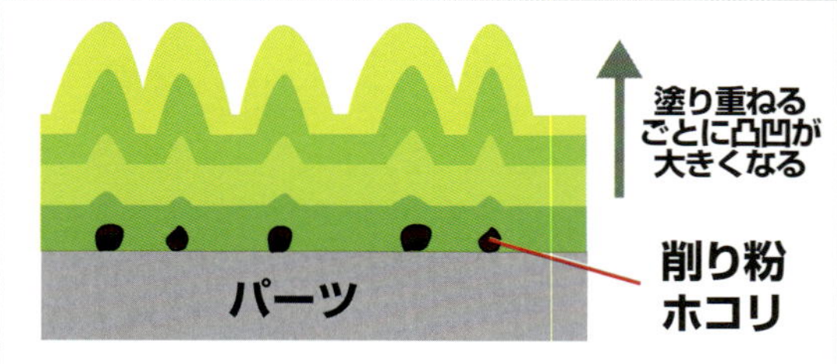

塗装面は、一度凸凹ができたりザラついたところは、削ったり磨いたりしない限り、塗り重ねるにつれどんどん凸凹／ザラつきが大きくなるいっぽうです。対処法はただひとつ、塗装のどの段階でもなるべく塗装面を平滑に保っていくこと。そのためには、エアブラシで塗装する直前にパーツに付着している微粒子やホコリをハケなどで除去するのがいちばんです。

▶いったん水洗いしても、おいておくとパーツに部屋のなかのホコリが付着していくので、エアブラシで塗り始める直前に制電ブラシでホコリを除去しよう。なおティッシュペーパーで拭くのはNG。「静電気が起きる→ティッシュペーパーの紙粉が付着」というスパイラルになり、むしろパーツ表面に付着物が増えかねない。ハケを使うほか、エアブラシでエアだけ出したりエアダスターでホコリを吹き飛ばすのも簡単で効果が大きい

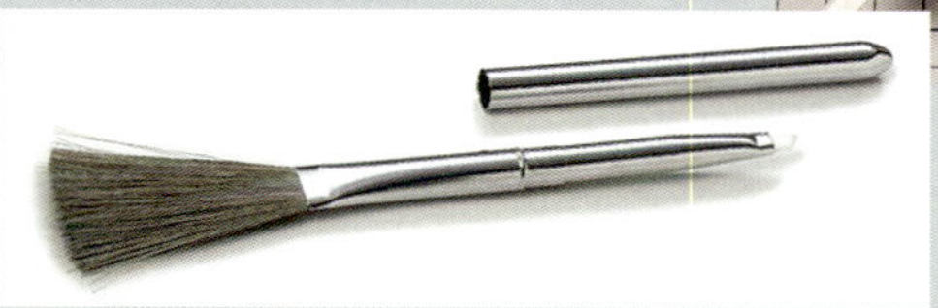

◀タミヤから発売されているモデルクリーニングブラシ（静電気防止タイプ）。普通のブラシやキムワイプでこすると、パーツ表面に静電気が起きてむしろホコリを吸い寄せるので、制電ブラシを活用しよう

コクピット周辺を仕上げてマスクする

エアブラシで本体の基本色を塗るには、コクピットをマスキングする必要があります。マスキングはキャノピーパーツを使うのが手っ取り早いのですが、キャノピーを取り付けるためにまずコクピット周辺を仕上げておきましょう。コクピット周辺を仕上げるときは、照準器を取り付けておくのを忘れないようにします。風防を先に取り付けてしまうと工作しにくいので注意しましょう。

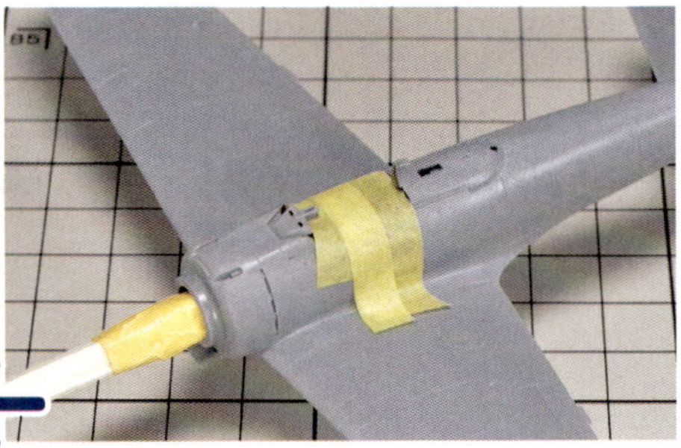

▲割りばしで持ち手を付けたら、コクピット後方を塗るためマスキングします。細吹きで周辺だけ塗り、多少はみ出しても気にしませんのでマスキングは簡単にすませます

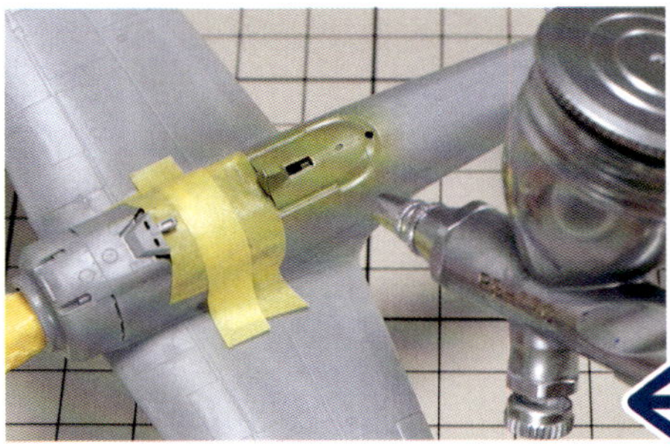

▲ラッカー系塗料のコクピット色に白を少々足した色をエアブラシで塗ります。基本色に白を少しだけ足すのは、スケール感とコクピットの奥行き感を強調するためです

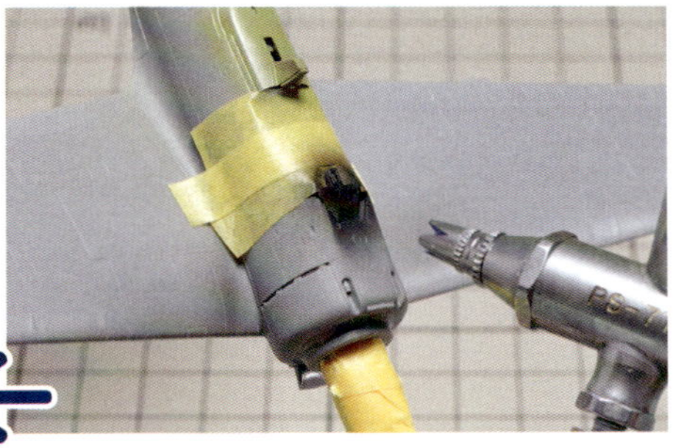

▲コンソール前方のアンチグレア（太陽の反射を防ぐために黒く塗ってあるところ）をラッカー系塗料のツヤ消しブラックで塗ります。細吹きして多少のはみ出しは気にしません

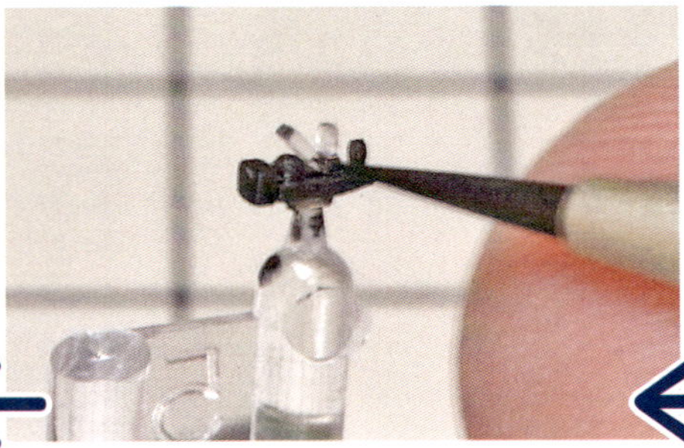

▲照準器のパーツを筆塗りで塗り分け。作例ではラッカー系塗料のツヤ消しブラックを筆塗りしていますが、Mr.メタルカラーのダークアイアンを使うと筆ムラが出にくいです

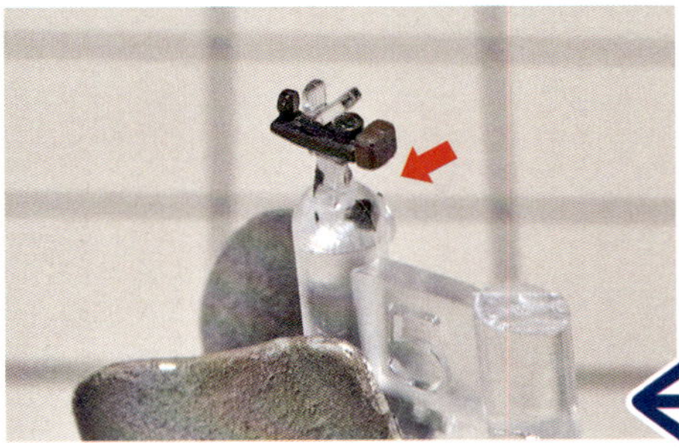

▲赤矢印で示したクッションのところはエナメル系塗料のフラットブラウンの筆塗りで塗り分け。パーツが小さいためランナーを目玉クリップではさんで持ち手にしています

▲照準器を高粘度のプラ用接着剤で本体に接着しました。赤矢印で示した断面部はコクピット色にしておきますが、色がのっていないところがあれば筆塗りでリタッチしておきます

▲コクピット後部のところを、エナメル系塗料のフラットブラウンでスミ入れしておきましょう。薄めた塗料を大ざっぱに筆で塗って綿棒で軽く拭いておけばOKです

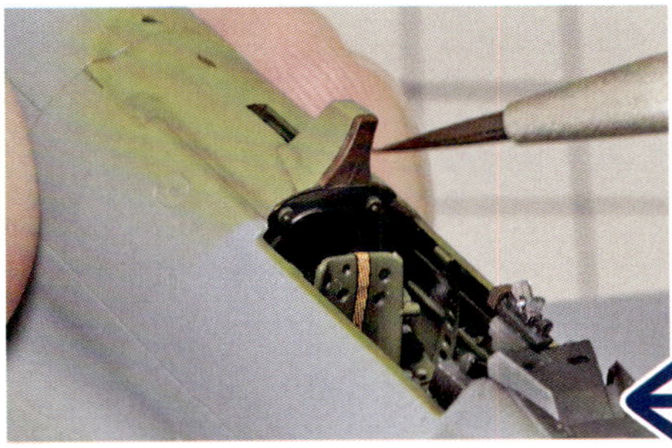

▲操縦席後方のヘッドレストが皮っぽく見えるようにツヤ消しの茶色に塗り分けます。作例ではラッカー系塗料を使いましたが、エナメル系塗料で塗り分けてもよいでしょう

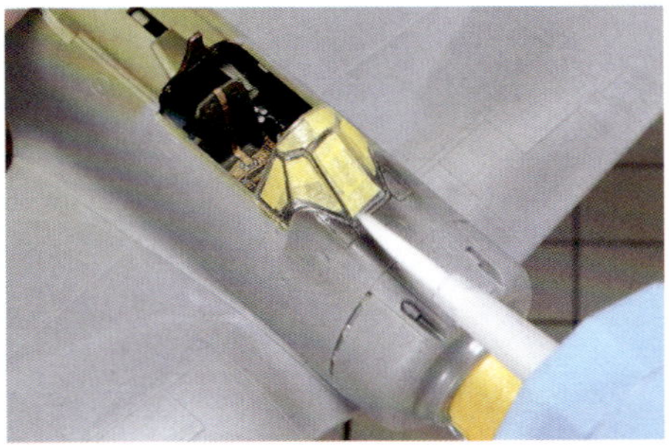

▲マスキングした風防パーツを本体に接着。極少量のMr.セメントSを流し込みます。ここは取れない程度でよいので、接着剤を流しすぎないように注意しましょう

キャノピーパーツでマスキングしよう

コクピットをマスキングするには、「マスキングテープで覆う」「練り消しゴムなどを詰める」などの方法もありますが、いちばん簡単で手間が省けるのはキットのキャノピーパーツを使うという方法。ただし固定しておかないと塗装中に外れて困るので、ハメ合わせがゆるい場合は細切りにした両面テープで仮留めしておくとよいです。

なお、このタミヤの1／72零戦のキットには開状態のキャノピーと閉じた状態で一体成型されたキャノピーが選択式で付属しています。開状態のパーツを使うことにして閉状態のパーツをマスキングに使うとマスキング作業が楽にできます。

▲次のページで解説するが、零戦のキャノピーのマスキングは手間がかかる。閉状態は塗装用パーツと割り切るとキャノピー、コクピットのマスキングがともに楽に行なえる

▲枠が多いのでアメリカの戦闘機と比べると塗り分けに手間がかかるのが零戦。とくに1/72だとパーツが小さいのでマスキングが難しいが、目立つところなのでがんばろう!

キャノピーのマスキングを攻略せよ

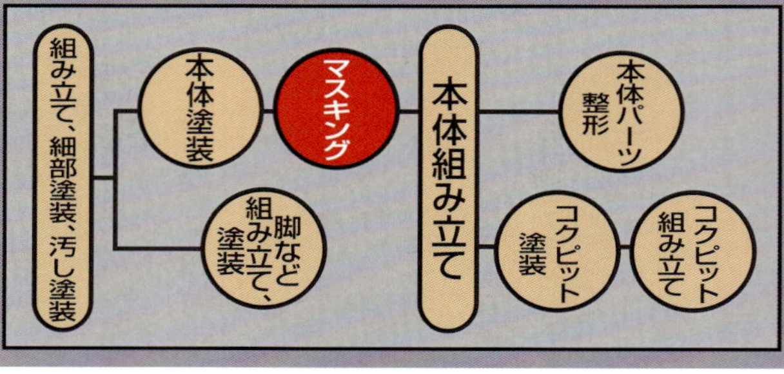

本体の基本塗装の前にやっておかないといけないこと、それはキャノピーのパーツのマスキング。キャノピーパーツはクリア一成型ですので、透明に残したい部分をマスキングすることにより、枠だけ本体色で塗ることができます。マスキングの方法はいくつかありますので、詳しく解説してみましょう。

1 切り貼りで埋める

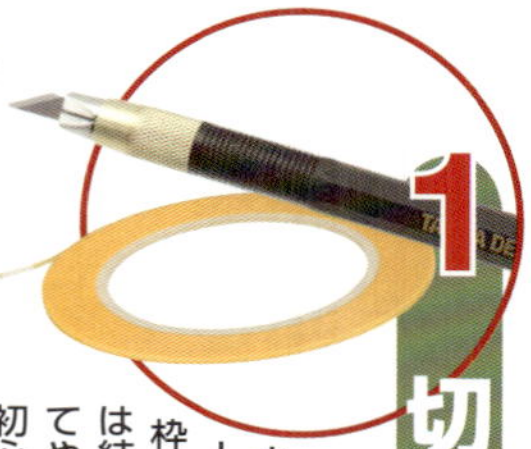

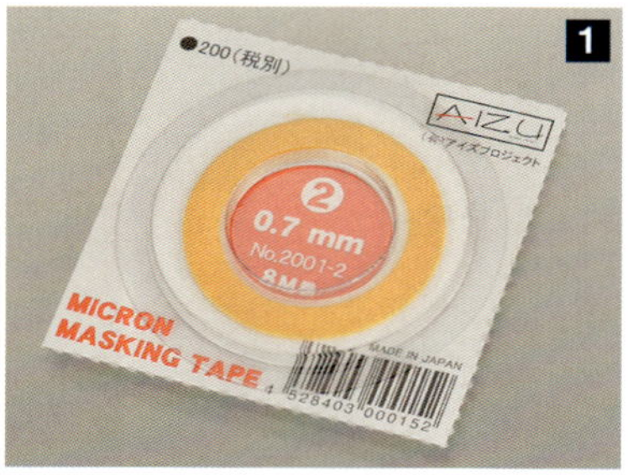

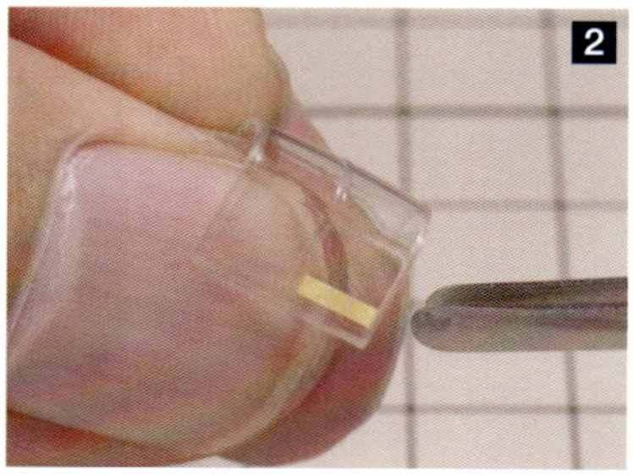

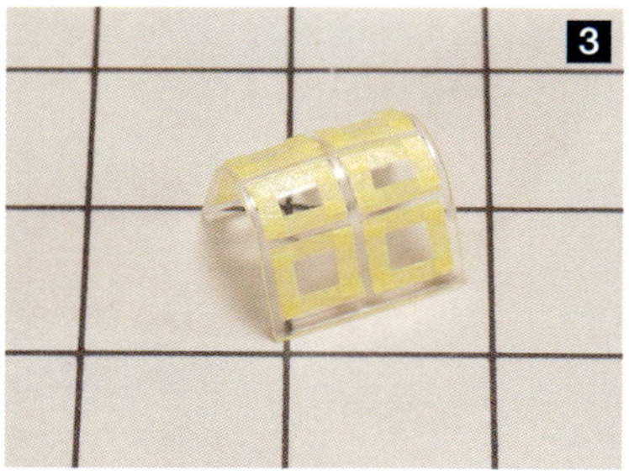

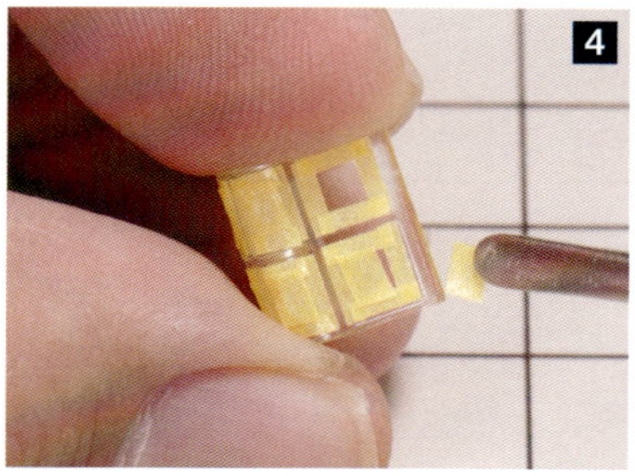

❶キャノピーに限らずなにかと便利なのがアイズプロジェクトの細切りマスキングテープ。いろいろな幅があるが、1/72のキャノピーのマスキングなら0.7㎜、1㎜幅あたりが細めで使いやすいだろう
❷あらかじめ目測で切っておいたテープを貼る。目測だとピッタリにはならないので、あとは貼り重ねていく
❸❹まずは境目を貼ってから内側を埋めるようにする。貼り終えたらつまようじなどで密着させよう

いちばんオーソドックスで失敗してもリカバリーできる方法が、切ったマスキングテープでマスクしたいところを埋めていく方法。枠の形にぴったり合わせて貼り込んでいくには結構な手間がかかりますが、ずれたら剥がしてやり直せばよいので、じっくりと作業すれば初心者でも安心してマスキングができます。

マスキングテープは自分で定規などで細切れにしてもよいのですが、市販されている細くカット済みのテープを使うと、楽でしかも境目のラインをきれいに出しやすくなります。塗り分けラインが曲線のところは、フリーハンドで切った細切れテープの曲線が合うところを使って何枚か貼り重ねるようにしましょう。一発ではピッタリの形が切り出せないかもしれませんが、何回か切っているとちょうど良い形のものができますのでそれを使います。まずは輪郭のところを貼り、輪郭がきれいに決まったら、内側を大きめのテープで埋めるようにし、最後につまようじなどでしっかり密着させましょう。

2 貼ってから切る

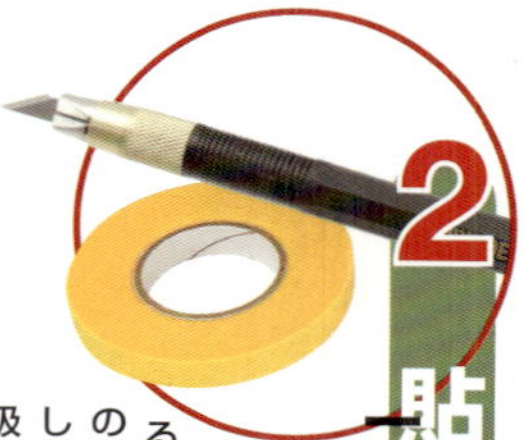

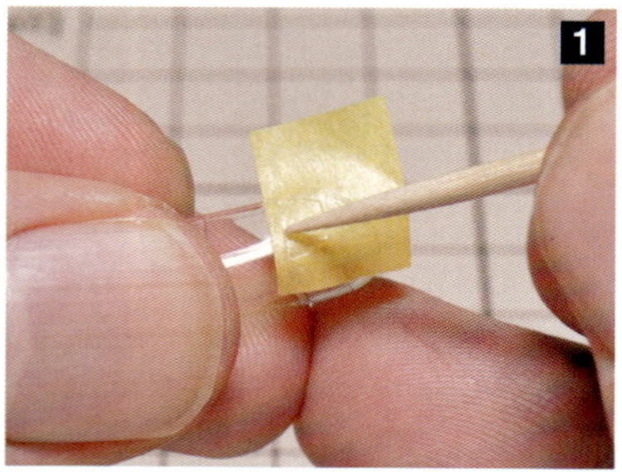

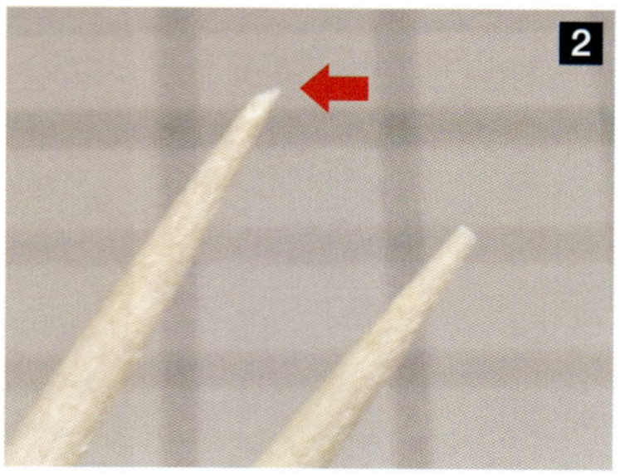

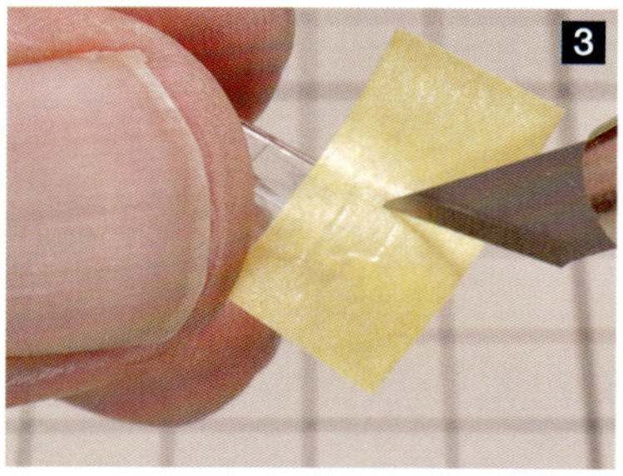

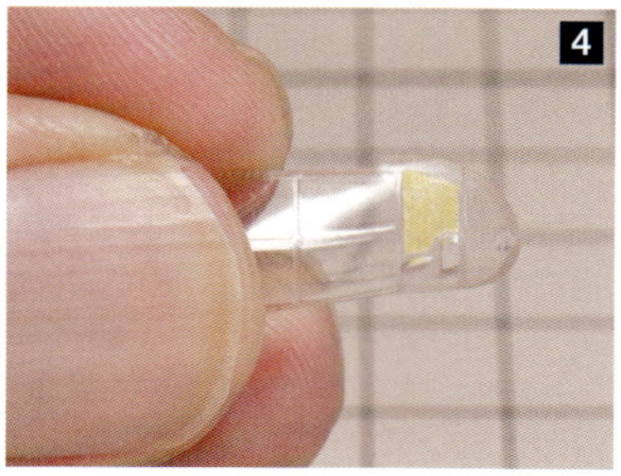

❶パーツの枠のところの形状がわかりやすくなるように、つまようじでマスキングテープを押しつける
❷つまようじは、先端を少しだけななめにカットしておくとテープをぴったりパーツに合わせやすくなる
❸ナイフでテープを切る。あまり力を入れず、パーツの枠の角に刃先をあてて軽く切っていく感じにしよう
❹不要部分を剥がせばマスキング終了

細切れを貼り込んでいく方法よりも手早くマスキングでき、曲線部分にも対応しやすいのが、大きめのテープを貼りナイフで切る方法です。ただし、この方法では、ナイフの刃先が逸れるとクリアーパーツに傷をつけてしまいリカバリーはほぼできません。ナイフの扱いに自身がない方にはおすすめしません。

いちばんのポイントはナイフの刃を常に良く切れる状態にしておくこと。切れ味が落ちたと感じたらすぐ新しい刃に交換しましょう。切れ味が落ちてくると不要な力がかかって刃先が逸れたり、テープに引っかかってラインがずれる原因となります。もうひとつのポイントは、完全にフリーハンドで切るのではなく、キットの枠のモールドをガイドにすること。刃先を枠の出っ張りのところに沿わせるようにすると刃が逸れにくくなります。また、そのままだとどこが枠なのかわかりにくいので、つまようじなどでテープを押しつけてパーツの形が浮き出るようにしておくと作業がしやすくなります。

3 マスキングゾル

いわゆる「マスキングゾル」は、塗って乾かすとゴム状になるマスキング剤。各メーカーから販売されていますが、特性がそれぞれ異なるので、試してみて使いやすいものを選びましょう。大ざっぱに言うと、GSIクレオスのMrマスキングゾルNEOは柔らかめで剥がしやすいので広いところ向き、Mrマスキングゾル改は硬めで乾燥後も水で溶けるのが特徴。ガイアノーツのマスキングコートは硬化後は硬めになりナイフで切ることが可能で、硬化するとツヤ消しになるので硬化したかどうかがわかりやすいです。ハセガワのマスキングリキッドは硬化後はNEOに近い感じですが、ナイフで切りやすいのが特徴。

キャノピーのマスキングに使う場合はナイフで切れるタイプを使うようにしますが、使い勝手については好みが分かれるところです。また、ナイフで切り出す場合は、ずれるとパーツに傷が付きます。初心者はマスキングテープを切り貼りしたほうが安心です。

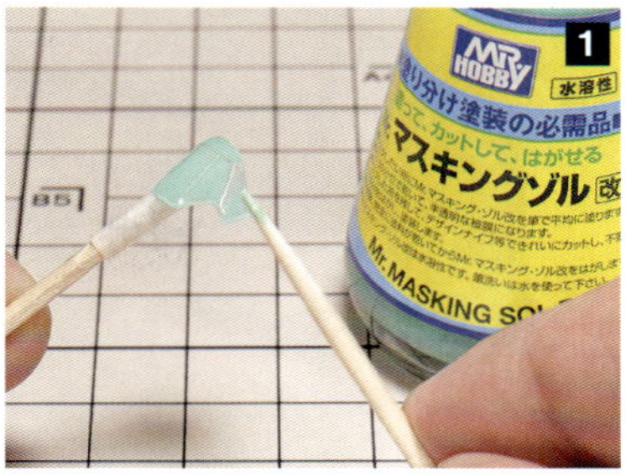

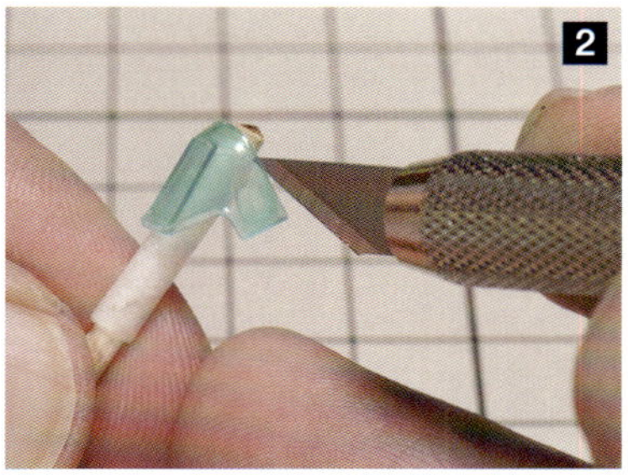

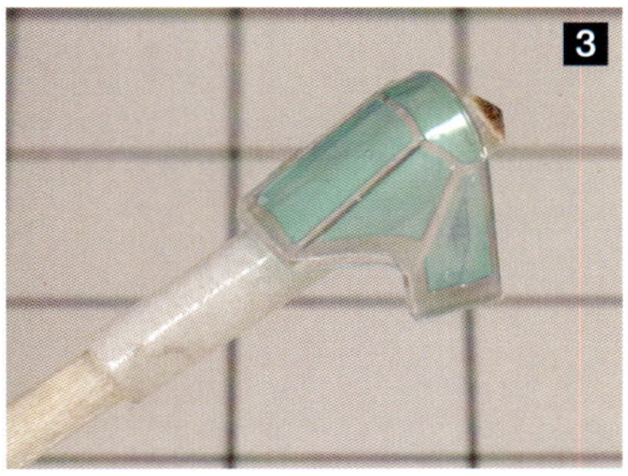

1まず全体にマスキング剤を塗って乾かす。不要なランナーなどにも塗っておけば、使用するパーツを触らなくても固まったか確認することができる。
23固まったら、キットのモールドに合わせてナイフで切り不要なところを剥がす。手間は少なくて済むが、ナイフでの切り出しは1発勝負になるので、腕に自信がない方にはあまりおすすめできない

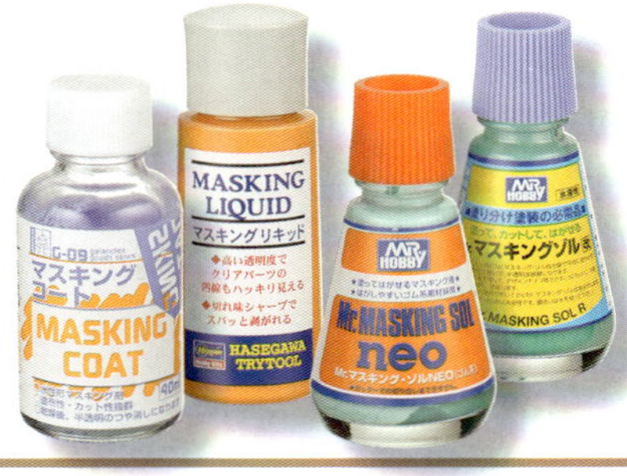

マスキングしたあとの注意点とはみ出したりしたときの対処法

とくにマスキングをテープでした場合、マスキングテープは剥がしやすく塗膜を痛めないように粘着力が低くしてあるので、放っておくと徐々にフチが浮いてくることがあります。マスキング作業を終えたらそのまま放置せず、なるべくすぐに塗装を行なうようにしましょう。

また、しっかり貼ったつもりでも部分的にテープが浮いていて塗料が吹き込むことがよくありますので、塗装作業に入る直前にはつまようじなどでしっかりと密着させておくようにします（綿棒で密着させると毛が付着することがあるので綿棒は使わないようにしましょう）。

塗装後は、塗膜が乾いて硬くなる前にマスキングテープを剥がすのがセオリーですが（塗膜が硬くなると、剥がすときに塗膜ごと剥がれるリスクが増します）、キャノピーのマスキングは、基本塗装後、デカールを貼ってツヤ消しコーティングが終わるまでは剥がさないでおきます。剥がしてしまうとキャノピーにツヤ消しクリアーが吹けなくなるので注意しましょう。

テープを剥がしたときに塗料がはみ出しているところは、つまようじなどでこすれば部分的に剥がして修整することができます。逆に塗れていないところはリタッチしましょう。

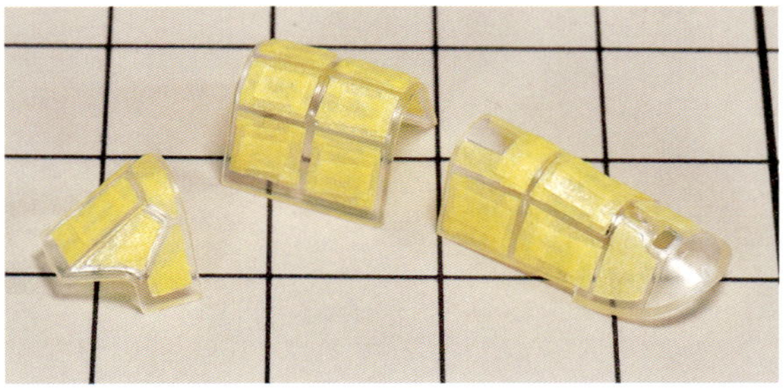

▶キャノピーのマスキングが終わったところ。これを本体に仮留めすればコクピット部分をマスクすることができる。写真ではわかりやすいようにまだしていないが、キャノピーを単体で塗るときは、裏側もマスキングするのを忘れずに

▼ツヤ消しコーティングは細部塗り分けやデカール貼りを済ませてからなので、本体の基本塗装が終わったからといって、うっかりすぐにマスキングを剥がしてしまわないようにしよう

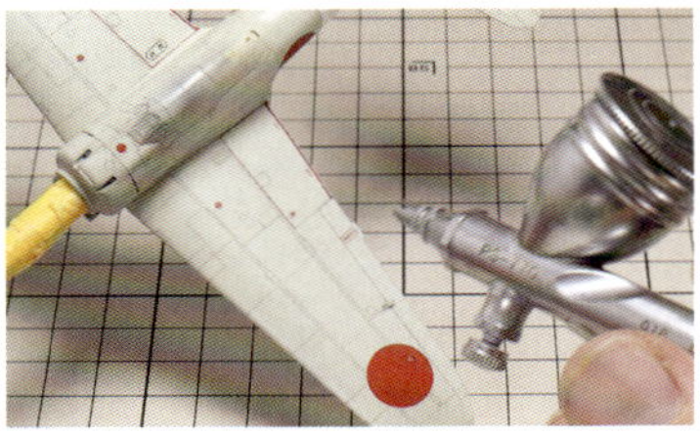

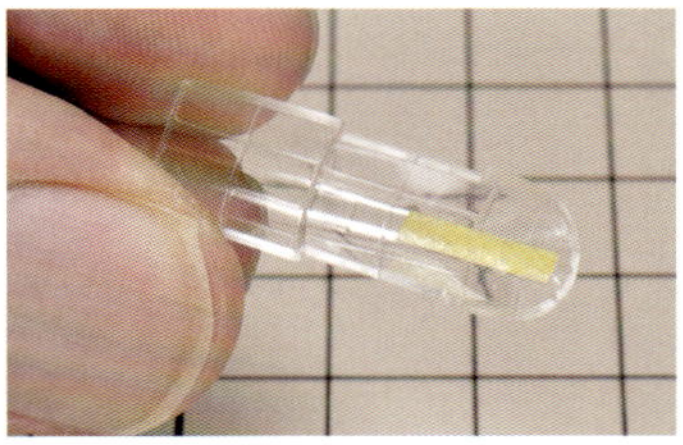

▲零戦のキャノピーは後方に穴があるので、塗料が吹き込まないようにマスキングテープで塞いでおくようにしよう。キャノピーを両面テープなどで仮留めにしておけばあとで簡単に剥がせる

マスキングのちょっとしたコツ①　テープをニッパーで切る

ニッパーというとプラスチックのパーツを切るためだけにあるような気がするかもしれませんが、マスキングテープの形を部分的に整えるのにも便利。切れ味が良いものを使いましょう。

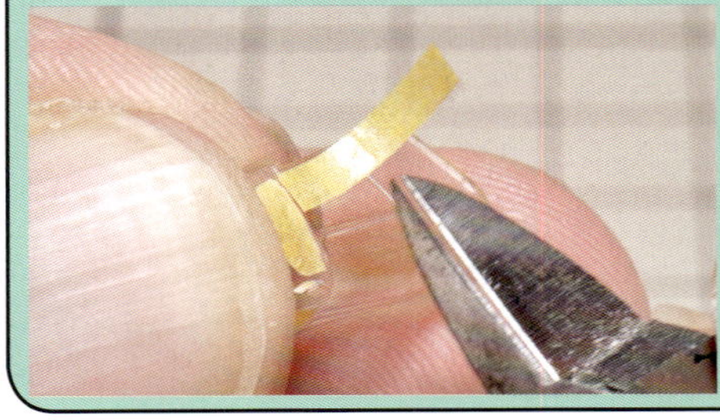

◀テープの角を少しだけ落としたり、幅を少しだけ修整したいときは、ナイフよりもニッパーが便利。マスキングテープ用に切れ味が良い専用ニッパーも市販されている

ちょっとしたコツ②　同じ形のテープを量産する

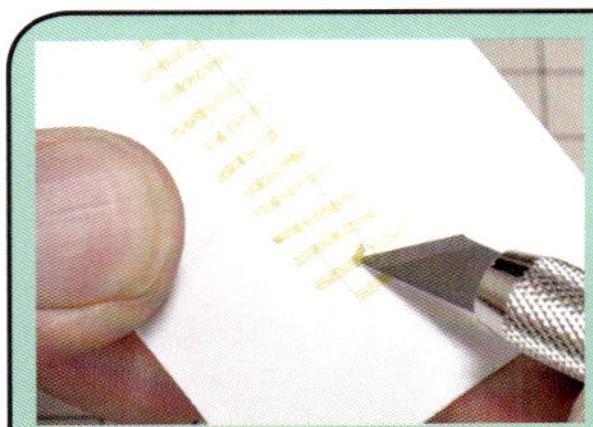

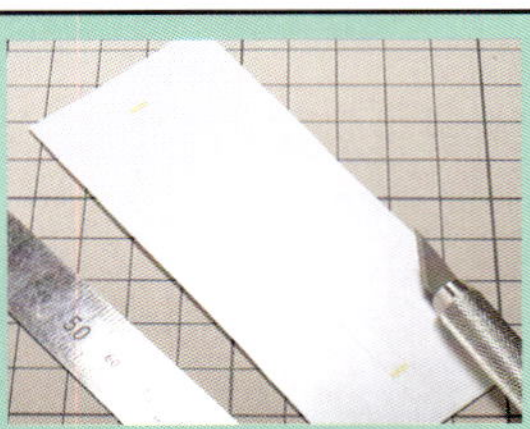

●零戦のキャノピーのように同じ形が何カ所もあるところをマスキングする場合は、同じ長さの細切りテープを量産しておいて貼ると効率的。パーツで長さを現物合わせしたテープを作り、それを基準にして平行に並べたテープを一気に切り揃えれば簡単に同じ長さのテープが大量に作れる。これを使えばだいぶん手間が減らせるだろう

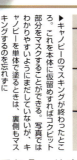

小さい飛行機を
よりキレイに塗るための

エアブラシQ&A

器材の選択法から吹き方まで~質問にお答えします!!

薄く平滑な塗面で塗るには、じつは筆塗りや缶スプレーよりエアブラシのほうが簡単なのですが、もちろん器材の選択や使い方で仕上がりはけっこう変わってきます。ここではそんなエアブラシの使い方の疑問にお答えしましょう。

Q.エアブラシは上級者向け?

エアブラシは「中~上級者向け工具」というイメージがあるかもしれませんが、安価なエアブラシ/コンプレッサーも手に入るいまは、「むしろ初心者にこそ使ってほしい工具」です。エアブラシの最大のメリットは、「缶スプレーと比べ簡単かつ安定して、薄く平滑できれいな塗装面を得られる」というところにあります。

缶スプレーは、0・3㎜口径くらいのエアブラシと比べると濃いめの塗料を一気に吹きつけることができるのでツヤが出しやすいですが、一発勝負なうえ、吹き方を誤るとパーツにのる塗料が少なくてざらついたり、逆に多すぎて塗料がタレたりモールドを埋めたりしやすいという弱点があります。いっぽうエアブラシなら、基本的な使い方をマスターすれば、安定して薄くてきれいな塗膜で塗ることが可能。ここが初心者におすすめする理由です。

Q.「口径」は何㎜を選べばいいの?

エアブラシにはいろいろな種類がありますが、作るものによって適切に選びたいのがノズルの「口径」です。

模型用のエアブラシは、たいがい0・2~0・5㎜径。30㎝程度のものを普通にベタ塗りするなら0・3㎜径がオールラウンダーとして使いやすいのですが、迷彩パターンの細吹きがしたい場合や、薄い塗膜できれいに仕上げたいならば0・2㎜径がオススメ。狭い面積にキレイに塗料の粒子を飛ばすことができます。

▲ニードルが突き出している部分(赤矢印部)の穴の径が、エアブラシの「口径」。ここから塗料が吹き出すので、口径が小さいほうが少量の塗料を吹く際のコントロールがしやすくなるが、あまり小さいと金属色などが詰まりやすくなる

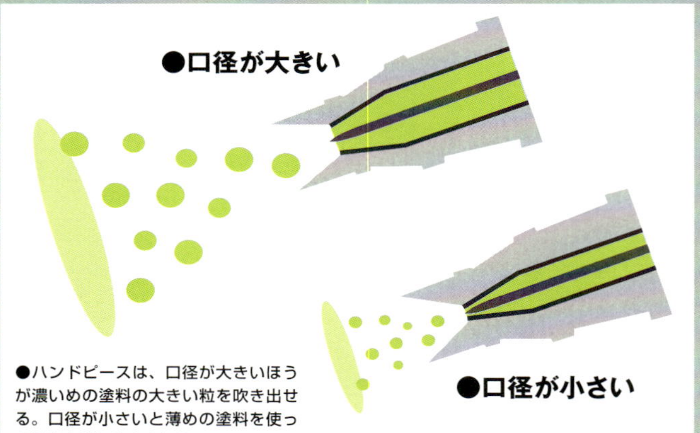

●ハンドピースは、口径が大きいほうが濃いめの塗料の大きい粒を吹き出せる。口径が小さいと薄めの塗料を使って細吹きがしやすくなる

Q.コンプレッサーやハンドピースは価格でどう違うの?

空気を送り込む装置「コンプレッサー」は、模型用のものだけでもいろいろな種類があり、価格も1万円程度のものから10万円オーバーのものまでさまざまです。基本的には、価格が高くなるにつれ高圧の空気を送り出すことができるようになり、エア圧を調整する機能や水抜きなどの周辺機器が充実します。「模型ではそんな高圧は使わない」と思われるかもしれませんが、圧に余裕があると、圧をレギュレーターで下げたときにも空気が安定供給され、よりきれいに細吹きできます。また、5万円を超えるモデルになると、脈動も押さえられ非常に音が静かなモデルもあります。

また、多くの場合ハンドピースの価格はノズル部分の精度に反映されます。ノズルの精度が高いということは、塗料のミストがきれいに均一に吹き出せるということ。塗装面をより均一に仕上げやすくなります。

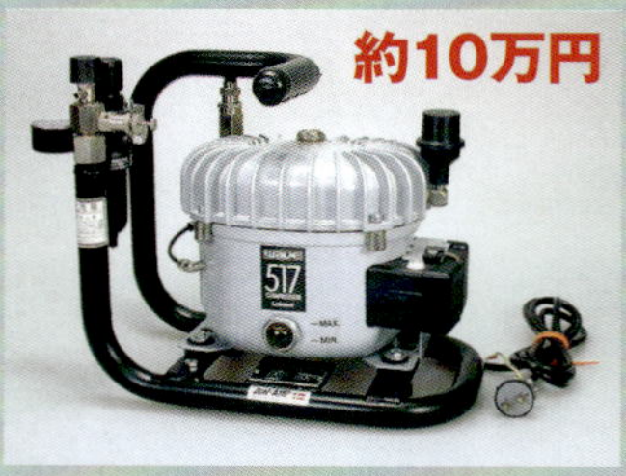

▲ウェーブのコンプレッサー517(税別19万8000円)。4kgf以上の高圧を出せるので太吹きから極細吹きまで安定した吹き付けが可能。エアタンク、レギュレーター、水抜き、フットスイッチまでオールインワンですぐに使える。また、非常に音が静粛なので使用環境を選ばず、夜に塗装したい場合なども周囲を気にせず作業することができるだろう

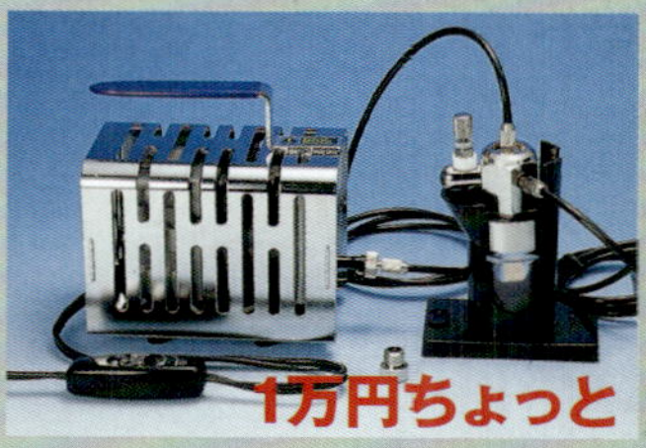

▲GSIクレオスのMr.リニアンコンプレッサー プチコン(税別1万5500円/本体のみ)。手ごろな価格と省スペース(15㎝大)で人気のコンプレッサー。空気圧が低めだが、通常の「面をべた塗り」する塗装にはまったく問題なし。非常にコストパーフォーマンスに優れる。最低限必要な水抜き/レギュレーターとスタンドを追加しても、実勢価格で買えば2万円でおつりがくる

Q.ダブルアクションは絶対に必要?

ダブルアクションは塗りながら線の太さを変えられるタイプのハンドピースですが、プラモデル製作の製作で均一に塗る基本塗装なら、塗りながら描線の太さを変える必要はありません。また、迷彩塗装やグラデーション塗装でも吹きながら描線の太さを変えないといけない場面にはあまり遭遇しません。なので、本質的にはダブルアクションである必要はあまりありません。

こう書くと、シングルアクションでよいように思えますが、各メーカーの価格帯が高め=精度が高いハンドピースはたいていダブルアクションになっています。長く使える道具ですので、精度が高めできれいに塗りやすいモデルを選んでおこうとすると必然的に選択肢はダブルアクションになることがほとんどでしょう。というわけで絶対必要ではありませんが、ダブルアクションのモデルのほうがおすすめです。

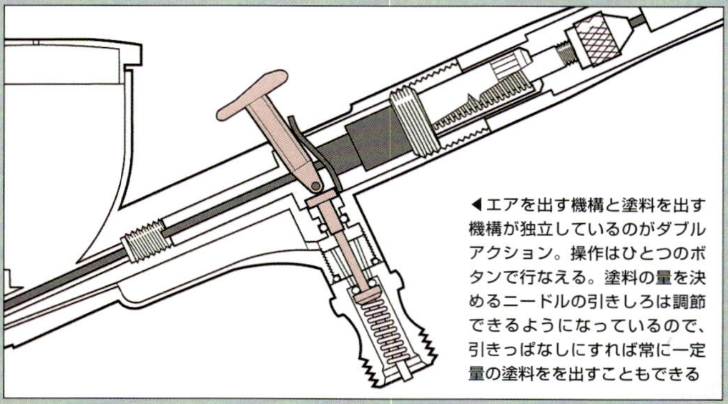

◀エアを出す機構と塗料を出す機構が独立しているのがダブルアクション。操作はひとつのボタンで行なえる。塗料の量を決めるニードルの引きしろは調節できるようになっているので、引きっぱなしにすれば常に一定量の塗料をを出すこともできる

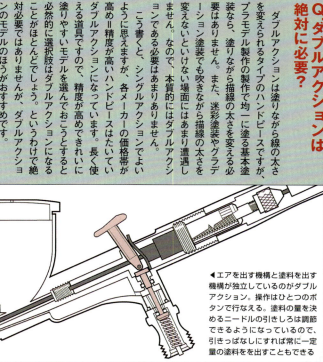

Q.色を変えるときのエアブラシの掃除はどのくらいすればいい？

「エアブラシは色を変えるときのハンドピースの掃除がめんどうで……」という方もいらしゃると思いますが、用具洗浄用の強めの溶剤も模型店で購入できます。これを使えば2回ほどのうがいできれいにすることができて、次の色と混ざることもありません。ただし、これは溶かす力が強いので塗料を薄めるためには使わないようにしましょう。

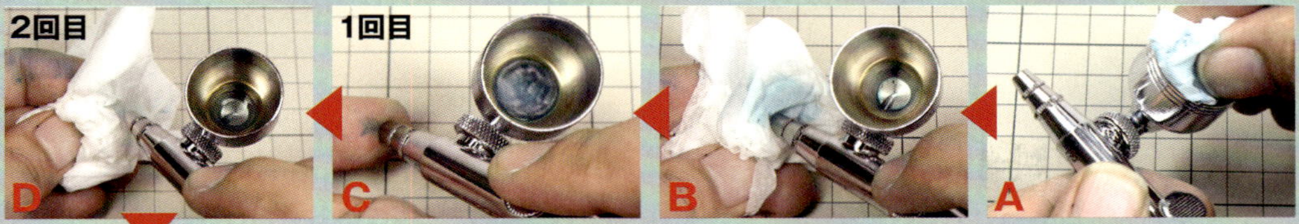

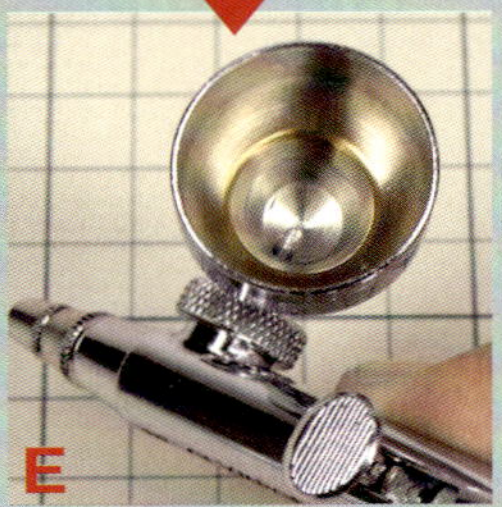

A：まずはカップ内に残った塗料をティッシュペーパーで拭き取ってしまう
B：カップ内を拭いても本体内には塗料が残っているので塗料をすべて吹き出す
C：塗料が出なくなったら、洗浄用溶剤をカップに入れてうがいをする。うがいはノズル先端部を指などで押さえるか、下のようにノズルカバー全体をゆるめて行なう
D：うがいをしたらABの工程をもう一度繰り返し、ツールクリーナーかツールウォッシュでもう一度うがい。本体内に塗料が残っていると何回うがいしてもなかなかきれいにならないので注意
E：最後にティッシュペーパーで拭く

▶各社からエアブラシなどのツールを洗浄するための洗浄用溶剤が販売されているので、これらを使うと効率的に用具の掃除をすることができる

Q.薄くてキレイな塗面にするには？

せっかくの繊細なモールドを活かして作るためには薄い塗膜、そしてデカールをきれいに密着させて貼るには適度なツヤが必要です。ここではエアブラシ塗装をおすすめしていますが、ポイントは、塗料の薄め具合と吹き方にあります。

エアブラシ塗装では塗料はうすめ液で希釈して使いますが、基本は塗料1に対してうすめ液を2～3。濃いめにしてザラザラになって困ることはありますが、薄めにして色が付きにくくなっても、ていねいに何回も重ねていけばよいので、慣れないうちはうすめ液多めをこころがけましょう。

重要なのは、常にツヤがある状態をキープし続けること。そのためには塗料がのることで塗面がスッと濡れて表面張力が発生した一瞬を見逃さないことが大切で、この状態をキープし続けるようにエアブラシを動かしていくと薄くきれいに塗れます。

キーワードは「うすく、細く、低く、近く」

通常ツヤを出したい場合、濃いめの塗料を厚塗りにし、一気に全体を塗料で包むことで塗料の表面張力を活かすような塗装法がとられることが多いが、これでは塗膜が厚くなってしまううえ、塗装が一発勝負になりがち。そこで、濃いめの塗料を薄い塗膜になるよう吹くと表面がザラザラになってしまうのでうすめの塗料を使うことになる。ただし、うすめの塗料は色がのりづらく、結果吹きすぎて塗料がタレやすくなるので、うすい塗料を細吹きすることで塗料の出過ぎを防ぐのだ。なお、細吹きする際はエア圧は低め、距離は近めにするようにしよう

▲塗膜を薄くきれいに吹きたいならば、基本は塗料1に対してうすめ液3くらいで薄める（厳密には塗料の種類や使っているエアブラシの口径、天候などによるのであくまで目安）。エアブラシで吹いたとき、一回で狙った色が発色するようでは濃い場合が多い。また、塗料は置いておくとうすめ液が揮発して濃くなっていくので注意しよう

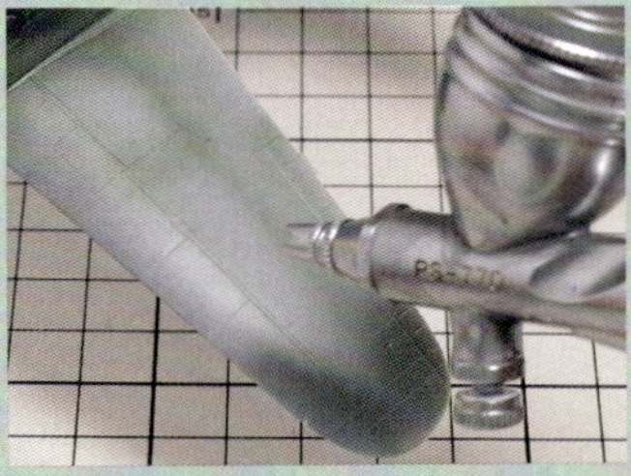

▲塗料が適切な濃度になっていても遠くから吹き過ぎるとパーツに届く前にうすめ液が揮発し表面がザラザラになってしまう。エアブラシを近めにして持つ手を止めず、表面が軽く「しっとり」と塗れた状態になった瞬間を保ち続けるように動かし続けると、きれいなツヤありの状態で塗れる

▲上記のうすめ具合にしたうえでこれくらいの距離で太さが5～10㎜程度になるように塗っていくとよい。なかなか色がつかないうえ塗りつぶすのに手間がかかるが、確実にきれいな塗面を得ることができる

Q.ノズルキャップの形はどっちがいいの？

エアブラシのノズルキャップは、円筒状のものだけでなく王冠状に先割れになっているものもあります。この王冠状のキャップは、主に細吹きでノズルとパーツが近くなったときにエアの吹き返しが塗料のミストに影響しにくくするための工夫です。実用上はそれほど大きな違いはないので、好みで選んで良いでしょう。ただし、極細吹きで迷彩を描きたいときなどは王冠タイプのほうがおすすめです。

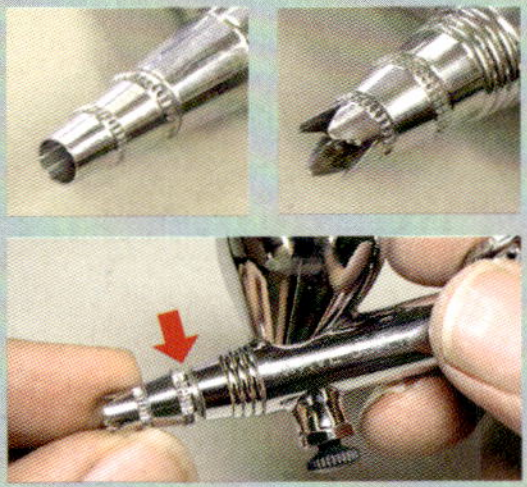

▲先割れのキャップは指で押さえただけではうがいできない。ティッシュペーパーをつめてうがいするとニードルを曲げやすいので、赤矢印のところをゆるめてうがいする

Q.どうしてもザラザラになっちゃうんですが？

塗装した表面がザラザラになると、デカールが密着しなかったり、スミ入れがにじんできれいに拭き取れなかったり、スケール感を損なったりといいことはありません。エアブラシで塗装したときに塗膜がザラザラになる原因は3つ。①塗料が濃すぎる②吹きつけが遠すぎる③ハンドピースを動かすスピードが速すぎる、のどれか、あるいは複数が当てはまっている場合です。

意外と盲点になっているのが、②と③で、適切な薄さに塗料を薄めていても、ノズルと塗装面との距離や相対速度によって塗装面の状態は変わります。離れたところからハンドピースを早く動かして塗っていくとザラザラになりやすいので気を付けましょう（これは缶スプレーで塗る場合も同じです）。パーツを塗る前に、光沢のある紙などで試し吹きをして、どれくらいの速度と距離にすると良いか試しましょう。

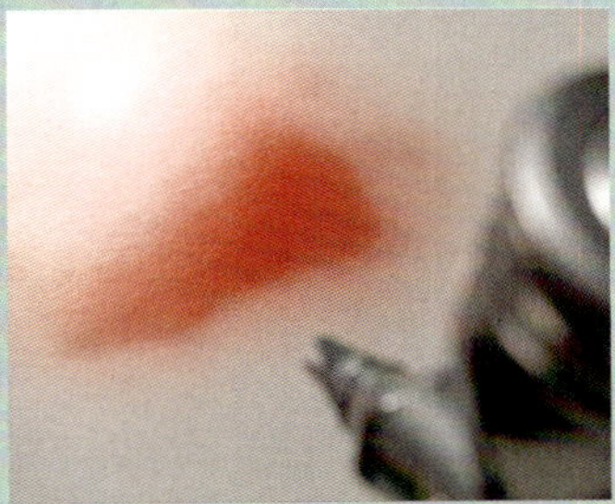

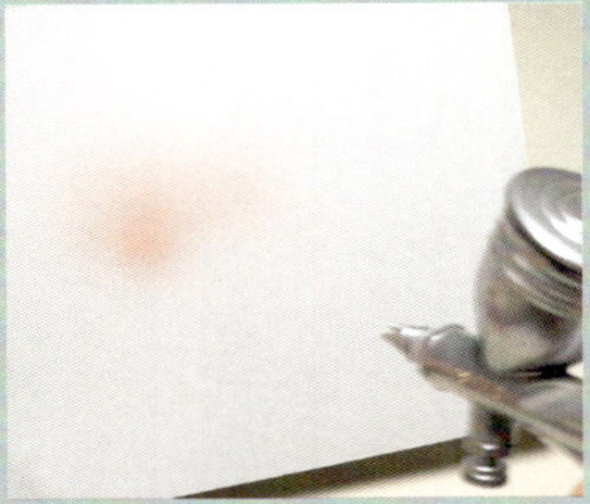

▲右のように離れたところから塗ると表面がザラザラしやすい。

本体の基本塗装

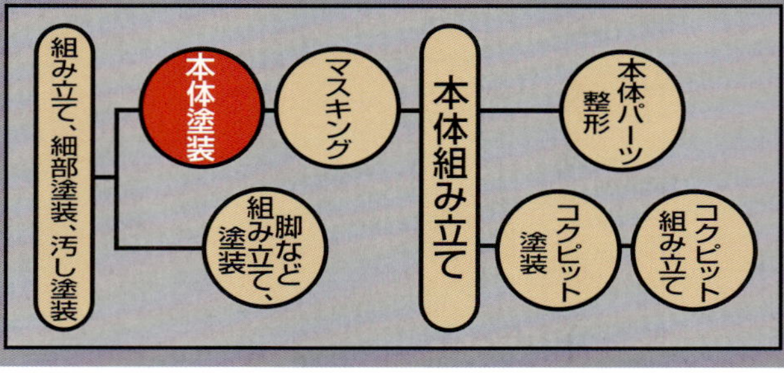

いよいよ本体の基本塗装に突入します。先にも解説しましたが、サーフェイサーは吹かず、エアブラシでの塗装もなるべく塗料を薄く吹き重ねるように心がければ、このタミヤ1/72零戦の繊細なモールドを最大限に活かすことができるはずです。基本塗装のコツは、とにかく慌てずじっくりと行なうことです。

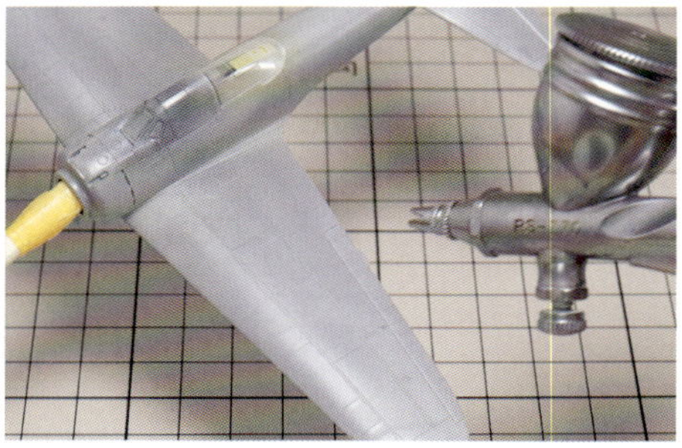

▲基本色はラッカー系塗料のMr.カラー 灰緑色を使います。薄めの塗料を細吹きで吹き重ねていきましょう。はじめはほとんど色がつきませんが慌てて吹きすぎないようにします

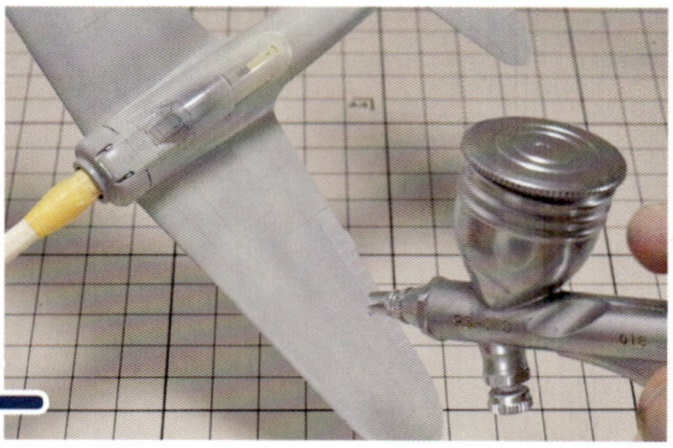

▲奥まったところやスジ彫りのところから、5㎜幅くらいの線を描くように何度も塗り重ねていきます。面を面で塗るというよりは、面を線で塗りつぶしていくような感じです

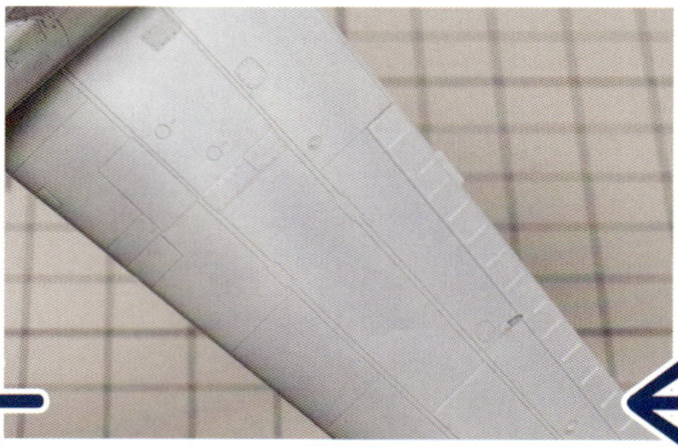

▲同じところばかり吹き重ねず全体をまんべんなく順に塗り重ねていくようにして、全体を3周くらいしたところ。だんだん発色してきました。ここからも慌てずじっくりといきます

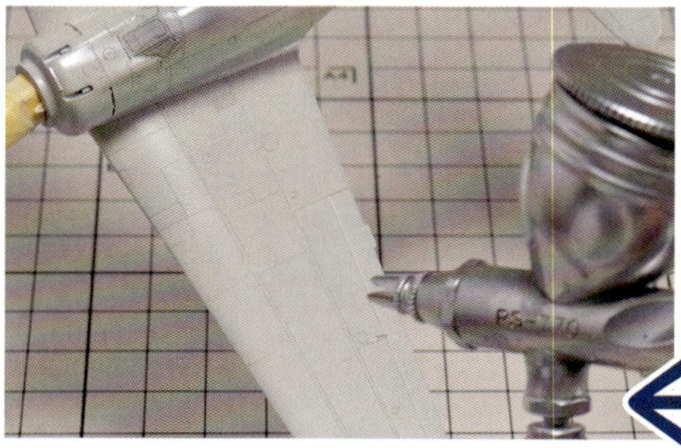

▲だいたい全体を10周くらいするときれいに発色してきますので、最後に塗料の量を少し多くして（それでも1㎝幅程度）、色ムラのところがあれば塗りつぶしていきます

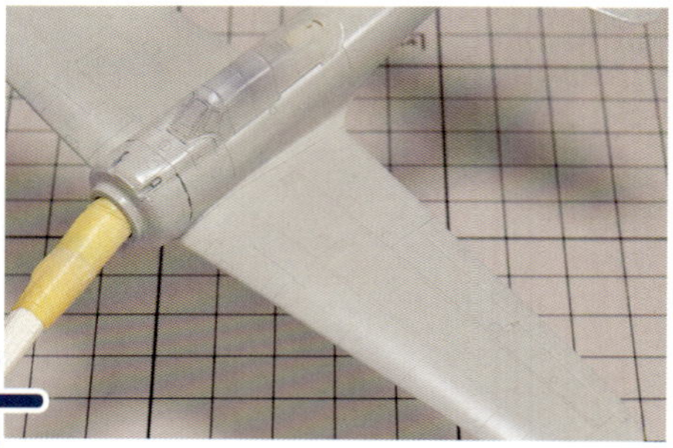

▲うまく塗れると、スジ彫りが埋まらずきれいな半ツヤ状態になります。途中で一度でも濃いめの塗料をドバッと吹き重ねてしまうとこのような塗膜表面にはなりません

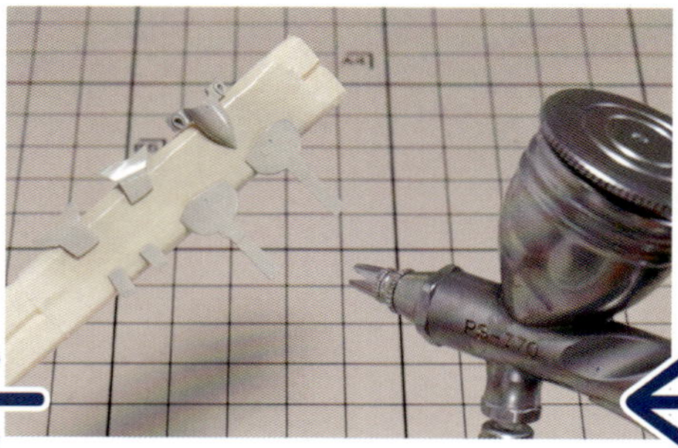

▲同様の塗り方で脚収納庫カバーなどの灰緑色のところを塗ります。主翼上面のヒンジ（カバー）のような小さいパーツも塗っておくのを忘れないようにしましょう

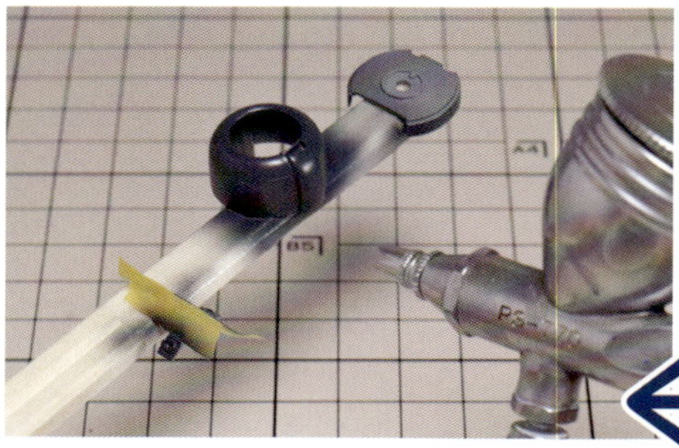

▲カウリングをMr.カラーのカウリング色で塗ります。ここも適度なツヤが出るように薄吹きを重ねます。パーツD10はマスキングをしてカウリングフラップのところを塗り分けておきます

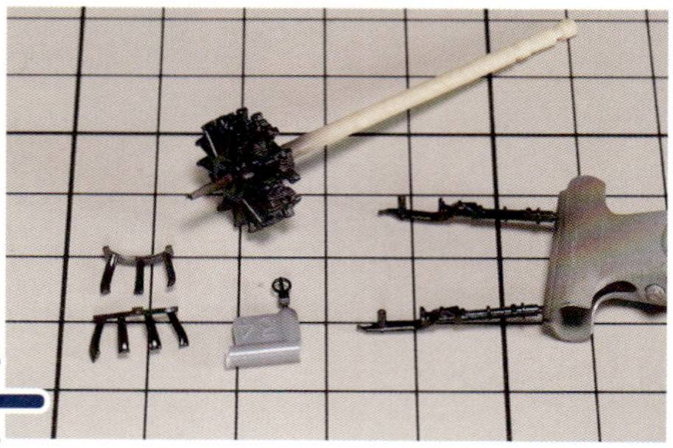

▲エンジン、排気管、ループアンテナ、主脚支柱はラッカー径塗料のツヤありブラックで基本塗装。ループアンテナはランナーについたまま目玉にクリップに挟んで持ち手にしました

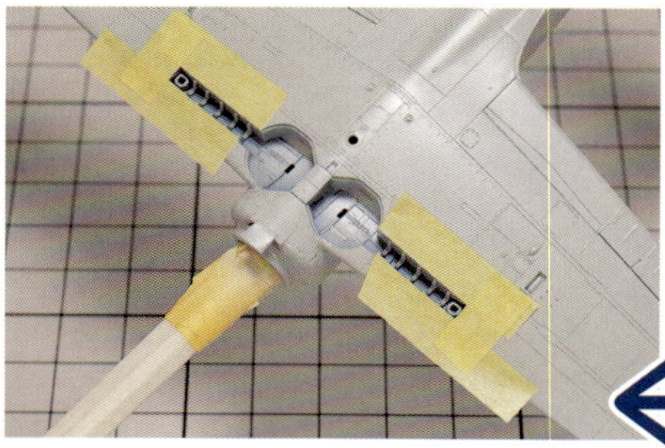

▲脚収納庫内は胴体組み立て前に青竹色に塗っておきましたが、基本色を塗ると塗料が吹き込みます。そこでマスキングをしてもう一度青竹色を上から塗るようにします

塗装中ホコリを見つけたらすぐに取りましょう

▲塗装中にもパーツにはホコリが付着する。そのまま塗り重ねると凸凹になって修整が難しいので、付いたらいったん1分程度乾かしてその場でピンセットでとっておくようにしよう

キャノピーの透け防止をしておきましょう

クリアーパーツで成型されたキャノピーパーツは、上に塗る色により向こう側の光が透けます。光が透けているとリアリティーがなくなってしまうので、透けを防止しておきましょう。
パーツの透けを防止するには、隠蔽力の高い色を下地に塗っておくのが手っ取り早い方法。具体的には黒やシルバーなどの金属色を塗ると格段に色が透けにくくなります。金属色は平滑に塗るのが比較的難しいのと、エアブラシを使ったあとの掃除に手間がかかるので（きれいに掃除しないと粒子が残って次の色に混ざる）ここでは黒を下地に使うことにします。

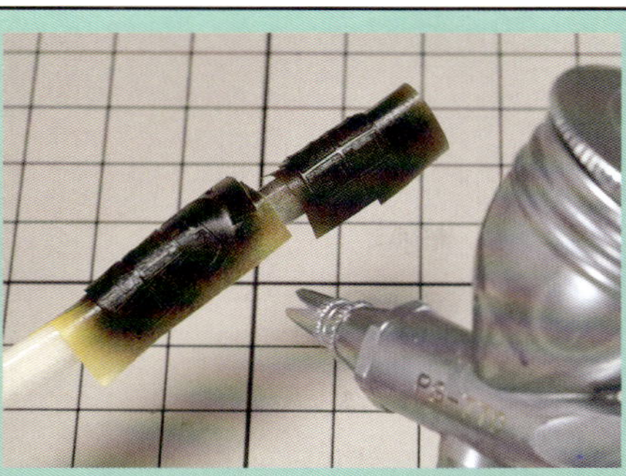

▲キャノピーをマスキングしたら、全体にラッカー系塗料のツヤありブラックをエアブラシで塗る。厳密にはさらに下に機内色を塗ったほうがリアルだが、ほぼ見えないので黒でOK

▼ツヤありブラックの上に機体色を塗り重ねる。機体側と色味が変わってしまわないようにしっかりと発色させるが、一気に厚塗りせず何回も塗り重ねていくようにするときれいに仕上がるだろう

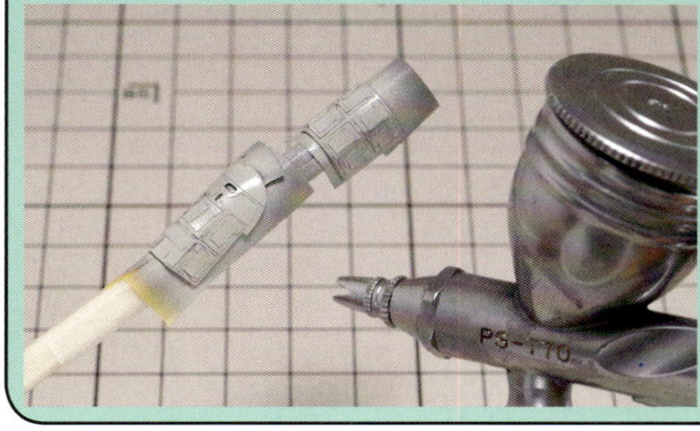

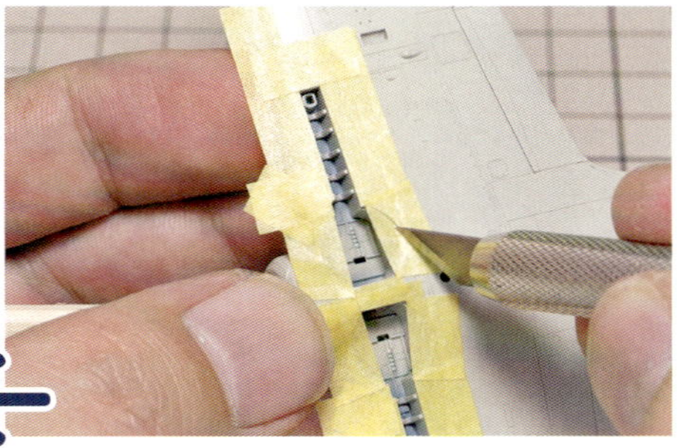

▲直線部分を先に貼ってからタイヤのところの曲線部分のマスキングに移ります。曲線部分は大きめのテープを貼り、つまようじを押しつけてから角を出しナイフで切ります

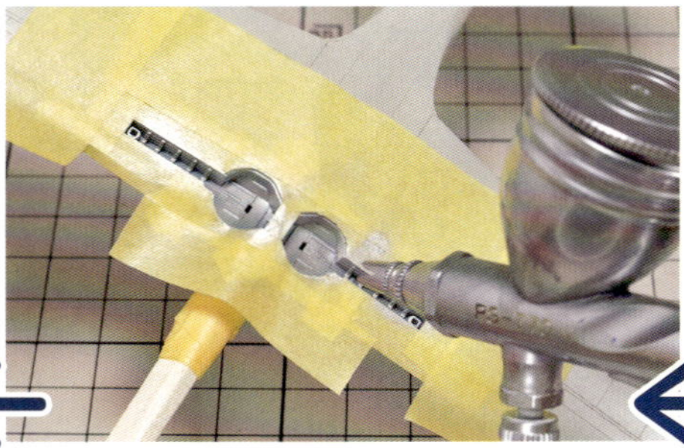

▲マスキングを終えたらマスキングテープのフチのところがしっかりと密着するようにつまようじなどで押しつけてから、胴体内を塗ったときと同様にまずシルバーを下地として塗ります

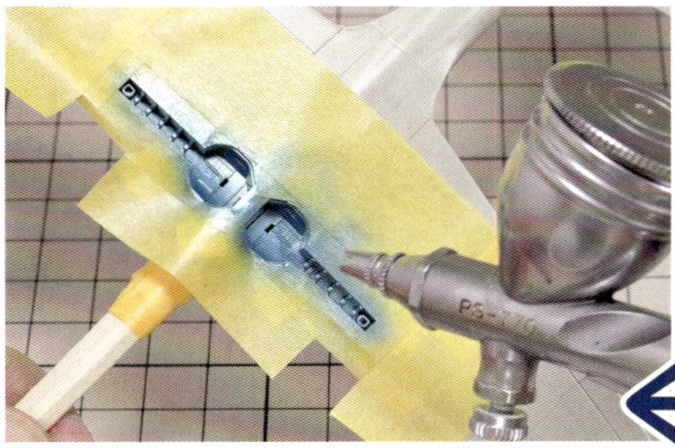

▲シルバー同様に細吹きで青竹色を塗り重ねます。奥まったところは先に塗った塗料で色が付いているので、シルバー／青竹色ともに軽めにさっと吹くだけでよいです

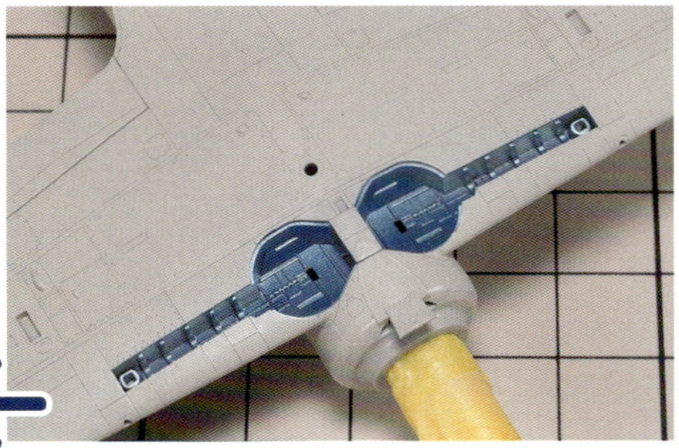

▲塗り終わったらマスキングテープを剥がせばこのとおり。下面なので、車輪が入るところの塗り分けが多少はみ出していても、スミ入れをすればほとんど目立たなくなります

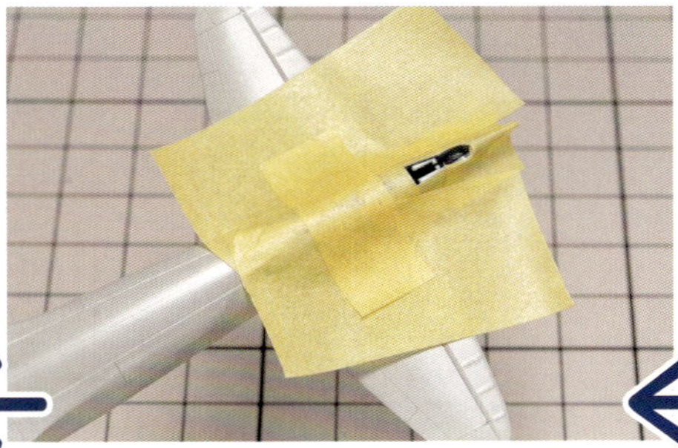

▲写真の順が前後しますが尾輪収納部も少し灰緑色の塗料が吹き込んでいたので、念のためマスキングして塗っておくことにします。ほとんど見えないのでそのままでもよいでしょう

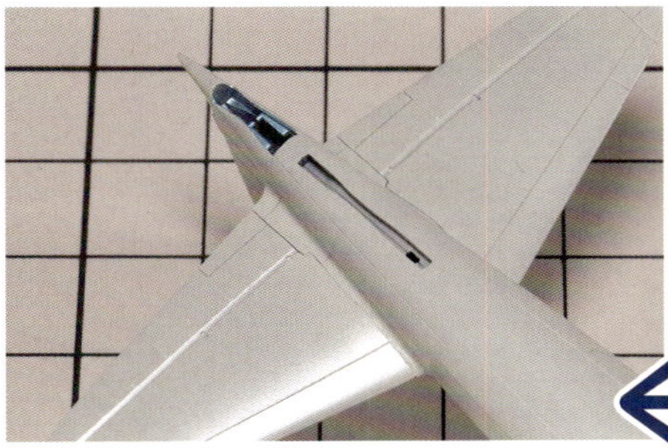

▲主脚収納庫を塗り直すときに同時にシルバーと青竹色を塗りました。写真で右下に見える長細い凹みは着艦フックの収納部。キットのまま作るなら内部を塗る必要はありません

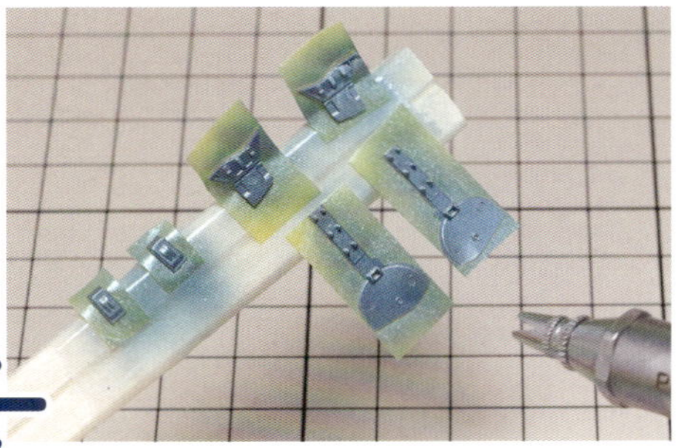

▲脚収納庫カバーのパーツの内側を青竹色に塗ります。吹きつける向きだけでも塗り分けできそうですが、念のため外側の灰緑色の面にマスキングテープを貼りマスキングしています

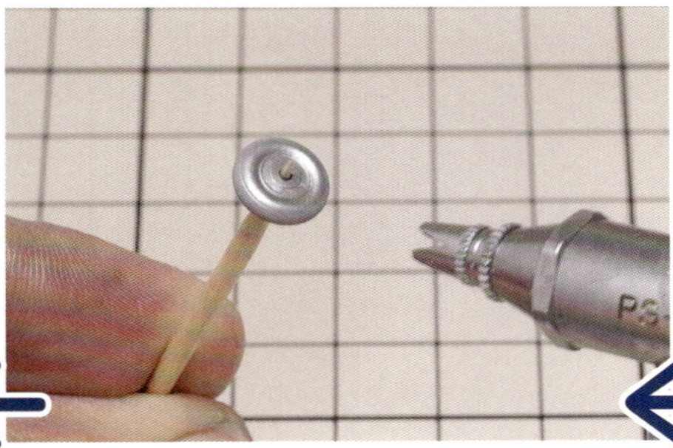

▲主脚の車輪はホイールがシルバーでタイヤは黒。タイヤを筆塗りするほうが簡単にきれいに仕上げやすいので、Mr.カラーのシルバーをエアブラシで全体に塗ります。持ち手はつまようじ

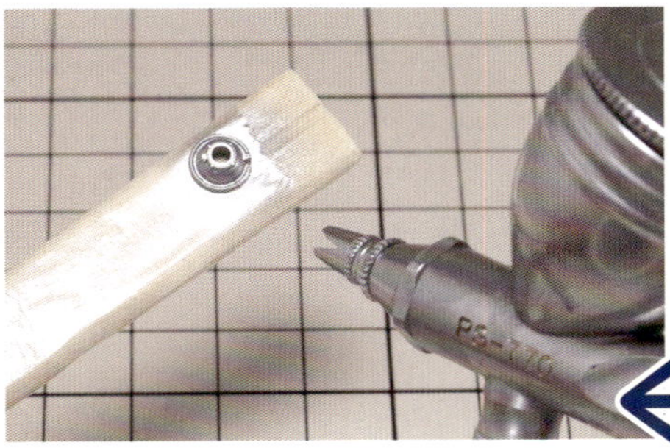

▲エンジン先端のパーツD7はリング状の部分がフラットアルミ、お椀状の部分は明灰白色＋メタリックグレイの指定ですが、ほぼ見えなくなるので全体をシルバーで塗ってしまいます

細吹きで塗り重ねるときれいに塗れる“理由”

塗膜を薄くきれいに塗りたいなら、エアブラシを細吹きにしてじっくり塗り重ねていくのがおすすめ。そうすると良い理由は……？

細吹きで塗り潰すと塗膜が薄くなるだけじゃなく表面が平滑になる

飛行機模型、とくに1／72といった小スケールモデルでは、塗膜をいかに薄くきれいに塗れるかで完成後の精密感、見映えが大きく変わってきます。ではどのようにすれば薄くてきれい＝平滑（なめらか）な塗膜にできるかというと、ポイントは、エアブラシで塗るときになるべく「細吹き」にする、ということです。

エアブラシはニードルの引き具合（＝塗料を出す量）、エア圧、塗料の薄め具合、吹きつける距離の組み合わせによっていろいろな状態の塗料ミストを吹き出すことができます。すべてはこの4つのファクターの組み合わせなのですが、大ざっぱにまとめると、「濃いめの塗料／エア圧高め／塗料の量を絞らない」ようにすると太吹き、逆に「薄目の塗料／エア圧低め／塗料の量を絞る」ようにすると細吹きになります。

ここで注目してほしいのは、太吹きのときは「塗料が濃いめ」だというところ。濃いめの塗料だと塗膜表面に凸凹ができやすくなります。

また、「塗料の量を絞らない」ということは、パーツにたくさん塗料がのるということで、厚塗りになりやすくなります。「細吹きだと薄く吹けても、重ねる回数が増えれば同じなのでは？」と思われるかもしれませんが、細吹きを重ねていくときは吹き重ねる場所や吹き重ねる回数をよりこまかくコントロールすることができます。埋まると困るモールドがあるところは塗り重ねを控えめにすることもできますし、「これ以上吹くと厚吹きになるかな？」と吹き止めるタイミングも決めやすくなるので、結果的に、意図しない厚吹きを避けることができます。

説明が長くなりましたが、要するに、「細吹きにすれば塗膜を薄く平滑にしやすい」、「太吹きにすると塗膜が厚くなりやすく、同時にザラザラになりやすい」ということです。

ついつい太吹きをしてしまっている人がそうしている理由は、「なかなか色がつかなくて不安になる」「細吹きにすると塗るのに時間がかかる」ということではないでしょうか。でも逆に言えば、やり方を知って時間をかけさえすれば薄くて平滑な塗装面にできる、というのが「細吹きで塗りつぶしていく塗装法」です。あなたがプロモデラーで締め切りに追われ完成させるために1分1秒を争って塗っている、というような状況なら話は別ですが、趣味の模型をよりよく作りたいということなら、誰にでもできてきれいに塗りやすくなる「細吹き塗装」をすることを強くおすすめします。

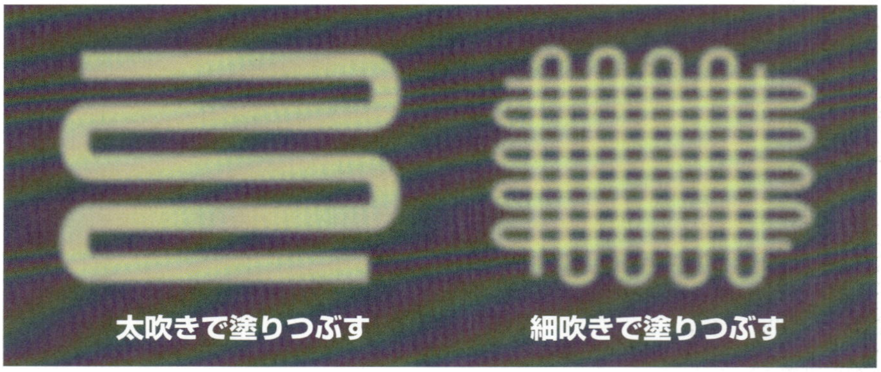

▶同じ面積を塗りつぶすとき、細い線で塗りつぶすのと太い線で塗りつぶすのは、太い線で塗りつぶしたほうが合理的なように見えるが、エアブラシで塗装する場合は両者で塗膜表面の状態が変わってくるので太吹きのほうがよいとは言えない。細吹きのほうが塗りつぶすのに手間と時間がかかるが、塗膜を薄く表面を平滑に塗りやすくなるので、スジ彫りをシャープに表面をきれいに見せたいなら細吹きで塗りつぶしていく方法で塗るのがベターだ

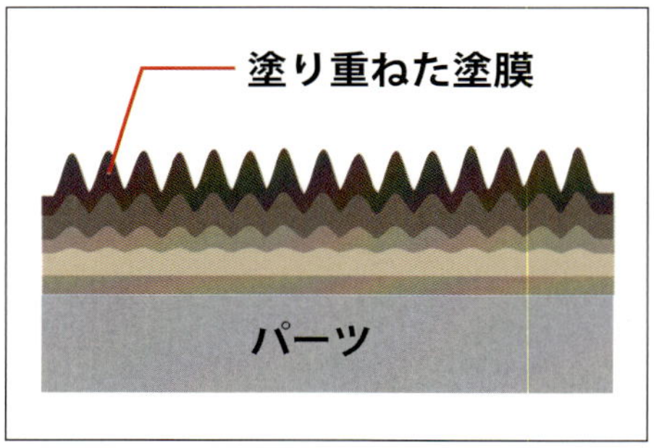

▲基本的に、塗膜の凸凹は吹き重ねるほどに大きくなっていき、ヤスリなどで削って磨くか、凸凹が消えるほど一気に厚吹きで塗料を重ねない限りより平滑にはならない。磨くと手間がかかるだけでなく下地が出てきてしまうリスクがあり、あまり厚吹きをするとモールドが埋まってしまう。なので、なるべく平滑＝凸凹がない状態を保ちながら塗り重ねていく、というのがきれいな塗装面にするためのセオリーだ。細吹きで塗りつぶしていくのは回り道のようだが、じつはきれいに塗るための近道なのだ

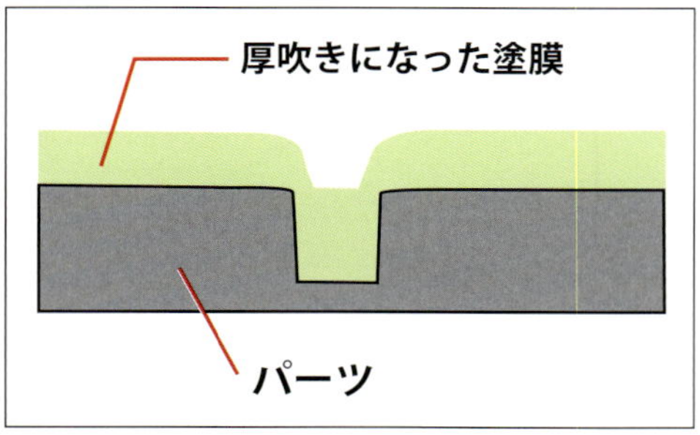

▲塗料を一気に厚く吹くと、表面張力で表面は平滑になるが、スジ彫りなどのモールドのところのエッジも表面張力で丸まって、見た目のシャープさを損なってしまう

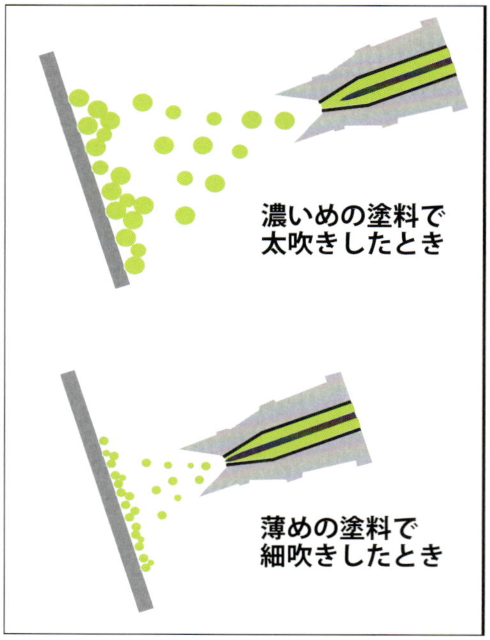

◀太吹きにする＝ニードルを引くと大きな塗料の粒のミストが飛ぶので凸凹が大きくなりやすい。逆に細吹きにすると粒が小さくなるので、凸凹自体はできるが小さな凸凹になる。言い換えれば、塗装面がより平滑になる、ということになる。また、実際には塗料の粒は完全に一定の大きさにはならないので、太吹きのほうがより大きめの粒と小さめの粒の差が出て凸凹ができやすい

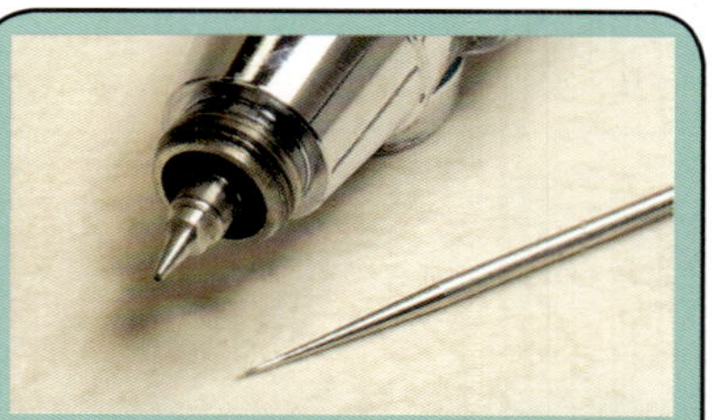

ノズルとニードルの精度で塗料ミストの質が決まります

高価なハンドピースは安価なものと何が違うかというと、ノズルとニードルの精度。高価なものに総じて塗料吹き出し部に精度が高い部品を使っていることが多く、精度が高いノズルとニードルの組み合わせだと、より均一な大きさの塗料の粒を吹き出すことができる。とくに、安価なモデルとの差は塗料を絞り気味にして細吹きにしたときに出るので、予算が許すならなるべく精度が高いハンドピースを選んでおきたい。

小パーツの細部塗り分け

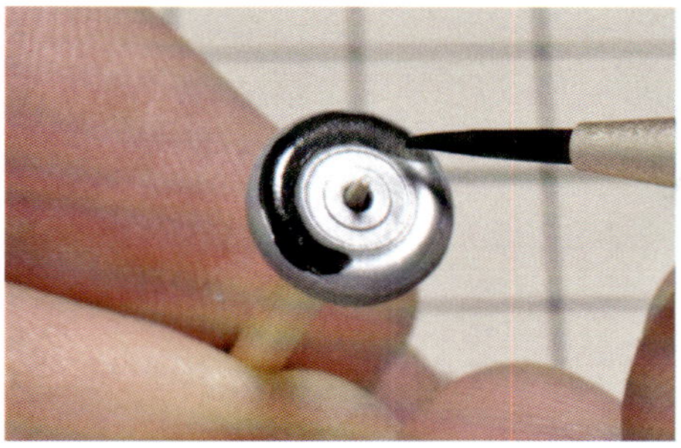

▲ラッカー系塗料のタイヤブラックを筆塗りで塗りますが、塗料を薄めにして、まずは境目のところから描いていきます。筆の位置を決めて持ち手を少しずつ回すと描きやすいです

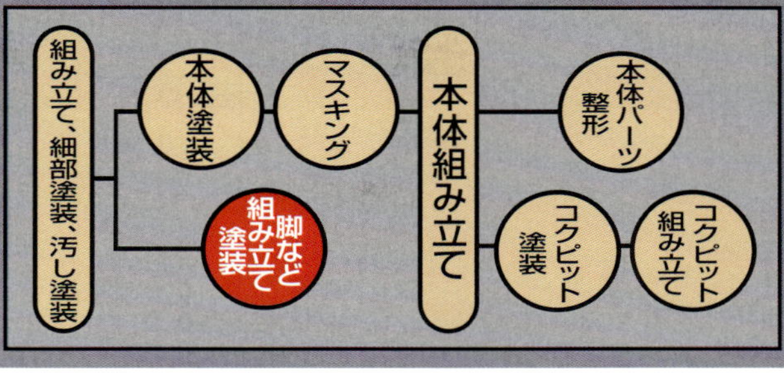

小パーツの基本塗装も終わりましたので、ここでは筆塗りによる小パーツの塗り分けを解説します。タイヤはマスキングして塗り分けてもよいのですが、丸いホイール部分（あるいはタイヤ部分）をきれいにマスキングするにはサークルカッターなどが必要なので、ここでは筆塗りで塗り分ける方法でいきます。

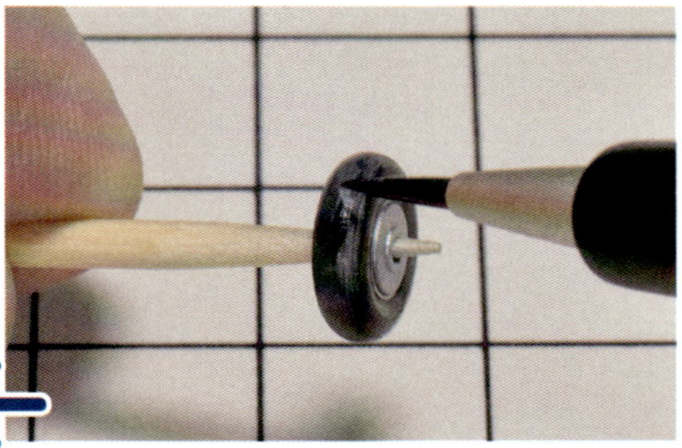

▲境目を描いたら間の部分を塗りつぶしますが、一気に色をつけようとせず、１回目は完全に色が付かない程度でいったん乾かすようにしたほうが、結果的にムラなく早く色がのります

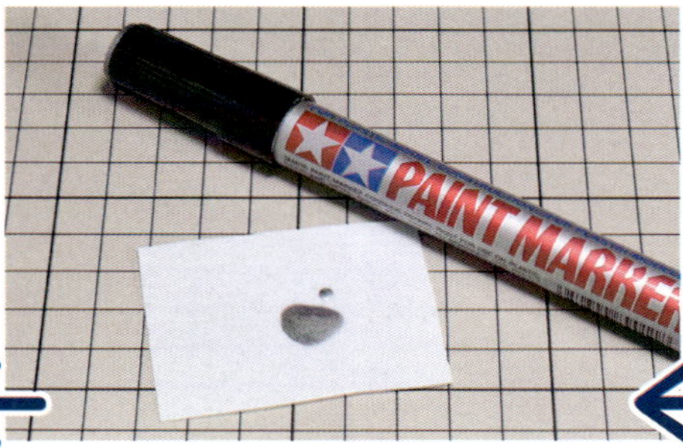

▲クロームシルバーにするところはタミヤペイントマーカーのクロームシルバーを使います。きれいな金属光沢を出せるのが特徴のペンタイプ塗料でいったんプラ板などに出して使います

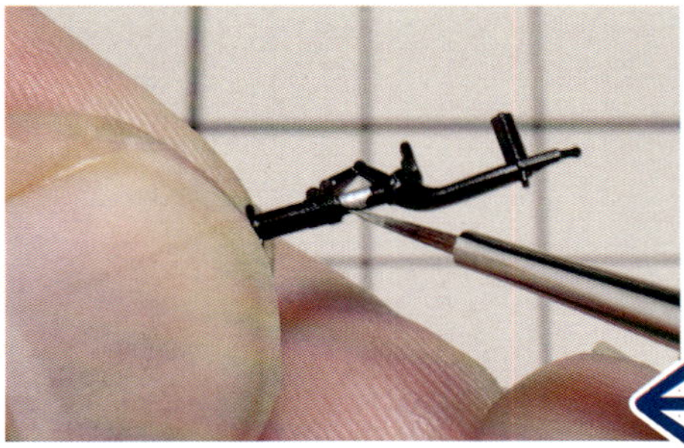

▲主脚のサスペンション部分に、ペンから出したペイントマーカーを筆塗り。色の境目から塗って、最後に塗料を多めに全体にのせるようにすると表面張力できれいな光沢になります

プロペラの塗り分け

レシプロ機のプロペラ／スピナーは完成後も非常に目立つところですので、ていねいな塗装を心がけましょう。零戦二一型のプロペラ／スピナーは全体がシルバーでプロペラの機体側だけアンチグレア（反射避け）のつや消しブラックですので、まずシルバーで全体を塗ってからマスキングをしてツヤ消しブラックを塗り分けるようにします。

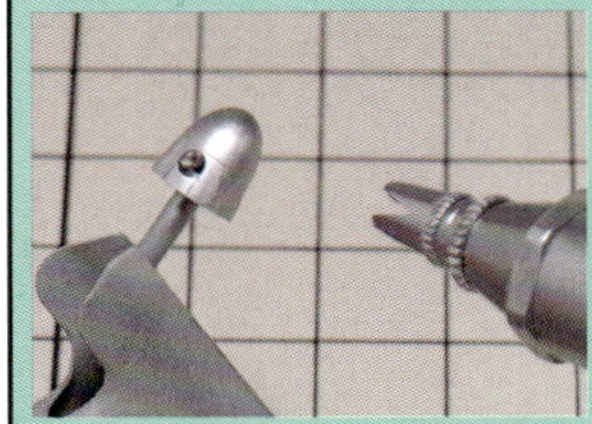

◀シルバーは下地の凸凹が非常に目立つ色。成型時のヤスリ目が残っているとスジ状に見えてしまうので、整形するときは800番相当のスポンジヤスリできれいにしておく

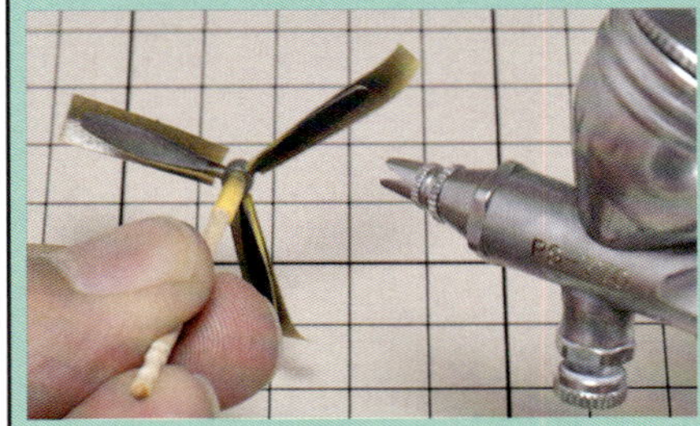

▲シルバーを塗ってから、前側にマスキングテープを貼り塗り分ける。スピナーを接着しているとマスキングが難しくなるので、塗装してから接着するとよいだろう

▲エンジンはカウリングを被せると前側しか見えないので、前側にだけドライブラシ。繊細なモールドの出っ張っているところだけにエナメル系塗料のシルバーをのせるようにします

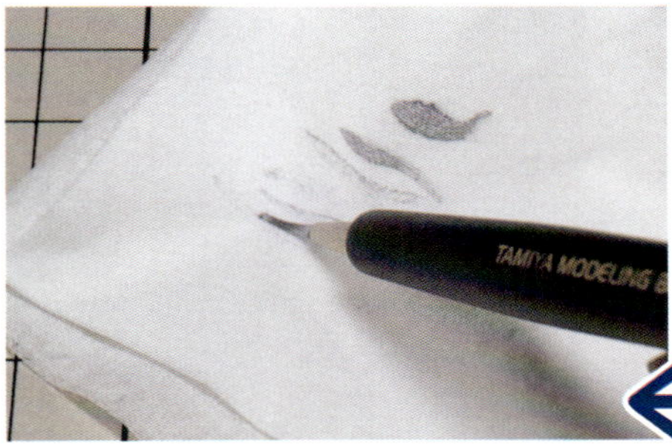

▲「ドライブラシ」は筆に含ませる塗料を少なくしこすりつけるようにして凸部部分だけに塗料を少量のせるテクニック。筆に塗料を含ませたらティッシュペーパーで拭き取ります

▲ティッシュペーパーに塗料の色がつかなくなったら、筆で凸部をなでるようにすると、このように凸部だけに塗料がのります。これで鈍く光る感じと奥行き感が強調されました

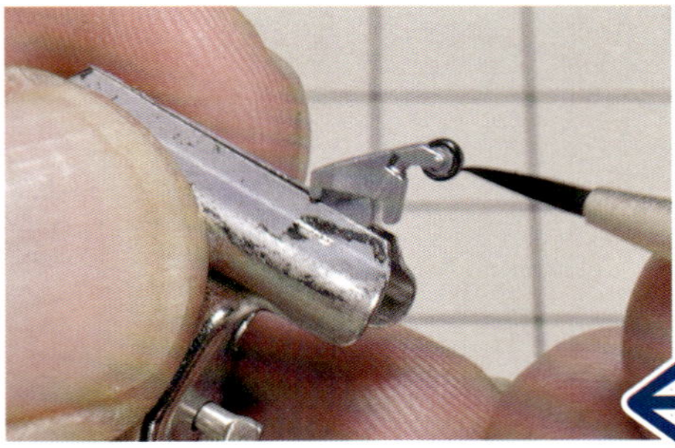

▲尾輪のタイヤも主脚同様にラッカー系塗料のタイヤブラックで筆塗り。二一型はパーツ全体がシルバーなのでシャフトはクロームシルバーで塗り分けずそのままとしました

知っておきたい
デカールの貼り方

デカールをうまく貼るには、軟化剤やのりを使いこなすことが重要です。それぞれの特徴と使い方を知っておくようにしましょう。

デカール軟化剤

デカールの質による使い分けがもっとも重要なポイントです

デカール軟化剤はデカールを溶かすことで柔らかくして、パーツの凸凹にデカールを密着させるためのものですが、溶けすぎるとデカールが破れたり縮んだり色が剥げたりしてしまいます。軟化剤はデカールを溶かす力が強いものから弱いものまでいろいろなタイプのものがラインナップされていますので、デカールの質やパーツの形状によって使い分けるようにします。

タミヤのキットに一般的に付属しているオフセット印刷のデカールは、カルトグラフに代表されるシルクスクリーン印刷デカールなどと比べるとデカールが柔らかめなので、基本的に溶かす力が弱めのタミヤのマークフィットなどを使います。マークフィット（ストロングタイプ）やGSIクレオスのMrマークソフターのような比較的強いタイプの軟化剤は、凸凹が大きいところやパーツのフチにデカールを巻き込みたいところなどで部分的に使用するというふうに使い分けましょう。なお、軟化剤の溶かす力を弱くしたいときは、水を少量混ぜれば調整できます。少し弱く感じたら、貼るときの綿棒に熱湯を浸すとデカールが柔らかくなります。

▲今回主に使用したのがタミヤのマークフィット。各種ある軟化剤のなかでは溶かす力が弱めで安心

部分的に強いタイプの軟化剤を使い分ける

▲タミヤのマークフィット（ストロングタイプ）やGSIクレオスのMr.マークソフターは溶かす力が強めなので、使用するときは慎重に。塗りっぱなしにして長時間放置しているとデカールがシワシワになったりするので要注意だ

デカールのり

シルバリングを未然に防ぐためにデカールのりを併用しよう

デカールの透明ニスのところが浮いて白っぽくなることを「シルバリング」と言いますが、シルバリングしないようにするには塗膜を平滑にしておくのがいちばん。しかし、下地が平滑でもシルバリングを起こすことがあります。

水転写デカールは水でのりを溶かすことで台紙からデカールを剥がしパーツに貼るわけですが、水に浸けすぎてのりが溶けすぎてしまうと、パーツ（塗膜）とデカールの間に隙間ができやすくなり、この隙間がシルバリングの原因となります。

近年は、模型店でデカール用ののりが単体で買えるようになりましたので、デカールの下にのりを追加して塗っておくことにより、このようなタイプのシルバリングを簡単に予防することができます。

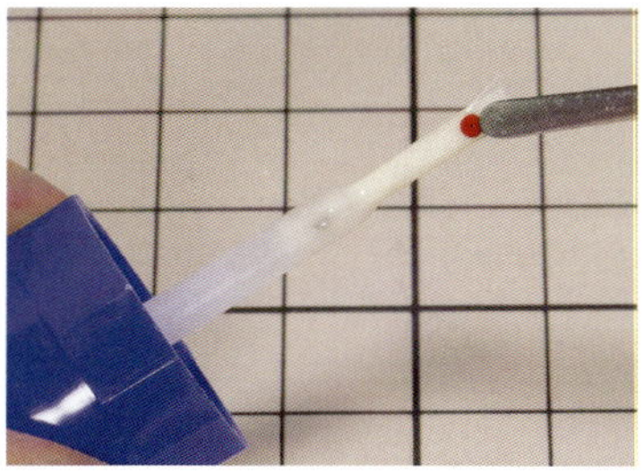

▲デカールのりは、パーツとデカールの間を密着させるためのものなので、デカールの上から塗っても意味がない。先にパーツに塗っておくか、デカールの裏側に塗るようにしよう

▼各社より販売されているデカールのり。タミヤとハイキューパーツのものはハケが付属していてすぐ使えるのがポイント。GSIクレオスのMr.マークセッターは軟化剤にのりが入ったタイプになっている

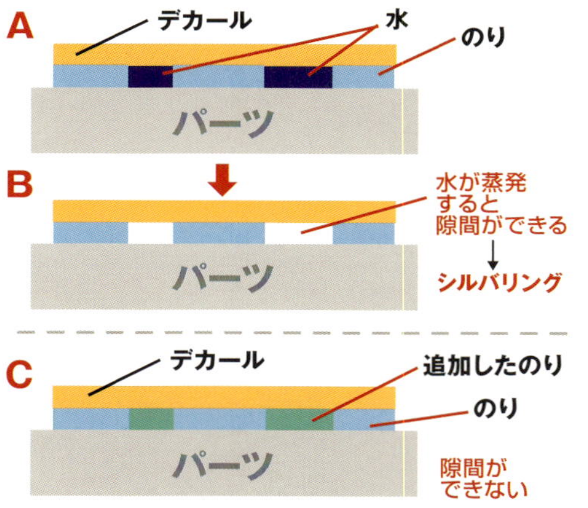

●シルバリングでやっかいなのは、貼っているときは水分があるのでシルバリングしているように見えなかったのが（図A）、乾いて水が蒸発することによりあとで隙間ができてだんだんとシルバリングしているように見えてくるパターン（図B）。このような、あとでじわじわとくるシルバリングを予防するために「デカールはなるべく水に浸けっぱなしにしない」というのがデカール貼りの際のセオリーなのだが、デカールのりを使うことで予防することができる。デカールとパーツの間をのりで埋めることができれば（図C）、乾いたあともデカールとパーツの間に隙間ができにくく、シルバリングしにくくなる

デカール貼り

デカールは大判のものから小さめのものへと貼っていくのがセオリーなので、まずは主翼の日の丸のところでデカールの基本的な貼り方を解説していくことにします。デカール貼りはリカバリーがききにくい工程です失敗するとメーカーに部品請求するかキットをもうひとつご購入……というハメになりますので、基本をマスターしていていねいな作業を心がけるようにします。

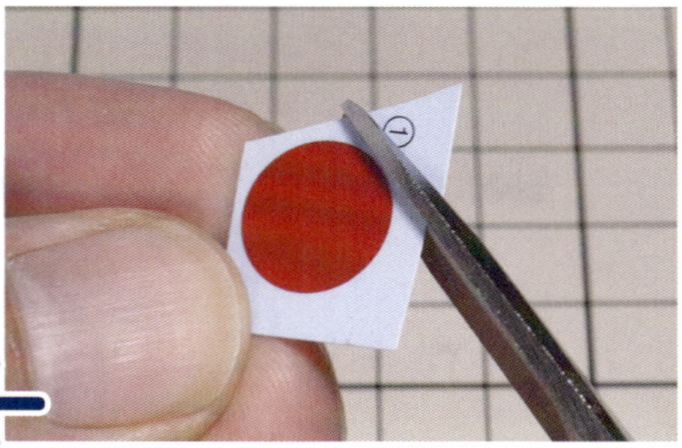

▲デカールはいま貼るところだけを切り出すようにします。デカールの番号を指示する数字部分は、一緒に水に浸けると浮いてきていろいろなところに付着するので、切っておきます

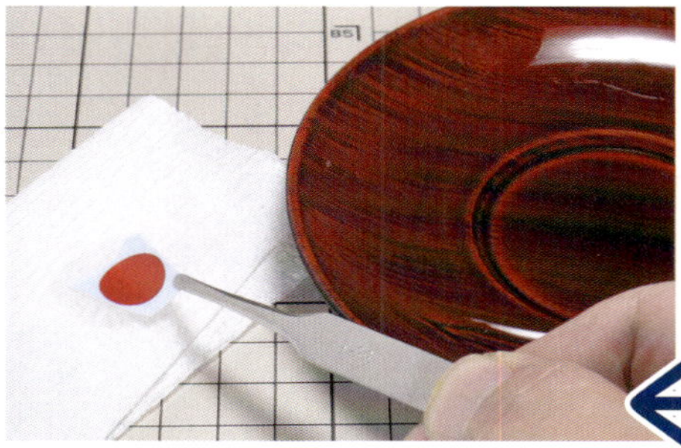

▲デカールを切り出したら水に浸けますが、付けっぱなしはのりが流れるので厳禁。さっと水をくぐらせたら、4つ折りくらいにしておいたティッシュペーパーの上に置いておきます

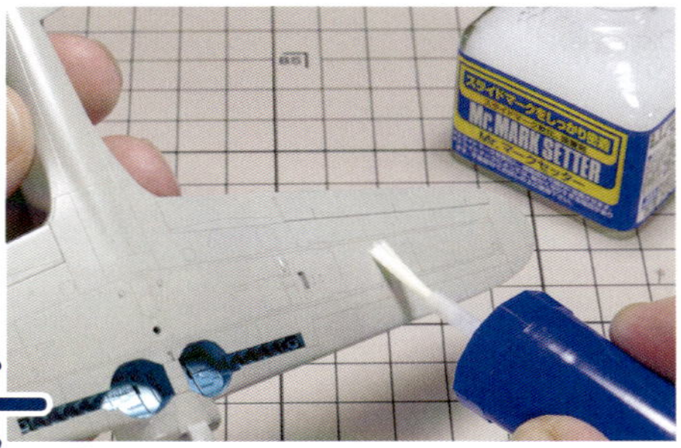

▲デカールが台紙から動くようになるまでの間に、パーツのデカールを貼るところににMr.マークセッターかデカールノリを塗っておきます。量は多めにしておきましょう

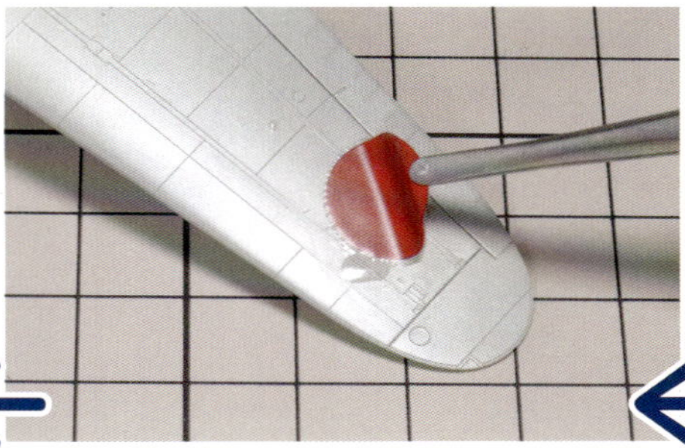

▲2～3分待って台紙上でデカールが動くようになったら、先が平たいピンセットでパーツ上に移します。大判デカールは台紙ごと持っていって指で移してもよいです

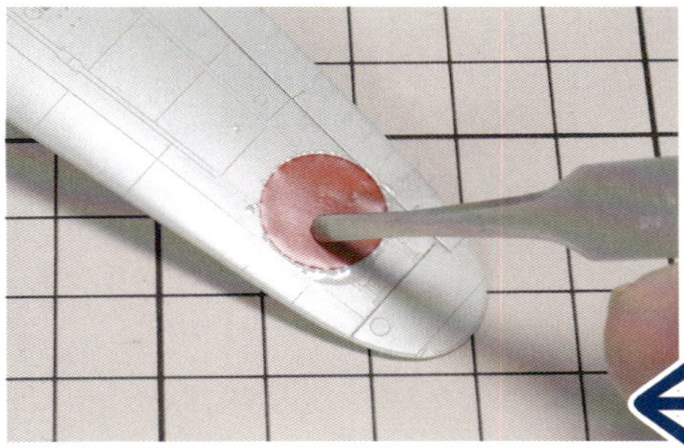

▲塗装図や資料を見ながら、デカールを所定の位置に動かして位置を調整します。スジ彫りのラインを目安にして位置を決め、左右の翼で位置が非対称にならないように気をつけます

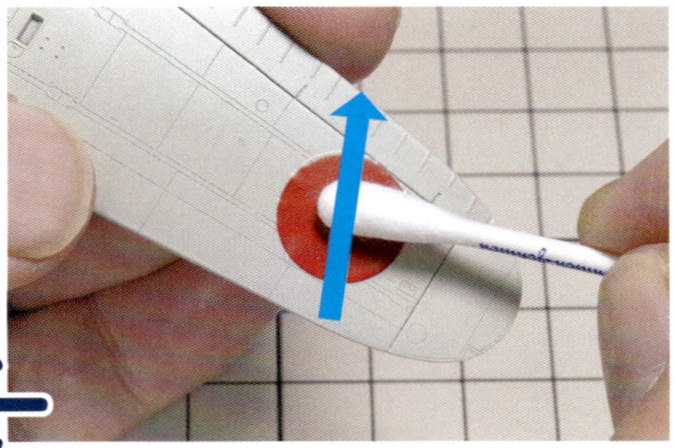

▲綿棒で密着させますが、なんとなく綿棒を転がしているとデカールが動いてしまうので、まずは中央を一直線に転がして全体の位置が動かないようにしましょう

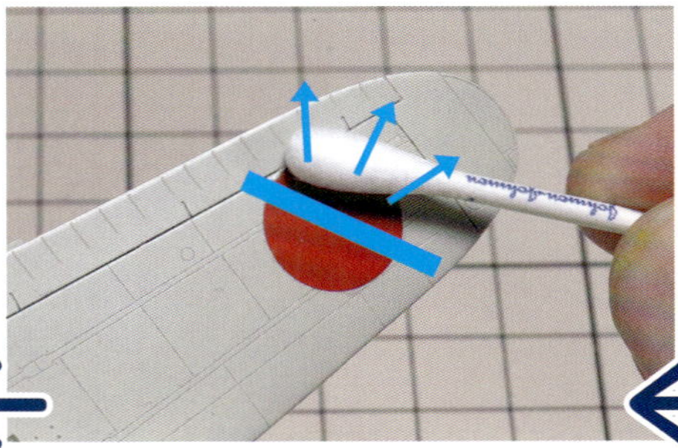

▲つぎに、さきほど一直線に密着させたところから放射状に転がして半分密着させます。反対側の半分も同様に放射状に綿棒を転がしましょう。こうすると水分をうまく追い出せます

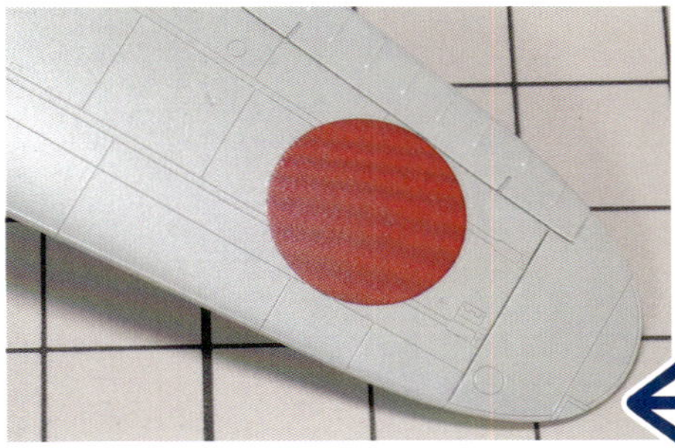

▲きれいに密着しました。スジ彫りに馴染ませたいときは、この状態でしばらく（1時間以上）乾かしてから軟化剤を使うようにすると位置がずれたりデカールが溶けるリスクが減ります

知っておきたいちょっとしたデカール張りのコツ×3

デカール貼りをするときに知っておきたいポイントを3つ紹介しましょう。ひとつめは大きいデカールから小さいデカールへと貼る、ふたつめはデカールを貼るところの表面はなるべく平滑（ツヤがある状態）にしておく、最後は綿棒はケチらずどんどん使い捨てる、です。この3つのコツを知っておくとデカール貼りでよくある失敗を防止することができますので覚えておいてください。

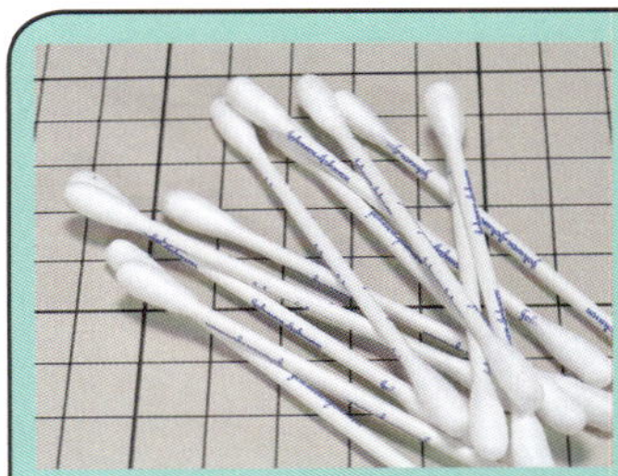

綿棒は贅沢に使う

綿棒をケチって同じモノを使い続けると、綿棒に付いたのりや軟化剤で綿棒にデカールが張り付いたり溶けたりという事故が起こりやすくなります。どんどん新品に換えましょう

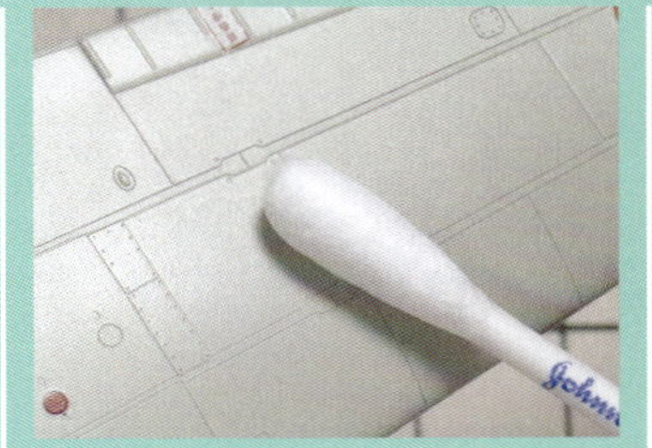

ザラついているところを……

デカールを貼るところがザラついていると、デカールがよく密着せずシルバリングの原因となります。ザラつきは綿棒でこすっておくとある程度解消することができます

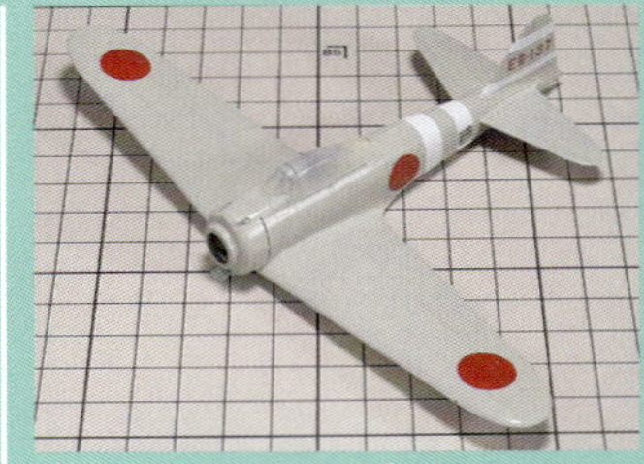

大きなものから決める

大判のデカールから貼っていくと位置が決めやすくなり、貼り終えてみると位置がずれていた、という失敗がおきにくくなります。零戦ならまずは日の丸から貼っていきましょう。

こんなところのデカール貼りはどうする……？

零戦に限らず飛行機模型には、出っ張ったところやスジ彫りのところなど、デカールをなじませにくいところがあります。そういうところはどうする？

1凸凹がある

1主翼上面の日の丸のデカールは、編隊灯の出っ張りのところにかかる
2まず、デカールが動かないようたいらな側を綿棒で密着させ3分程度乾かす
3出っ張りのあるところにタミヤのマークフィットを多めに塗る。タミヤのデカールは比較的柔らかめだが、マークフィットは軟化成分が弱めなので、落ち着いて作業できる。軟化するまで数分待とう
4数分待ったら綿棒でつついて少しずつ密着させていく。模型用の細めで巻きがしっかりした綿棒を使い、水を含ませて押しつけるようにすると作業しやすい。破れたところはあとで塗料でリタッチ

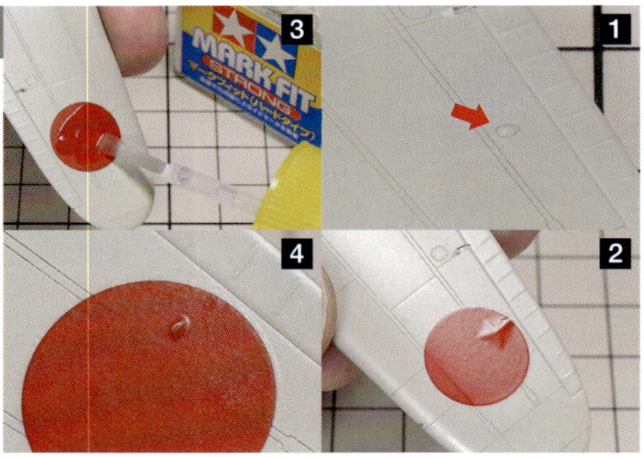

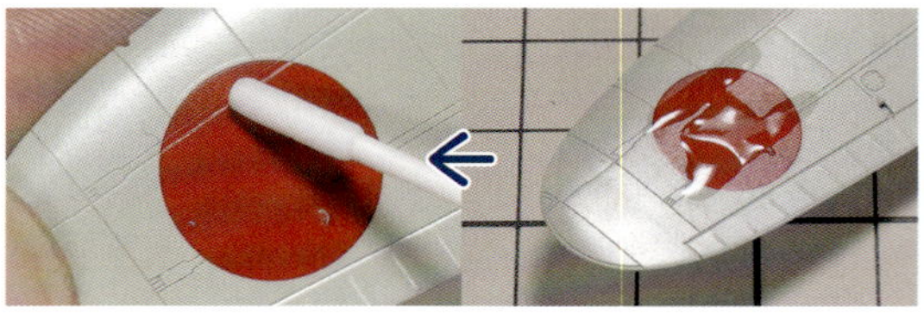

◀スジ彫りのところもデカール軟化剤を塗ってから綿棒で押しつけていけばスジに馴染ませることができる。ただ、製作しているタミヤの1/72零戦のスジ彫りはかなり細いので、スジに馴染ませるにはデカールをかなり柔らかくしないとムリ。今回はムリをせずスジ彫り部をなじませるのはほどほどで止めている

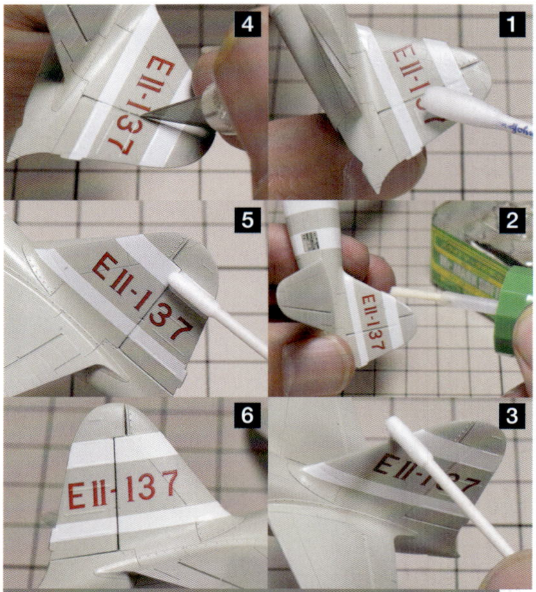

2動翼のところ

1まず、動翼の境目のところの凹みは気にせず全体を密着させる
23翼のフチのところに軟化剤を塗り、はみ出しているところを巻き込むようにし綿棒で密着させる
410分以上デカールを乾かして完全に動かなくなってから、動翼の境目のところをよく切れるナイフで切る。パーツの凹みの角に刃を当てるようにしてスッと切ろう
56Mr.マークセッターを流し込むように塗り、綿棒でパーツに密着させる。ここも先が細く巻きが固い模型用面棒が使いやすい

3細いライン

1細いラインのデカールには要注意。まずパーツにのせるときに気をつけないとデカールがくるくる巻いてくっついてしまったり部分的に裏返ってしまう。こういうときは慌てず水を付けて形を直すようにしよう。細いラインデカールを貼るときは、はじめはMr.マークセッターや軟化剤を使わない。はじめから軟化剤を使うと、位置を合わせている間にデカールが溶けすぎてふにゃふにゃになるから
2ピンセットなどで慎重に位置を合わせたら、綿棒でそっと叩くようにして水気を取る。大きいデカールのように綿棒を転がすと位置が動きやすい。また、綿棒にデカールがくっつかないよう必ず水を含ませておこう。浮いているところがある場合は、いったん貼ってから部分的にMr.マークセッターを塗る

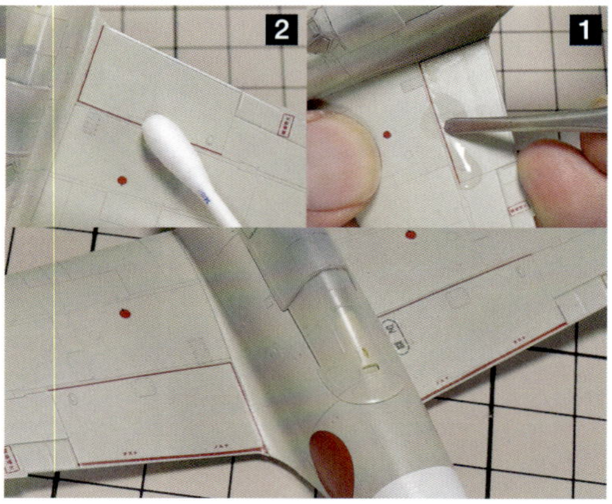

デカールを貼り終えたあとやっておいたほうがよいこと

デカールを貼ると、凸部分でデカールが部分的に破れたり剥げてしまうことがあります。こういうところは筆塗りで元の色と同じ色を塗ってリタッチしておきましょう。また、デカールを貼ったあとは表面にのりが残りますので、水に浸けた綿棒などで拭いてのりをきれいに掃除しておくようにします。

▲五二型の主翼上面のヒンジのバルジとところは、がんばっていねいに貼っても、出っ張りが大きすぎて上側が破ける。こういうところは筆塗りでリタッチすれば目立たなくなる

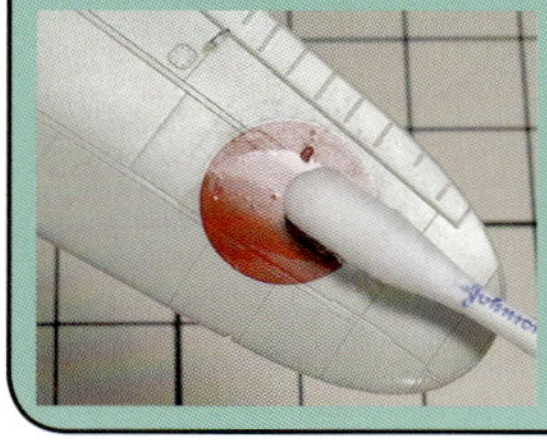

◀パーツ表面にのこったのりはそのままにしても大きな問題はないが、見る角度や光の当たり方によっては模様が見えてしまうので、水に浸けた綿棒でこすって掃除しておく。なお、デカールがしっかり密着していて乾いていれば丸ごと水洗いしてもよいが、小さい機体なので綿棒で拭くほうがおすすめ

デカールのシルバリングはこうやって直そう

デカールがパーツに密着せず、乾いたあとに白っぽくなってしまうことを「シルバリング」と言います。塗った直後はきれいに貼れたようでも水分が乾くといつの間にかシルバリングしていた、というようなことがよくあるので、ここでは貼ったあとにできるシルバリングの対処法を紹介しておきます。

▶シルバリングしているところを、新しい刃に換えたナイフの刃先でつつきます。ちょっと心配になりますがどんどんつついても大丈夫。ただし、刃先を押し引きしないようにする

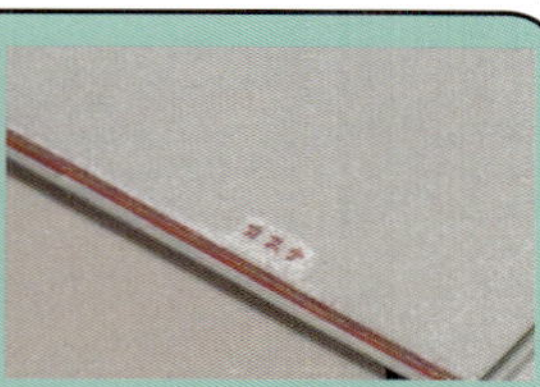

◀つついたところにMr.マークセッターを塗る。こうすると、穴からデカールの下側にしみていくので、あとは普通にデカールを貼るときのように綿棒で水分を取るように転がせばよい

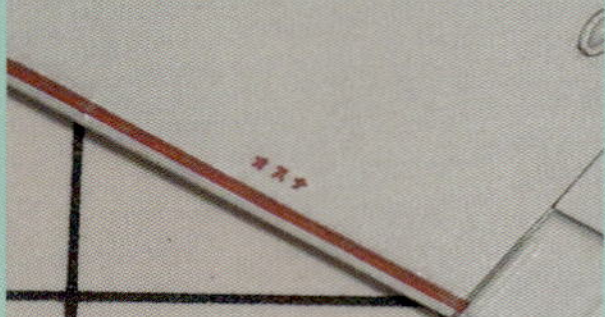

▶シルバリングがきれいになくなった。透明なところやラインデカールはシルバリングが目立つ。デカールを貼り終えて乾かしてから表面の状態をよく見て、直し忘れがないように修整しておこう

スミ入れとウェザリングをやってみよう

もともと繊細でシャープなディテールのタミヤ1/72零戦ですが、スミ入れとウェザリングでさら見た目を引き締めてみましょう。

スジ彫りや凹みのところに影の色を入れて立体感を強調

「スミ入れ」とは、スジ彫りや凹んだところに下地色より濃い／黒っぽい色を差して、パーツの立体感を強調するテクニックです。具体的には、薄めのエナメル系塗料のこげ茶色などを筆で凹モールドに流し込み、余分な塗料はうすめ液をふくませた綿棒などで拭き取ります。

スミ入れで重要なのは、真っ黒を使わないこと。真っ黒でスミ入れするとスケール感がなくなりオモチャっぽくなります。スミを入れるところは、ラインを描くのではなくあくまで「影」の表現ですので、なるべく下地色に近い色にしておいたほうがリアリティーが出ます。

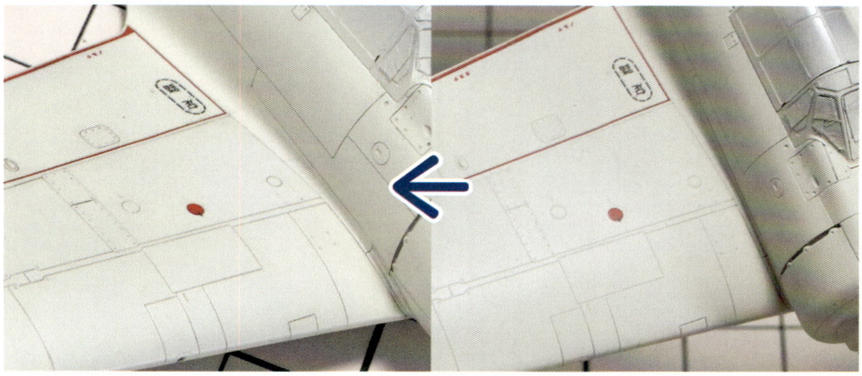

▶右がスミ入れ前で左がスミ入れ後。ここまでキットのシャープなモールドを最大限に活かす工作を心がけてきたので、スミ入れをしていなくてもスジ彫りがきちんと見えているが、スミ入れをするとさらにはっきりする

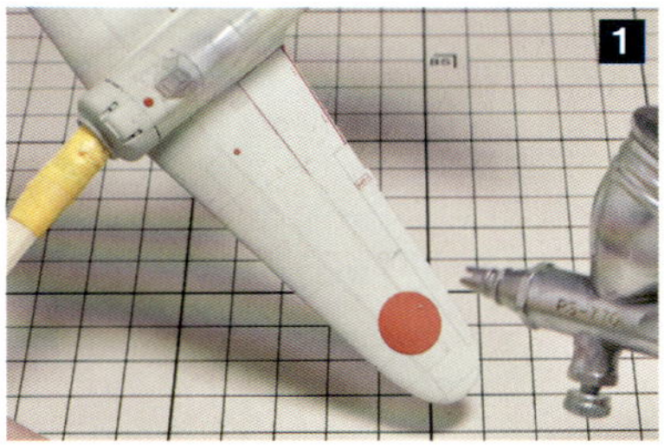

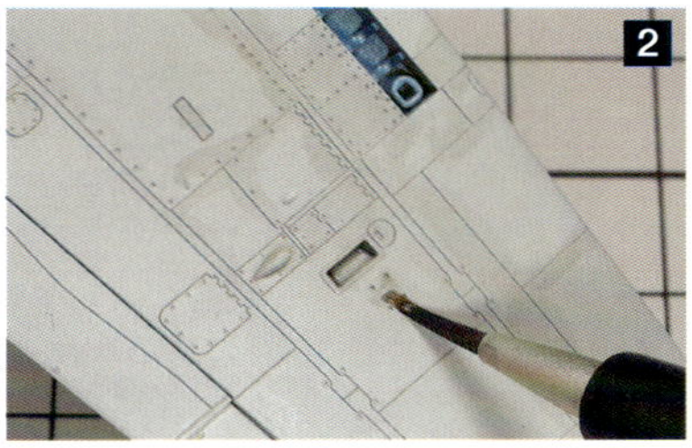

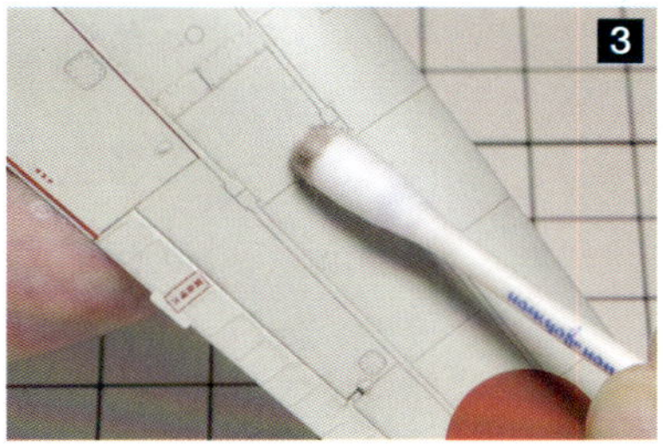

スジ彫りにスミ入れ

1スミ入れをする前にラッカー系のツヤありクリアー塗料でデカールを保護しておく。研ぎ出しをしないなら厚塗りする必要はないので軽めに吹いておく
2薄めに調色したエナメル系塗料のこげ茶色（フラットブラウン+フラットブラック）を凹んだところに筆塗り。ここではスジや汚れを残して拭く「ウォッシング」ではなくスジ彫りだけにスミ入れをしている
35分程度乾かしてからうすめ液をふくませた綿棒で拭き取ると凹部分だけに塗料が残る

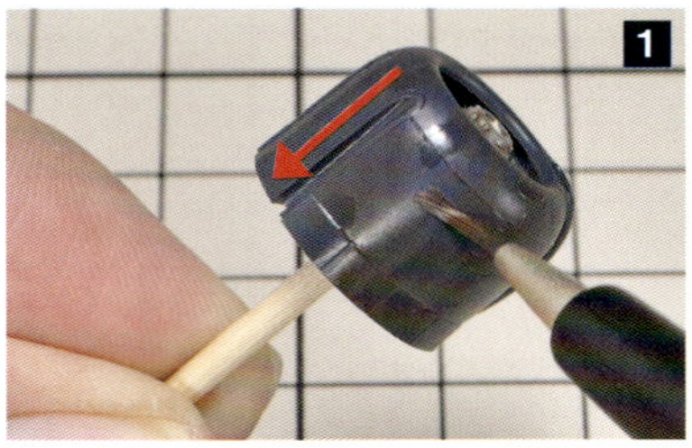

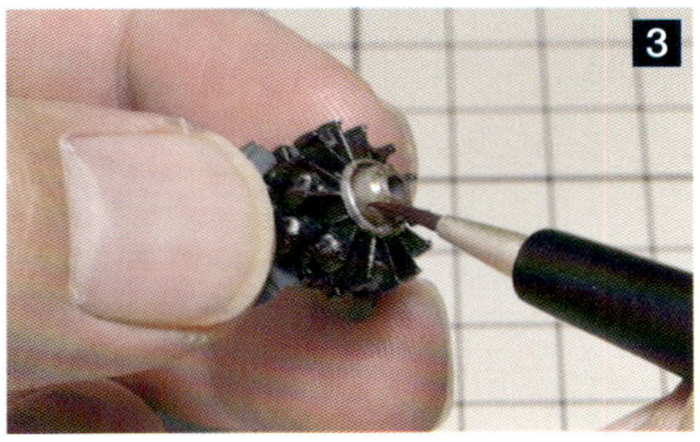

質感にムラをつけてみよう

1スミ入れと同時に、全体にわざとムラができるように塗料を残すのがいわゆる「ウォッシング」。色味や質感に変化を付けたり油汚れを表現したりすることができる。まずは気流を意識して筆で前後方向に筆を動かして薄めのフラットブラウンを大ざっぱに塗る
2綿棒で機体の前後方向に塗料を拭くが、きれいに拭き取らず塗料を残すようにすると質感に変化がつく
3塗りっぱなしのウォッシングもある。塗りっぱなしの場合は塗料を拭く場合よりもさらに薄めにする

スミ入れに使う色は下地色によって変えます

スミ入れはエナメル系塗料のこげ茶色をうすめ液でかなり薄めにしたものを使います。フラットブラウンとフラットブラックを混ぜて作りますが、もともと調色してある「スミ入れ塗料」もタミヤから発売されています。

綿棒は安物を使わず巻きのしっかりしたものを

余分な塗料は綿棒などで拭き取りますが、安物で毛の巻きがあまい綿棒を使うとパーツにたくさん毛が付着してしまいます。おすすめなのは、定番のジョンソン綿棒。巻きがしっかりしていつつ適度に柔らかいので作業がしやすいです。また、ガイアノーツのフィニッシュマスターやGSIクレオスのMr.クリンスティックのように先がスポンジ状になった拭き取り用マテリアルもおすすめ。表面にスジを残さず塗料をきれいめに拭き取りたいときはこちらのほうが使いやすいです。

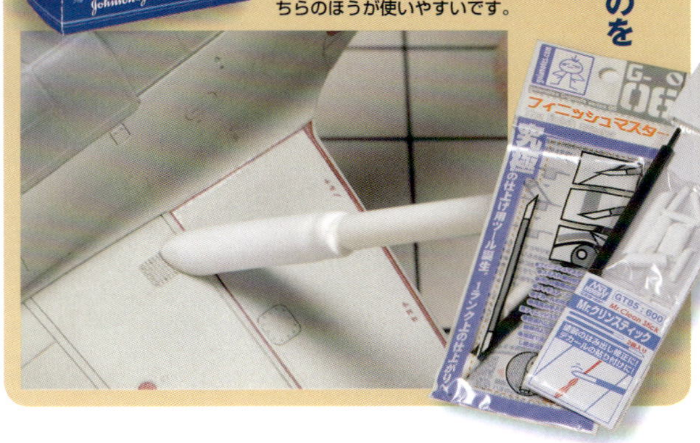

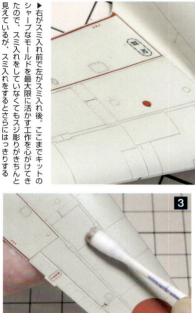

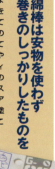

▲主翼上面のヒンジパーツA33はとても小さいので、ランナーに付いたままエアブラシで塗ります。切り離して整形して接着後に塗料が剥げたゲート跡部分を筆塗りでリタッチします

細部塗り分け、組み立て

ここまでくれば完成まであともうひと息。ツヤ消しコーティングをしてから金属質感やツヤを出したいところを塗り分けて、最終組み立てをしていきます。手に付いた塗料や接着剤がきれいに仕上げたパーツ表面についてしまった……というような失敗がおきやすい工程なので、ときどき手を洗うのがおすすめ！

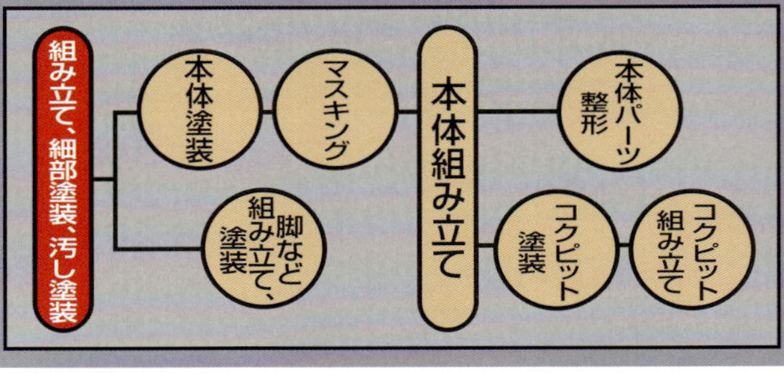

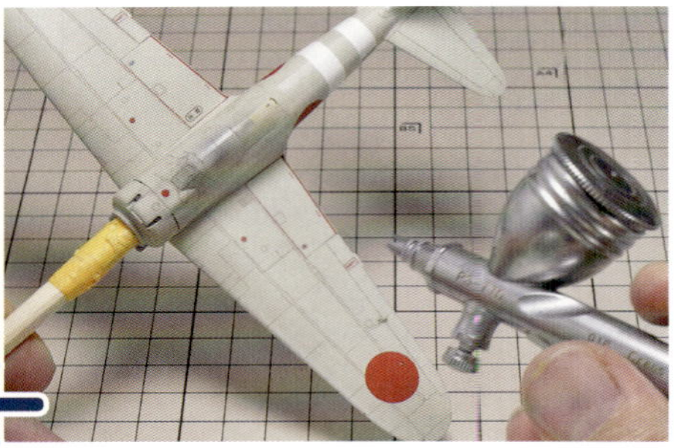

▲全体にラッカー系塗料のツヤ消しクリアーを拭いてツヤを整えます。今回はMr.カラーのスーパークリアー つや消しを使用。濃すぎたり吹き重ねすぎるとザラザラになるので注意します

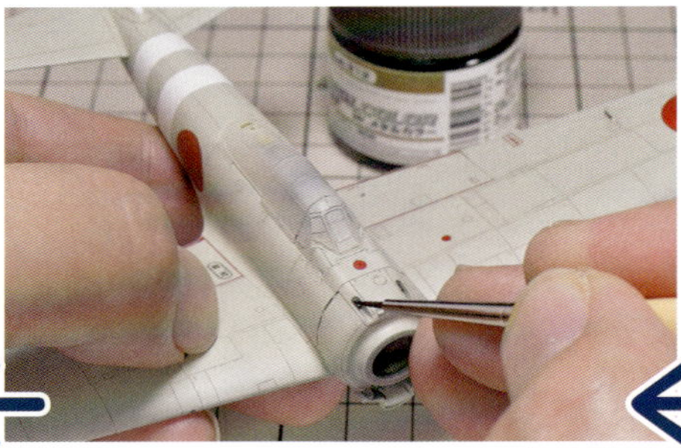

▲Mr.メタルカラーは金属質感が出て筆ムラが出にくい便利な塗料ですが、上にツヤ消しクリアーを重ねると唯のグレーになってしまうので、つや消しコーティング後に筆塗りします

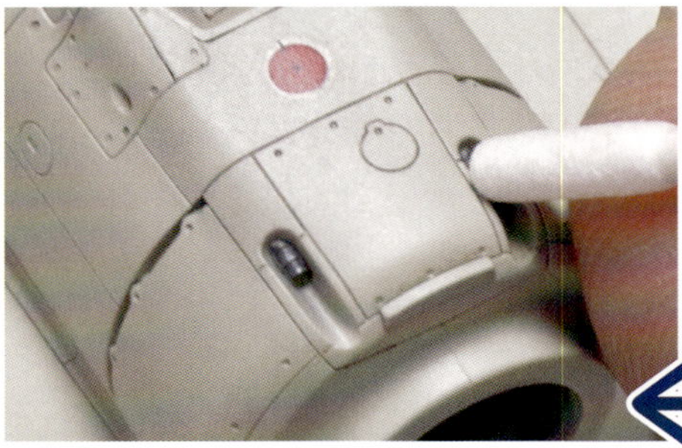

▲このMr.メタルカラーの最大の特長は、塗ってから磨くと本物の金属のような質感になるところ。機銃のところをアイアンで塗り、綿棒で磨くとこのような質感になります

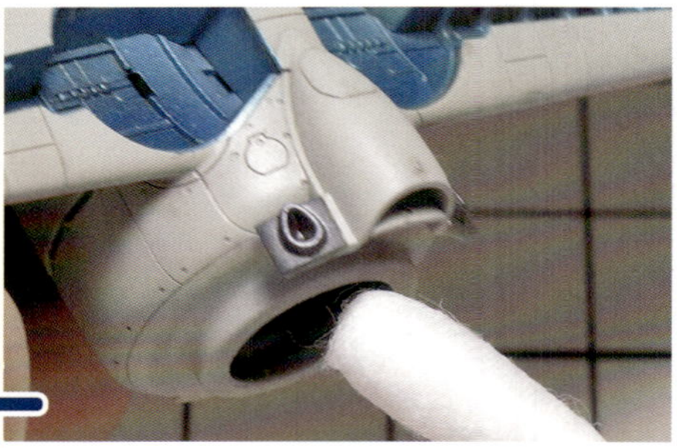

▲機首下面に付くパーツD10のカウルフラップのところにある筒状のモールドは排気管ですので、ここもMr.メタルカラーのアイアンを塗って磨いて金属質感を出しました

▲尾輪と着艦フックのパーツを本体に接着します。尾輪パーツA19は流し込み接着剤だと接着しにくいので高粘度プラ用接着剤を使いますが、曲がって固まらないよう乾くまでこのままで

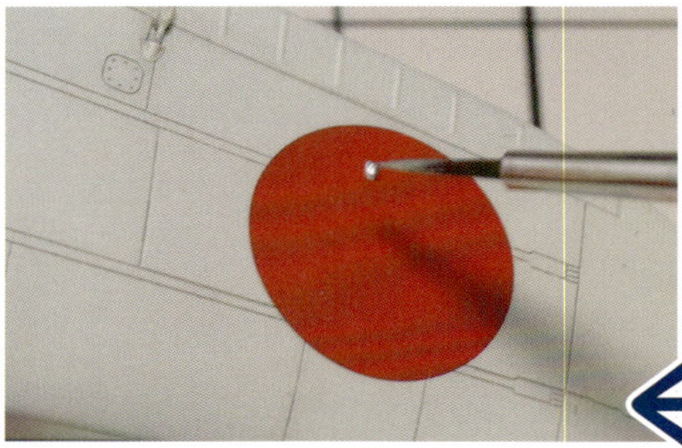

▲主翼上面にあるゴマのような形のバルジ（出っ張り）は編隊灯。翼端灯と同じ配色で、左は赤、右は青に塗りますが、クリアー塗料の発色をよくするためにまずシルバーを筆塗り

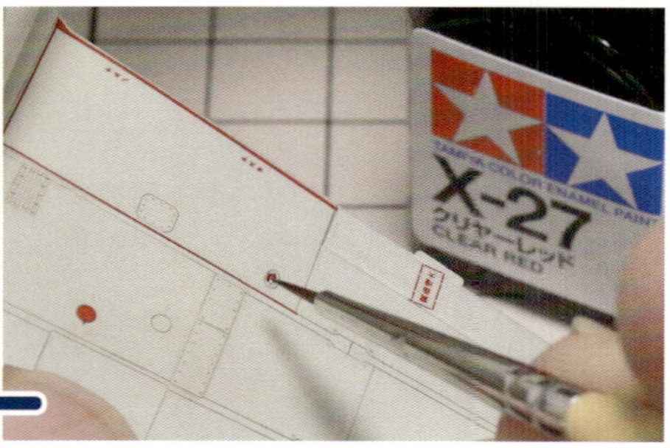

▲ラッカー系塗料で塗ったシルバーが乾いたら、上にエナメル系塗料のクリアーレッド（右翼はクリアーブルー）を塗ります。筆の毛先に塗料が球状になるようにとってのせます

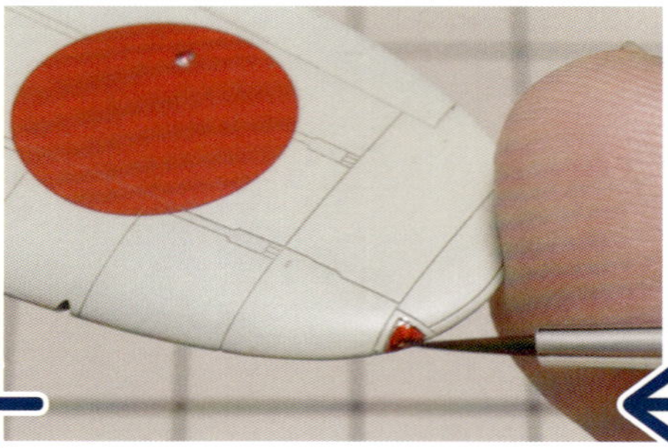

▲翼端灯も翼上面の編隊灯と同様に、シルバーを塗ってからクリアーレッド（ブルー）を塗ります。シルバーをラッカー系塗料で塗っておけばはみ出しても拭いてやり直せます

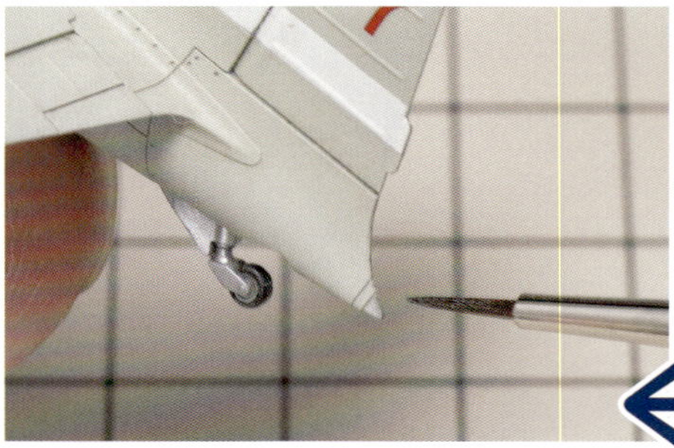

▲尾部の先端も標識灯。実機では半透明の白ですが、1/72なのでシルバーを塗って雰囲気を出すに留めました。クリアーランナーを削って置き換えるとさらにリアルになるでしょう

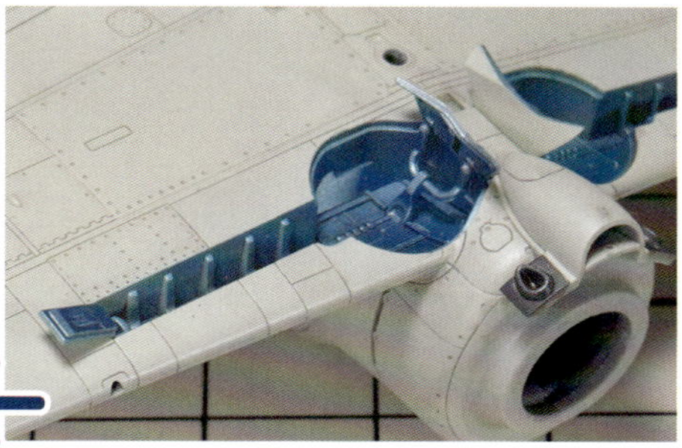

▲主脚のカバーパーツを接着します。このキットは接着しろがきちんととってあるので接着は簡単。ただし、A9／A10の左右を間違えないこととA2／A3の向きに注意します

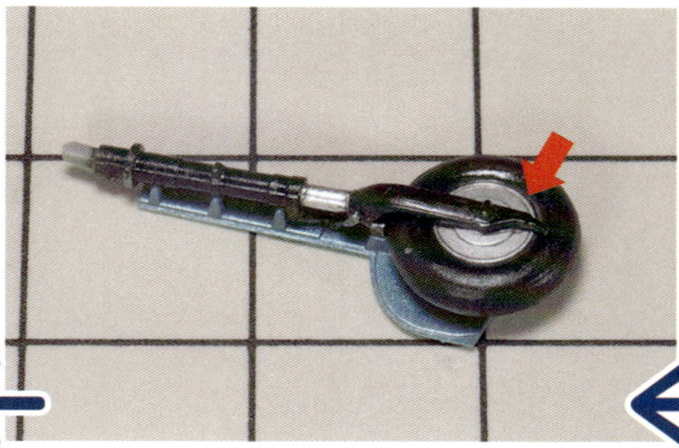

▲主脚のスミ入れをしてから組み立てます。なお、主脚支柱パーツには左右がありますので間違えないように注意。赤矢印で示したところの形状で見分けることができます

▲主脚を本体に接着します。高粘度プラ用接着剤を使い、左右の角度が揃うように調整しましょう。1/72ということで取り付け部のダボが細いので折らないように注意します

▲増槽を取り付けました。増槽は作りたい機体の状態や好みで選び取り付けなくてもよいでしょう。取り付け軸周辺に両面テープなどをつければ着脱可能にすることもできます

▲プロペラとピトー管は折りやすいので最後に取り付けますピトー管は機体色の灰緑色をエアブラシで塗っておき、先端部を接着後に筆塗りで塗り分けます（写真は塗り分け前）

完成

極細金属線を使って張り線を再現してみよう

キットでは省略されていますが、実機では尾翼とアンテナ支柱の間にアンテナ線が張られていますので、ワンポイントディテールアップとしてこれを再現してみましょう。

張り線には伸ばしランナーを使ってもいいのですが、細く均一に延ばすのにテクニックがいるのと、弱いので引っかけるとすぐに切れてしまうという弱点があります。そこでオススメしたいのが模型の張り線用のマテリアル、黒染め金属線「メタルリギング」を使う方法。これは、元はアユの友釣り用の糸で、目が良いアユに見えないように細くて黒く、そして切れないように強い金属線です。強度があって塗装の必要がなく張りやすいのが特長となります。

金属線なので接着には瞬間接着剤を使いますが、きれいに張るにはいくつかコツがありますので、それを下で解説しましょう。ポイントははじめに長さを決めず、接着してから余分を切って揃えることと、どちら側の端から接着するかですが、慣れればそれほど難しくないのでぜひチャレンジしてみてください。

▶モデルカステンのメタルリギングは、元はアユ釣り用の糸。黒染めされた極細の金属線で、模型の張り線に使いやすい太さのものがラインナップされている。金属線なので強度がありまっすぐ張りやすいのだ

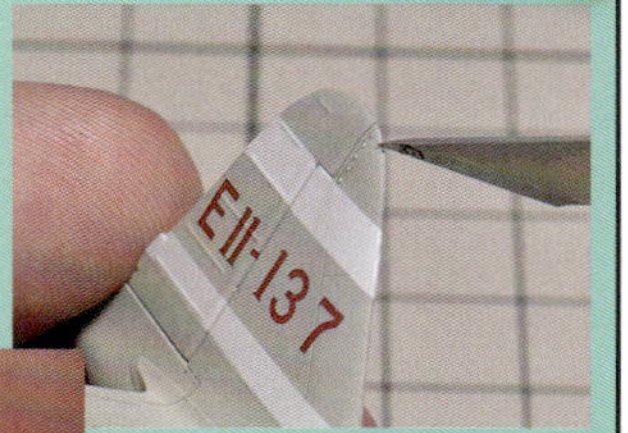

▲尾翼側から接着するが、そのままだと接着しにくいので、まず挿し込む小さな穴を作ろう。尾翼のフチのところにいきなりドリルなどで穴を開けようとすると、刃が滑って狙った位置に穴を開けにくいので、ナイフで小さな切れ込みを入れる

▼0.3㎜程度のドリルで穴を開けてもよいのだが、ここまで細いドリル刃は買いにくいのと、それほど深く開口する必要はないので、針（写真は裁縫用のまち針）を使う。1㎜程度刺されればそれでOK

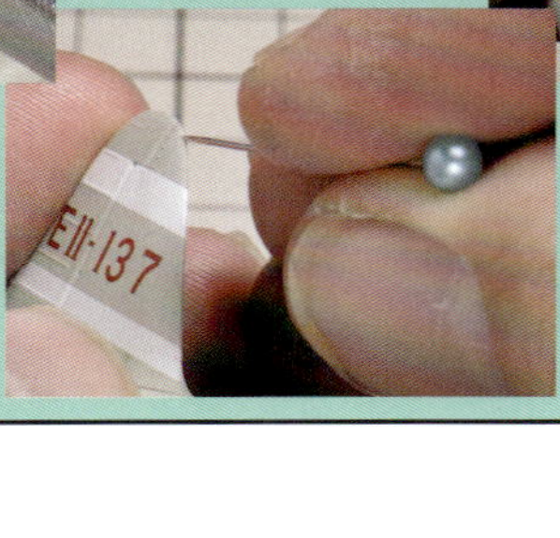

▲メタルリギングを少し長めに切って、端を先ほど開けた穴に挿し込んで瞬間接着剤を流し込む。接着剤は極少量でよいので、伸ばしランナーを切った細い棒で瞬間接着剤を少量ずつすくって流し込もう

▼メタルリギングはしなりがありつつもそれなりに硬いので、ピンセットなどで端を持ち上げれば簡単にまっすぐになってくれる。写真のような状態で下から支えて位置を決めたら同様に瞬間接着剤を流して固定

▲両端を接着できたので、最後に余分なメタルリギングをニッパーで切り揃えればできあがり。先に長めのメタルリギングを接着してから切ることにより、寸法を測ったり、接着のときに苦労しないでも長さをぴったりにすることができるのだ

MITSUBISHI A6M2b
ZERO FIGHTER(ZEKE)
TAMIYA 1/72 Injection-plastic kit
WAR BIRD COLLECTION
No.80
Modeled and
described by
Shinji MORI.

●ここまでこまかく解説してきたが、要約すると「説明書は事前によく読む」「パーツを余計に削らない」「仮組みをする」「塗装前に"掃除"をする」「塗膜を極力薄く平滑にする」この5箇条を実践するだけでも完成品の見映えが確実にランクアップする。プラモデルを自分で製作しないと得られない達成感と精密感をぜひ貴方も味わってほしい

スタンダードにしてハイエンドなディテールとフォルムを堪能する。

ここでまでで詳しく製作法を解説してきたタミヤ1/72零式艦上戦闘機二一型、その完成品をご覧いただきましょう。ディテールアップしたのは張り線のみ。あとはキットをいたってオーソドックにストレート組みしただけですが、1/72とは思えないようなシャープなモールドと流麗な零戦らしいフォルムを堪能できる完成品ができあがりました。製作時間は慌てずゆっくりと製作しておよそ30時間ほど。メーカーの配慮が随所に行き届いた非常に組みやすいキットですので、パテを使って修整を必要とするようなところもなく、サクサクと組み上げることができました。本体が単色塗装で塗りやすいので、まずはじめに作ってみるということならこの二一型がおすすめ。ぜひ貴方も、本書の製作法解説をじっくりと読みながら、このキットの製作にチャレンジしてみてください。

三菱 零式艦上戦闘機二一型
タミヤ 1/72 インジェクションプラスチックキット
'12年発売　税込1512円
製作・文／**森 慎二**

●マーキングを３機選択できるなかから、第五航空戦隊一番艦瑞鶴搭載機 第二次攻撃隊制空隊 佐藤正夫大尉機として製作。機体の基本色はGSIクレオスのMr.カラー 灰緑色を使用した。本作ではごく控えめにしたが、二一型の灰緑色は明るい色なので、スミ入れの色をかなり薄めにすると雰囲気良く仕上がる。汚し塗装はキャノピーは開状態のパーツを使用しているが、締めた状態で置いて飾ることもできる。唯一のディテールアップ追加工作として金属線メタルリギングでアンテナ張り線を追加している

零式
艦上戦闘機
二一型

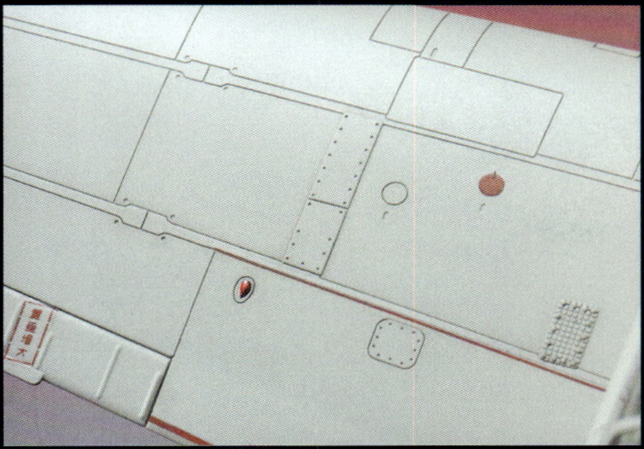

●このキットパーツで驚かされることのひとつが、機首上面機銃口周辺の分割された外装パーツが胴体と非常にぴったり合うところ。とくにパテで埋めたりしていないが、きちんと接着すれば、このとおり分割されていることに気づかないほどきれいに組み上がる。一体ながらいかにも動きそうな動翼の分割線の表現も、さすがタミヤといったところだ

零式 艦上戦闘機 二一型

●翼の繊細なスジ彫り／モールドの見せ場はむしろ機体下面かもしれない。端正で密度感のあるディテールが小スケールにぎゅっと濃縮されている。コクピットは本完成見本例では完全なキットストレート組みだが、同社製1/32、1/48譲りの高い再現度を楽しむことができる。ここで製作している機体は主翼下面にバランサー（突出型マスバランス）が装着されていない機体だが、ほかの２機で製作する場合はバランサーが付く

MITSUBISHI A6M2b ZERO FIGHTER(ZEKE)

二一型と異なるポイントを集中解説
タミヤ1/72五二型零戦製作法。

ここまでは二一型を題材にキット製作全体の流れとポイントを解説してきましたが、二一型は機体本体が単色塗装。上下塗り分け迷彩塗装の機体はどうやって作ればいいの？　ということで、ここからは同じくタミヤ製1/72の五二型の製作法を解説することにします。二一型と製作法が共通の工作工程は省いて、主に塗装法とポイントを絞ったディテールアップ法をお教えいたしましょう。

三菱 零式艦上戦闘機五二型
タミヤ 1/72 インジェクションプラスチックキット
'12年発売　税込1512円
製作・文／**森 慎二**

MITSUBISHI A6M5 ZERO FIGHTER(ZEKE)
TAMIYA 1/72 Injection-plastic kit
WAR BIRD COLLECTION No.79
Modeled and described by Shinji MORI.

零戦五二型の上下塗り分け迷彩塗装はどうする？

二一型は上／下面が同じ色でしたが五二型では塗り分けがされています。この再現塗装法を解説しましょう。

飛行機には、上下が違う塗装色になっていたり迷彩塗装が施されている機体があります。零戦は初期の二一型では全体が灰緑色一色でしたが、やがて上面が緑に塗られるようになりました。当然模型でもこの塗り分けを再現しますが、どうやって上下面の2色を塗り分けるかがちょっと悩ましいところです。

なかでももっとも悩ましいのは、胴体側下面の塗り分けのところ。実機の写真を見ると、機体ごとにさまざまな塗り分けラインのパターンがあります。また、塗り分けの境目のところが、くっきりしているものとそうでもないものがあり、比較的くっきりしているような機体も、よく見ると「マスキングしたようなくっきりした境界ではなく、微妙にぼけ足がある」というふうに見えます。

ここをどうするかは製作する機体をどれにするか、模型的な見映えをどう考えるか、または製作するスケールによっても変わってきます。たとえば、1／32なら大きいのでボケ足をつけたいけれど、1／72ならくっきり塗り分けてしまったほうがいい、というような考え方もありでしょう。

実際の製作に際して言うと、くっきり塗り分けるのは、きれいにマスキングすればいいだけなので簡単です。逆にボケ足をつけようとすると、エアブラシを使ってフリーハンドで塗り分けることになるのでやや難易度が上がります（型紙を作って浮かせてボケ足を作る方法もありますがここでは説明を省かせていただきます）。とくに1／72のような小スケールでは、ボケ足の幅が大きすぎるとよく見られるパターンの実機の雰囲気とは違ったものになってしまうので、幅の狭いボケ足で塗るテクニックが必要になってきます。

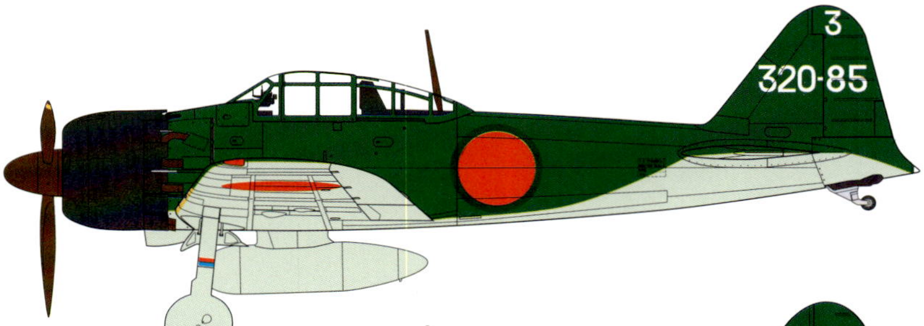

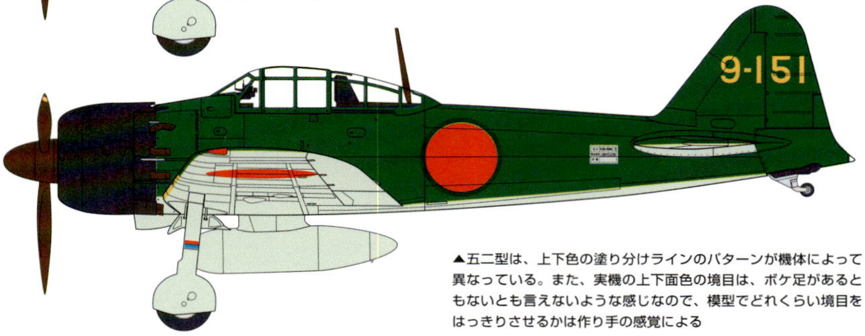

▲五二型は、上下色の塗り分けラインのパターンが機体によって異なっている。また、実機の上下面色の境目は、ボケ足があるともないとも言えないような感じなので、模型でどれくらい境目をはっきりさせるかは作り手の感覚による

マスキングするところとしないところの使い分け

マスキングテープでマスキングすると境目のところはくっきりとした色分けになり、マスキングをしないと、ボケ足がある状態になります。零戦五二型の場合は、主翼前縁の黄帯以外はマスキングしないでエアブラシで塗るのがおすすめです。実機の雰囲気を再現しつつ、同時にマスキングする手間が省けます。

マスキングしないところの塗り分けは大きく分けると2種類あります。ひとつは翼の上下面のように吹きつける向きで塗り分けができるところ。面に対して垂直に近い角度で吹きつければ簡単にフチのところで色分けできます。もうひとつは胴体後方側／下面のところのような塗り分け。こういうところはエアブラシを細吹きにして境目をフリーハンドで描きます。フリーハンドで描くのはちょっと難しそうですが、失敗したら反対側の色を塗って修整すればいいので、落ち着いて作業すれば大丈夫です。

◀胴体後方のところのようなボケ足をつけたいところはマスキングしないで塗る。ボケ足の幅はエアブラシの調整次第だが、塗料を薄め、出る塗料を少なめ、エア厚低め、距離近めにすれば細く吹ける

▶主翼前縁の黄帯のようにくっきり塗り分けるところはマスキングで。マスキングで塗り分けるときは、テープがパーツに密着しているか、周辺がちゃんと覆えているかに注意するようにする

セオリーはあえて無視して濃い緑から塗ります

絵の具や塗料を塗り重ねるときは、「薄い色から濃い色」に塗り重ねたほうが発色を良くしやすいというセオリーがありますが、零戦を作るときは、このセオリーは気にしないで塗り重ねてしまって大丈夫です。昔の模型用塗料は隠蔽力が低い色が多かったのでこのセオリーどおりに塗らないと下地が透けて綺麗に発色しなかったり、しっかり発色させようとすると今度は厚塗りになったりということがありましたが、いまのラッカー系模型用塗料はそれほど隠蔽力が低くないので、濃い色の上に白っぽい色を重ねてもそれほど問題はありません。

具体的には、暗緑色（上面色）→明灰白色（下面色）→黄帯の順で塗ります。先ほど述べたように、塗料的にはどの順で塗っていっても問題はないので、この順は塗り分けのしやすさやマスキングのしやすさで決めた順序です。また、この順だと面積が大きいところから塗ることになるので全体の色バランスを取りやすいというメリットもあります。上面色と下面色はどちらから塗っても大きな差はないのですが、塗料が多少吹きこぼれたときには、濃い緑の上に明るい色がかかるほうが見た目上気になりにくいだろうと判断し上面色から塗りました。

▲黄帯は上／下面色を塗ってからマスキングして塗り分ける。主脚収納庫内も二一型と同様にマスキングして青竹色を塗る

▶先に暗緑色を機体上側に塗る。下側も全部暗緑色にしておく必要はなし

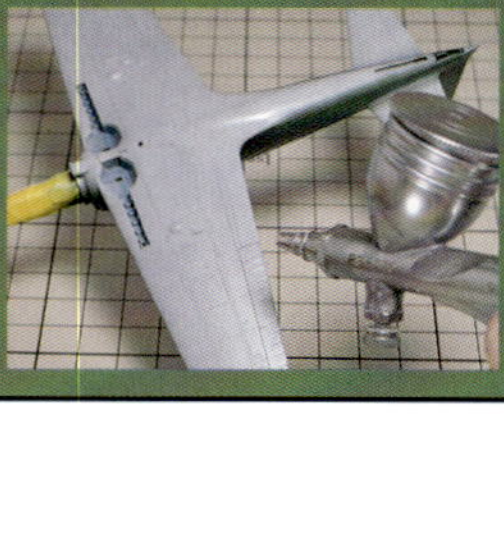

◀下面色の明灰白色で境目を塗り分けてから他の箇所を塗りつぶすようにする

三菱零式艦上戦闘機五二型

タミヤ1/72零戦五二型で解説する、
上下塗り分け迷彩塗装のテクニック

迷彩ヲ制ス塗装術指南

①暗緑色を塗る

まず濃いほうの色、暗緑色を全体に塗ります。基本的な塗り方は二一型の灰緑色のときと同じ。薄目の塗料を何回も重ねるようにしてきれいな塗装面になるように心がけましょう。

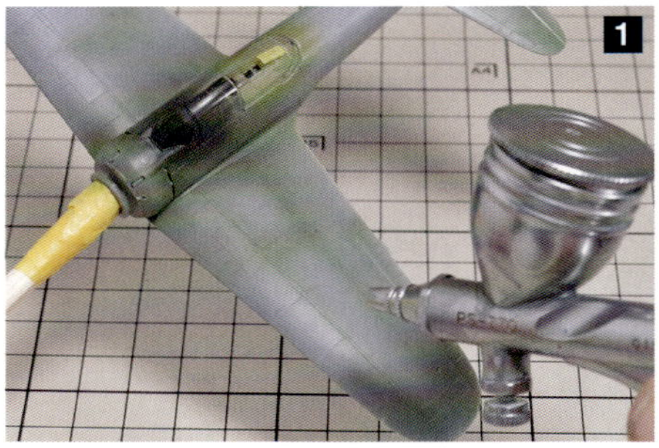

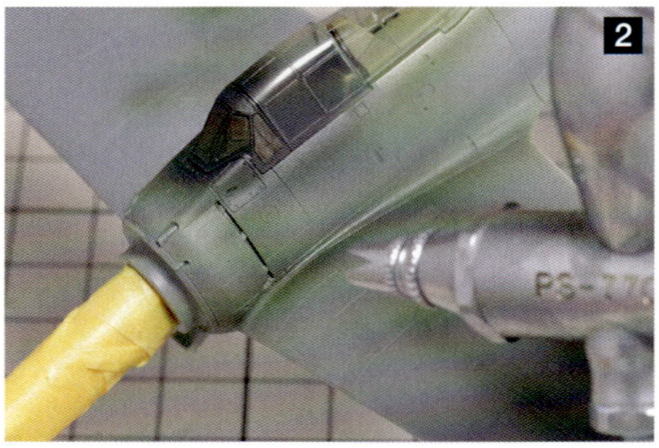

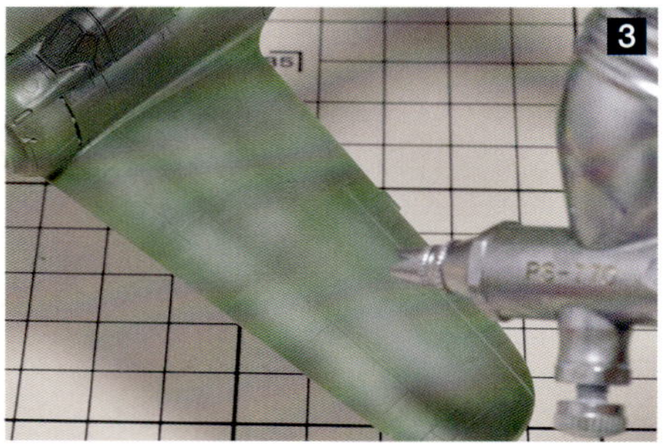

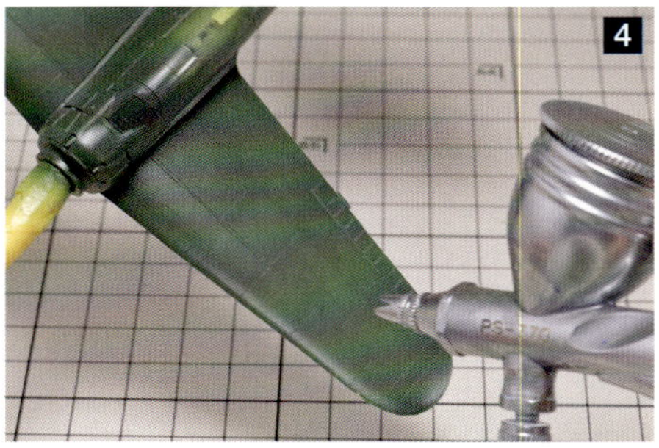

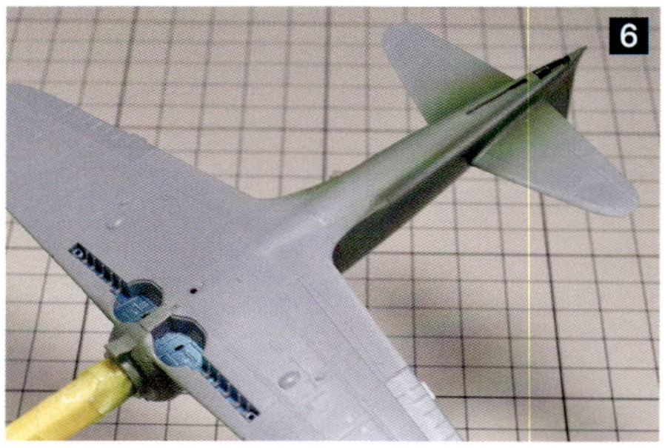

❶コクピットとキャノピーのマスキングをして持ち手を付け、透け防止のためにツヤありの黒を塗っておくところまでは二一型と同様。今回は、緑色の塗料はMr.カラーの暗緑色（三菱系）を使用した。この色に限らないが、Mr.カラーの飛行機用特色系塗料ははじめから半ツヤになっている＝ザラザラになりやすい色があるので薄目の希釈を心がけよう。まずはスジ彫りや奥まったところから色をのせていく
❷胴体と主翼の境目の奥まったところは塗料ミストが吹き返してザラザラになりやすいポイント。はじめのうちに色をのせておくようにして、あとはあまり吹きすぎないようにする
❸灰緑色よりは発色しやすいが、１～２回で完全に緑にしようとしないこと。全体を少しずつ乾かしながら順に塗っていき１周したらまたそれを繰り返すようにする。写真はだいたい３周目くらいで、だんだん緑が発色するようになってきた
❹パネルラインのところが発色してきたら、間のところを塗りつぶしていく。写真でだいたい8周目くらい
❺全体を完全にまんべんなく発色させると、のっぺりしてオモチャっぽく見える。そこで、微妙にムラが残っているくらいのところで緑を塗るのを止める
❻胴体後部の下面はこんな感じ。もっと全体を緑に塗ってしまっても問題ないが、塗膜が薄くきれいに塗れる細さで必要なところだけ塗っていくとこんな感じになるはずだ

②境目を塗る

つぎに下面色の明灰白色を塗りますが、まずは境目のところを描いておくようにしましょう。胴体後部から尾翼周辺の塗り分けラインのところは、エアブラシを極細吹きにして境目を描きます

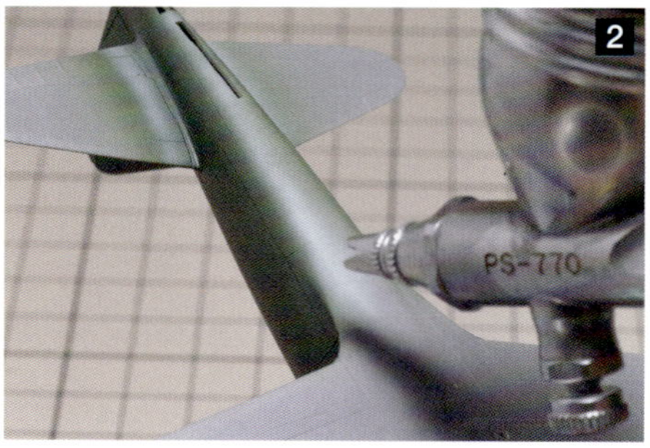

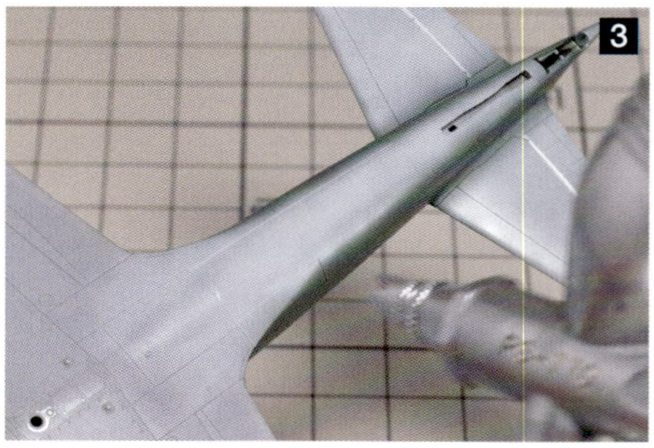

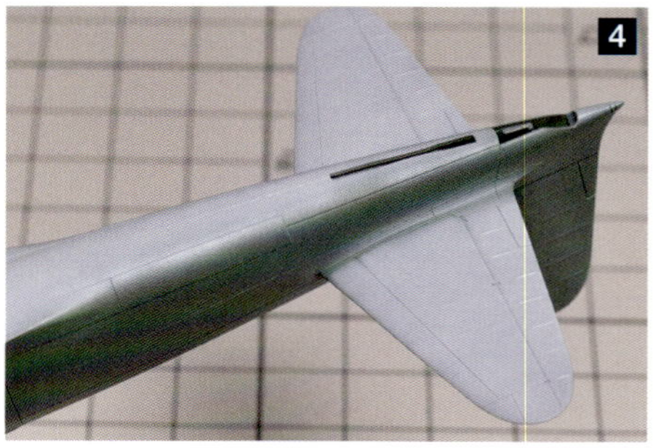

❶ここで製作しているラバウル航空隊所属機は垂直尾翼の下側で緑のところが繋がっている塗り分けパターン。塗料はMr.カラーの明灰白色(1)を使用する。エアブラシを3㎜幅程度の細吹きにして境目のところを描いていく
❷胴体下面の境目のところを描いていく。なるべく描いているところに対してエアブラシを垂直にあてて描くようにしないと、ボケ足が大きくなってしまう。逆に少しボカしたい場合は斜めにあてるようにすればよい
❸境目のところを何回かなぞるようにして形を整えつつ色を発色させていく。まずは境目だけ発色させよう
❹ややボケ足がある感じで境目の塗り分けができた

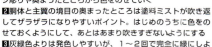

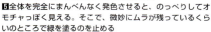

③下面色

境目がうまく描けたら、下面の残りを塗りつぶします。はみ出したところや塗料が吹きこぼれたところは、もう一度暗緑色をエアブラシで吹きつけてリタッチすればきれいになりなます。

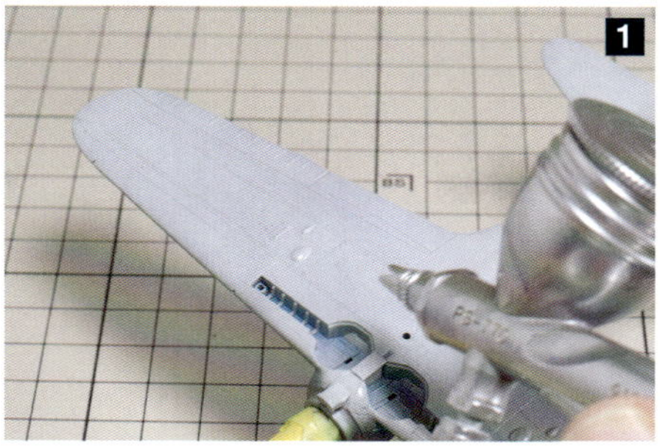

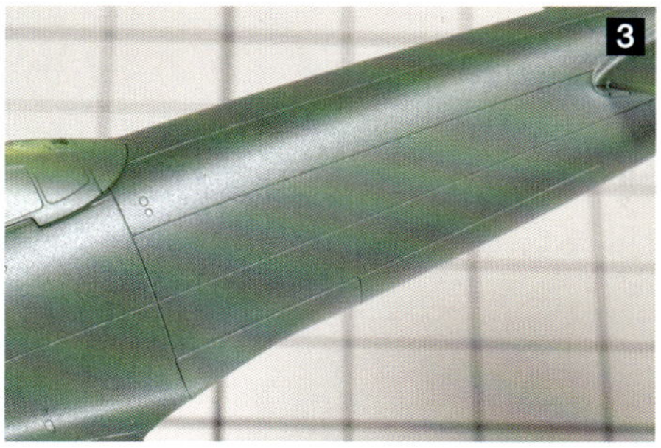
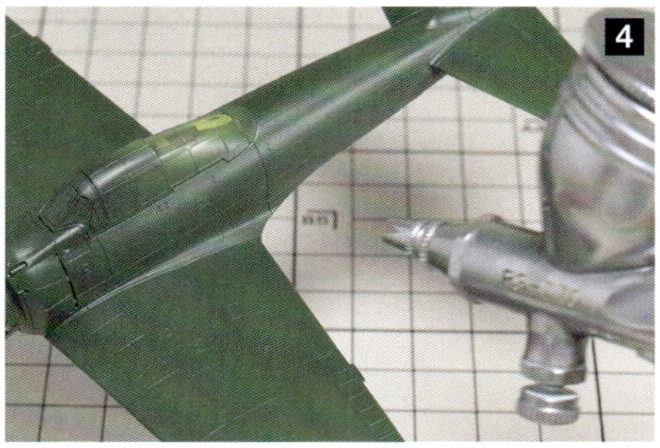

❶境目が決まったら、引き続きほかのところの機体下面色を塗っていく。主翼も、マスキングはせず、エアブラシで吹きつける向きを調節すればきれいに塗り分ける
❷二一型同様、あとでマスキングして塗り重ねるので主脚収納庫内に塗料が入っても気にしないでよい。カウリング後方のところの上下面の境目もボケ足がある感じにした
❸マスキングをせずに塗り分けていたので、多少下面色が上面色の暗緑色のところに吹きこぼれてしまった
❹下面色が吹きこぼれたところは、再度上面色を塗って修整

④黄色を塗る

主翼前縁の黄色いところは味方識別帯。ここはマスキングをして塗り分けるようにします。塗幕が厚めになるので、塗ったあとはマスキングテープを手早く剥がすように注意しましょう。

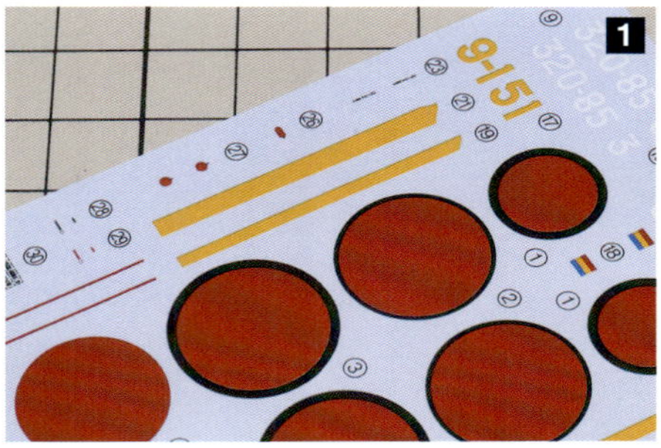

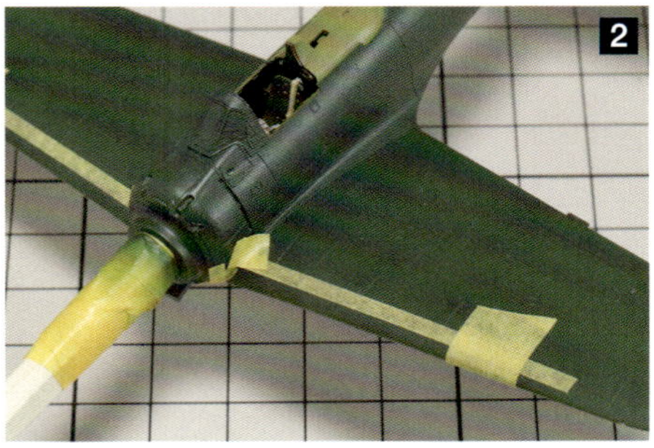
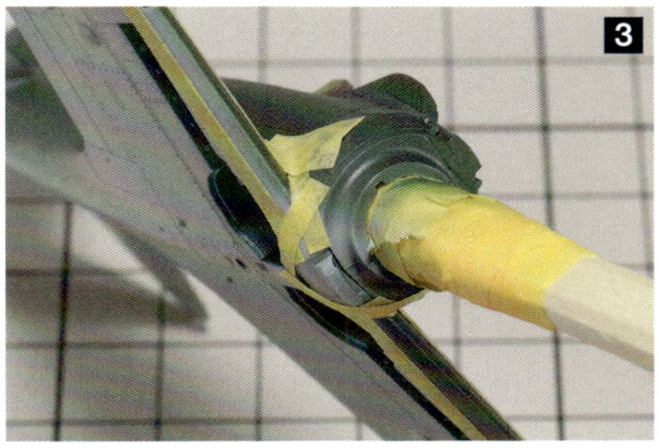
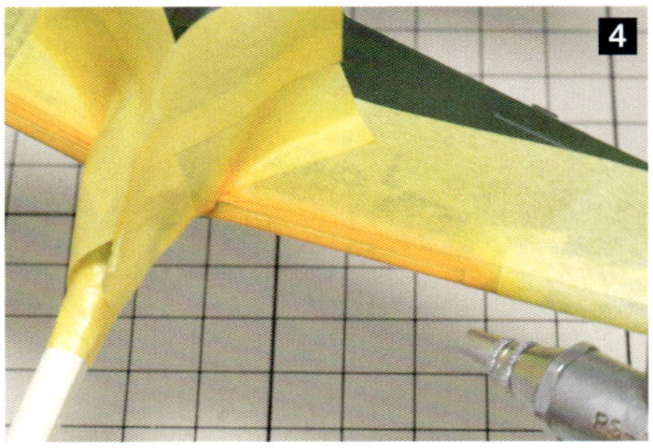

❶キットには主翼前縁の黄帯のデカールが付属している。これを使ってもよいのだが、スジ彫りを活かしたい場合はマスキングして塗装で仕上げたほうがきれいに仕上がる
❷黄帯は機体により幅が異なるので、自分がどの機体を製作しているのか確認してデカールを参考に幅を決める。幅を決めたら、マスキングテープでマスキング。横方向の長い直線部分から決めていくとずれにくい。左右の翼の対称に気を配ろう
❸主翼前縁胴体付け根のところは細切りマスキングテープでこのようにマスキング。テープが浮かないよう注意する
❹広い幅のマスキングテープで周辺を覆い、Mr.カラーのキャラクターイエローをエアブラシで塗装。この色は隠蔽力が低いので、塗料はややや濃いめにして一気に厚吹きし発色させる。塗膜が厚めのときは、塗ったらすぐにマスキングテープを剥がそう。乾いて固まると塗膜ごと剥がれてしまいやすい

二一型の作例のようなモヤモヤした迷彩はどうやって塗る？

34ページから掲載している二一型の第251海軍航空隊所属機では、灰緑色（と思われる）塗装の上に迷彩が追加で塗られています。実機はハケで乱雑に塗ったような感じですが、1／72の筆塗りで再現しようとすると単に汚く見えてしまいがち。今回はエアブラシを極細吹きにして線で塗りつぶしていくように塗っています。

▶幅2〜3㎜の線を描けるようにエア圧を調整し（パーツからノズルまでが3㎜程度の距離になる）、フリーハンドで描いていく。塗料がドバッと出ないように、必ず紙などで試し吹きをし、確認してからパーツに吹きつけるようにしよう

もっと汚してみたい!

知っておきたい 零戦のウェザリング

とくに五二型はウェザリングが映えます

開戦時に艦載機として颯爽と活躍した二一型に対し、苦戦を強いられるようになってからのイメージが強い五二型には、退色やハゲチョロ塗装のようなウェザリング=汚し塗装が似合うイメージがあるのではないでしょうか。本書で製作解説しているのは1/72、初級~中級者でも作れるような完成例をということであえて激しいウェザリングは施しませんでしたが、実機の写真によく見られるような汚れたイメージで製作したいという方は、ここで解説する方法を参考にチャレンジしてみましょう(さらに詳しい塗装法を知りたければ『1/48零戦五二型完璧製作マニュアル』/大日本絵画刊 を読んでみてください)。

1 ハゲチョロを施す

日本機と言えばハゲチョロ塗装は定番のウェザリング。ただし、ハゲチョロをやり過ぎると廃棄された機体のようになってしまうので、ポイントを絞って描き込みましょう。

●ハゲチョロは、エナメル系塗料を面相筆で描き込むだけ。ちょんちょんとつつくようにして、なるべくランダムな形になるようにするとよい。ハゲチョロはまんべんなくぜんたいに施さず、パイロットや整備員が触るところやキャノピーがこすれるところなど、ポイントを絞って施すと効果が大きい

2 表面に表情と質感を

エアブラシは簡単に平滑に塗れるのが最大のメリットですが、逆に言うと塗装面に表情をつけにくいです。そこで筆塗りと併用することによりいいとこどりで表面に表情をつけてみましょう。

●下地に黒を塗った上に筆塗りで暗緑色を塗る。薄めに下塗料を平筆で塗るが、筆を返すと下地が溶けるので、筆を返さないよう一方向に塗る。一回塗ったら透けていてもそのまま乾かし、数回塗り重ねていく。こうすることで適度な筆ムラや色ムラがつけられる。最後まで筆塗りで仕上げるのは難しいので、最後に全体を軽くエアブラシで吹いて整えると簡単かつきれいになる

3 ウォッシング

スケールモデルの定番ウェザリング、「ウォッシング」。スミ入れに使うエナメル系塗料のこげ茶色を全体に塗り、拭き取るときに塗料のスジや色味を残すことでリアリティーを出すことができます。航空機にウォッシングをする場合は、上下方向と気流の流れる方向を意識して、その方向に吹いていくようにすると雰囲気が出ます。

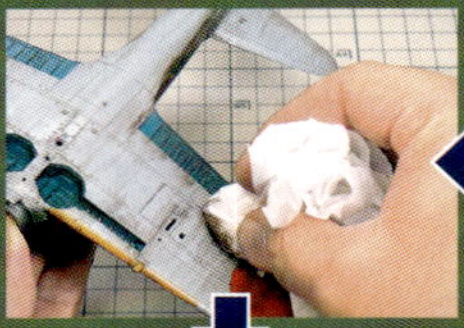

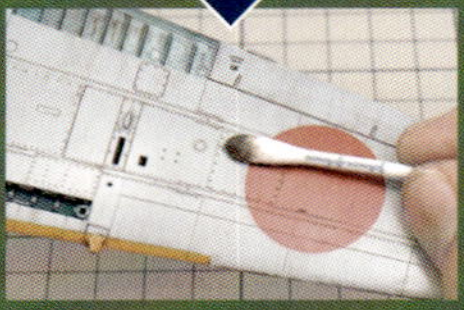

●全体にエナメル系塗料のこげ茶色を筆塗りし半乾きになるまで数分乾かす。半乾きになったらうすめ液を染みこませたティッシュペーパーなどで大まかに塗料を取り、その後綿棒で汚れの形を整えていこう

4 日の丸を汚そう

デカールの日の丸はそのままだと赤い部分の色が一様できれい。そこで、エアブラシで少し濃いめの赤を上から吹き重ねると、日の丸のところにも色味の表情をつけられます。

●デカールの上にラッカー系塗料で塗装するのは少し怖いかもしれないが、よほど塗料を一気にたくさん吹きつけたりしなければ溶けたりはしないので大丈夫。ランダムな感じでムラをつけると実機写真で見られるような雰囲気になる

ポイントを絞ってディテールアップしてみよう

ニ一型は張り線以外はキットのまま製作しましたが、五二型では市販パーツを使って簡単に少しだけディテールアップする方法を紹介。

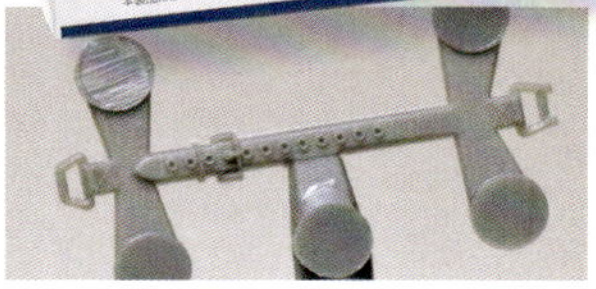

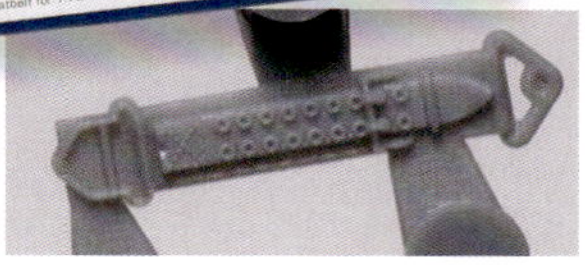

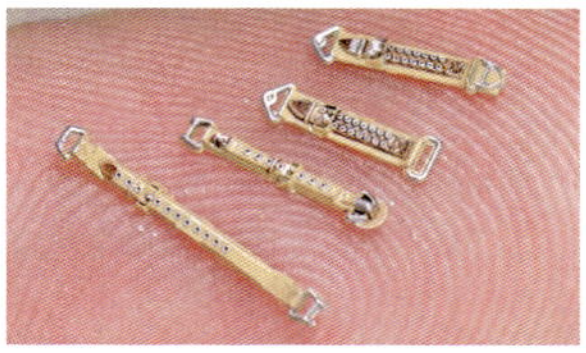

▲▶ファインモールドのナノ・アヴィエーション WWⅡ日本海軍機用シートベルト（税別１２００円）。プラスチックパーツだが、写真の指の大きさと比べると、その細密なディテールに驚かされる。金具だけでなく、ツク棒や小穴も立体的にモールド

フィギュアを追加して臨場感を演出してみよう

できあがった作品にパイロットなどのフィギュアを配置するとより見栄えがするもの。モデルカステン（※）からは同じ1/72スケールで「ラバウル零戦パイロット7体セット」が好評発売中。操縦席に座ったもの2体（左写真では1体のみ写っている）と機体のまわりでポーズを決めたもの5体という内容だ

1 シートベルトを立体的に再現

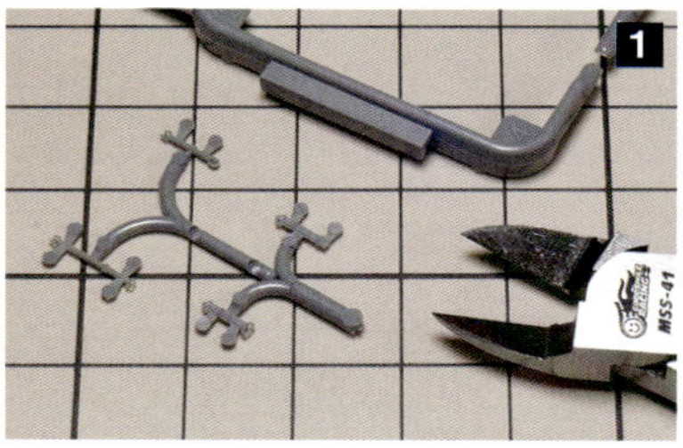

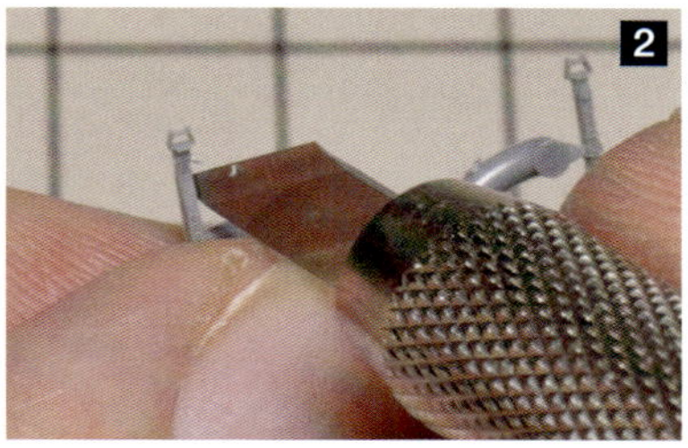

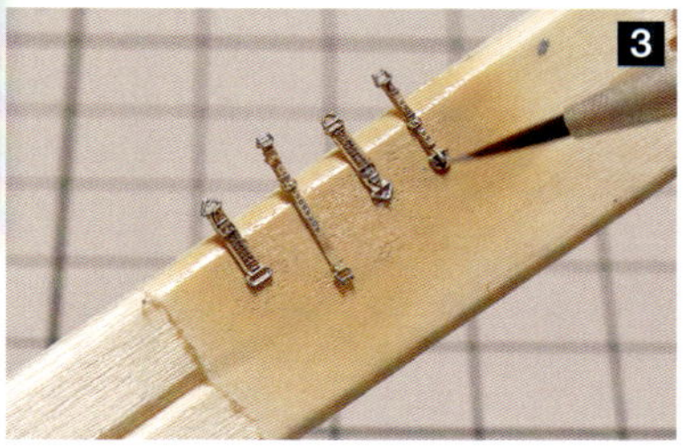

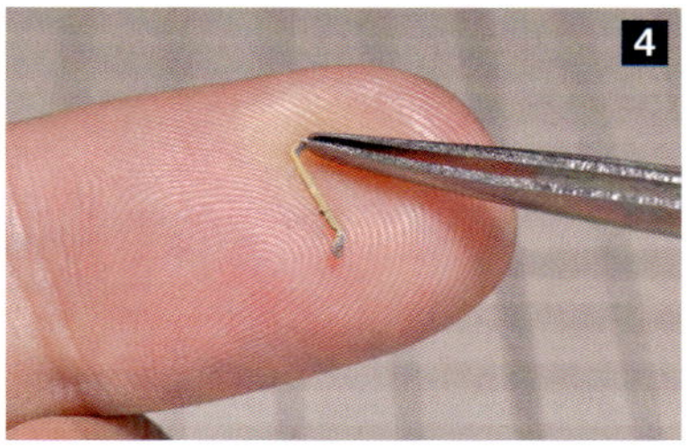

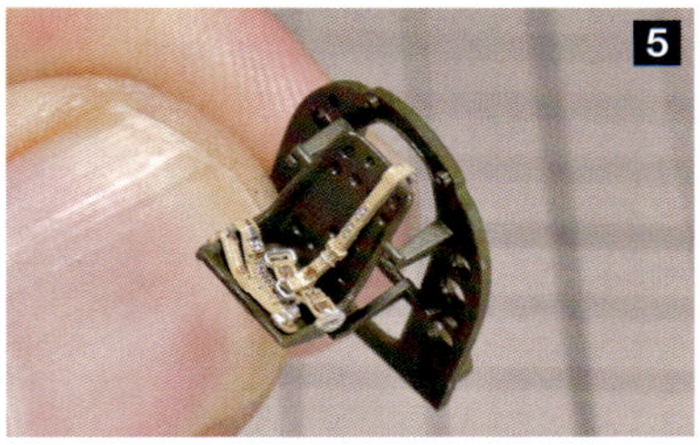

切り出して塗るだけでOK

ファインモールドのナノ・アヴィエーションシリーズのシートベルトパーツは、プラ製なので折り曲げることができて接着もプラ用接着剤が使えるというディテールアップパーツ。切り出して（❶❷）塗装してから（❸）、キットのシートパーツに合うように曲げて（❹）接着するだけで、立体感溢れる精密なシートベルトを再現できます（❺）。

2 機銃とピトー管をシャープに

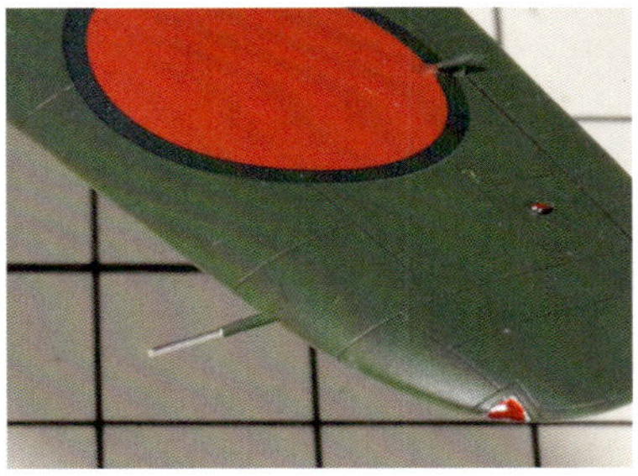

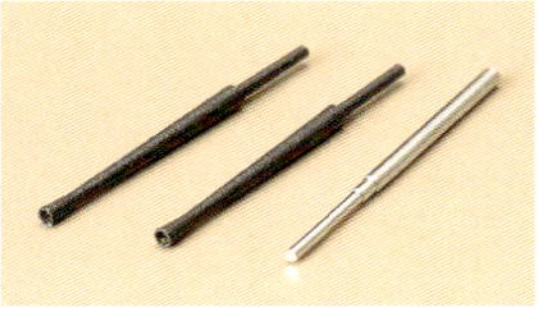

◀限定生産版（税別1500円）では機銃が黒染めされピトー管は銀色になっていて塗装が楽だ

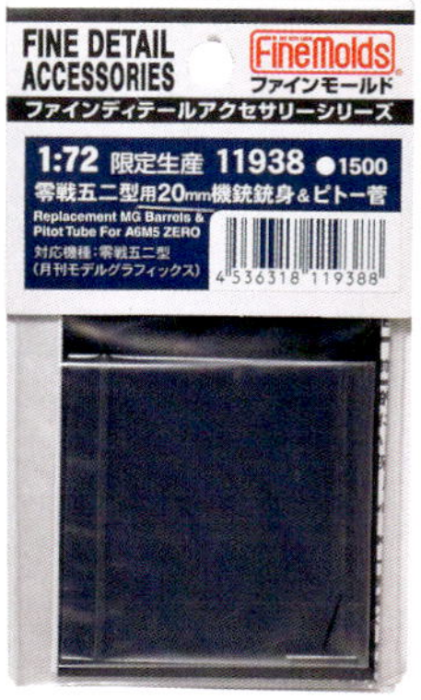

ディテールアップと同時に工作を簡単にできます

プラモデルのディテールアップパーツとして、金属挽き物製のパーツがありますが、これを使うと形状をシャープにすることができます。零戦の場合は、機銃やピトー管を金属挽き物製パーツに置き換えると見た目上の効果が大きいですが、このようなパーツを使うともうひとつ大きなメリットがあります。

それは、ゲートやパーティングラインの整形処理をしなくていいというところ。1／72零戦の機銃やピトー管はかなり細くて小さいパーツです。きれいに整形するのはなかなか難しいので、初心者こそ、このようなパーツを使うと工作の難易度を下げることができるでしょう。

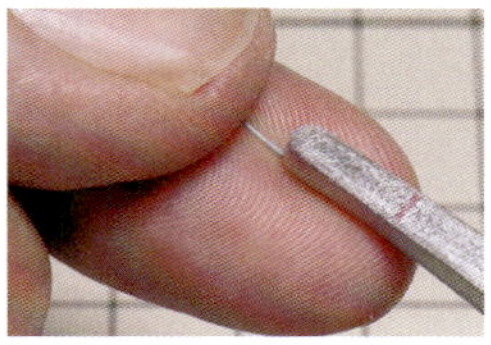

◀ファインモールドの零戦用20ミリ機銃銃身＆ピトー管（税別1200円）。金属挽き物製パーツでシャープな形状。機銃口は開口されている。タミヤ1/72零戦専用ではないが、長さをキットのパーツに合わせて切れば、キットパーツと同じように使うことができる。整形しなくてすむのでオススメのパーツだ

※モデルカステンからは零戦用のカラーセットも発売中。合わせてご利用されてみてはいかがでしょうか!?
モデルカステンホームページ：http://www.modelkasten.com

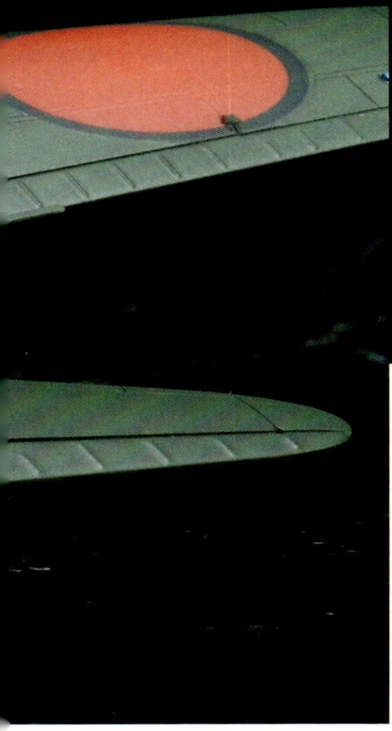

●コクピットのシートベルトはファインモールドのナノ・アヴィエーションシリーズのプラ製別売市販パーツを使用してディテールアップ。切り離し折り曲げて接着するだけで、非常に立体感のあるディテールを楽しめる。主翼の機銃とピトー管もファインモールドの別売市販パーツを使用。シャープな金属挽き物製で、これを使えばキットの細いプラ製パーツを整形しなくて済むので初心者にこそおすすめしたいパーツだ。そのほか張り線を追加した以外はキットをストレートに製作している

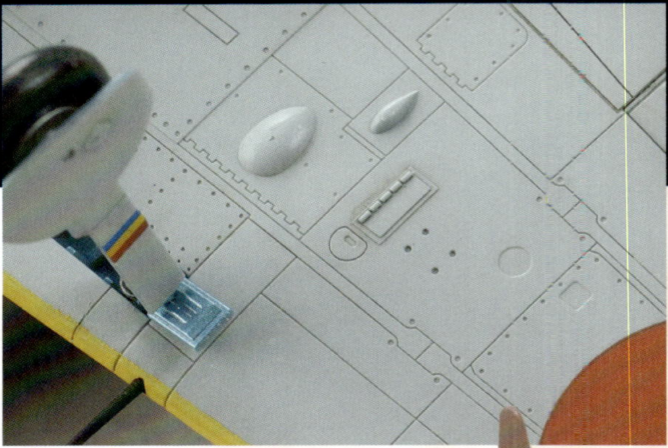

三菱 零式艦上戦闘機五二型
タミヤ 1/72 インジェクションプラスチックキット
'12年発売　税込1512円
製作・文／**森 慎二**

MITSUBISHI A6M5 ZERO FIGHTER(ZEKE)
TAMIYA 1/72 Injection-plastic kit
WAR BIRD COLLECTION No.79
Modeled and described by Shinji MORI.

零式 艦上戦闘機 五二型

●本完成例は、ラバウル航空隊所属機として製作。尾翼周辺の上下面色の塗り分けラインがほかの２機とは異なるところがカラーリングの特徴となっている。機体上面色はMr.カラーの暗緑色（三菱系）を、下面色にはMr.カラーの明灰白色を使用。黄帯はMr.カラーのキャラクターイエローを使いマスキングで塗り分けた

五二

●工作の難易度は二一型と変わらずサクサクと組める五二型だが、単色塗装の二一型と比べると塗り分けがあるぶん塗装の難易度はちょっと高め。迷彩塗り分けに際してはハンドピースのクオリティーがものを言うので、これを機会に少々高価でも質の良いハンドピースを1本手元に置くことを強くおすすめしておきたい

MITSUBISHI A6M5 ZERO FIGHTER (ZEKE)

●普通に置いて飾ると見えないが、下面にも見どころがたくさん。とくに奥行き感のある主脚収納庫の形状は秀逸だ。主翼上面パーツ側と下面パーツ側で分割された内部ディテールが、組み立て後は見事に融合するという構成で、1/72では再現が難しい主脚収納庫形状を見事に再現している

●低い角度から眺めたときのメリハリとボリューム感ある造形、見る角度によって表情を変える零戦の魅力を的確に掴んだ立体構成はタミヤならではのものと言えよう。近寄って見ると、小スケールモデルながら零戦の持つ迫力をひしひしと感じることができる

知っておきたい
タミヤ1/72零戦のつくりかた
How To Build TAMIYA's 1/72 ZERO FIGHTER

■スタッフ STAFF

著／編集 Author/Editor
森 慎二 Shinji MORI

撮影 Photographer
株式会社インタニヤ ENTANIA

Special Thanks
タミヤ

アートディレクション Art Directorr
横川 隆（九六式艦上デザイン） Takashi YOKOKAWA

知っておきたい タミヤ1/72零戦のつくりかた

発行日　2016年8月13日 初版第1刷

発行人　小川光二
発行所　株式会社 大日本絵画
〒101-0054 東京都千代田区神田錦町1丁目7番地
Tel 03-3294-7861(代表)
URL　http://www.kaiga.co.jp

編集人　市村弘
企画／編集　株式会社 アートボックス
〒101-0054 東京都千代田区神田錦町1丁目7番地
錦町一丁目ビル4階
Tel 03-6820-7000(代表)
URL　http://www.modelkasten.com/

印刷／製本　大日本印刷株式会社

Publisher/Dainippon Kaiga Co., Ltd.
Kanda Nishiki-cho 1-7, Chiyoda-ku, Tokyo 101-0054 Japan
Phone 03-3294-7861
Dainippon Kaiga URL; http://www.kaiga.co.jp
Editor/Artbox Co., Ltd.
Nishiki-cho 1-chome bldg., 4th Floor, Kanda
Nishiki-cho 1-7, Chiyoda-ku, Tokyo 101-0054 Japan
Phone 03-6820-7000
Artbox URL; http://www.modelkasten.com/

定価はカバーに表示してあります。
ISBN978-4-499-23188-6

内容に関するお問い合わせ先　03(6820)7000 (株)アートボックス
販売に関するお問い合わせ先　03(3294)7861 (株)大日本絵画